理财的本质
无目标不理财

理财嘉油站
编著

THE
Essence of Wealth
Management Is Goal Setting

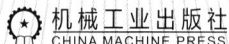

为什么许多投资者会发现自己一旦买入就下跌，一旦卖出就上涨？为什么理财焦虑会成为一个普遍现象，投资者亏损会焦虑，盈利也会焦虑？为什么从长期来说大部分基金都赚钱而大部分基民不赚钱？……本书从消除理财焦虑的根源谈起，提出理财两大定律并进行深入剖析，以此深刻揭示理财的本质，对以上理财市场普遍存在的痛点问题进行解答，助力投资者在理财的道路中投得稳、拿得住、赚得安。

本书适合大众投资者阅读，对基金从业人员、投资理财顾问等也有一定的借鉴意义。

图书在版编目（CIP）数据

理财的本质：无目标不理财/理财嘉油站编著 . —北京：机械工业出版社，2021.12

ISBN 978-7-111-69732-9

Ⅰ. ①理… Ⅱ. ①理… Ⅲ. ①基金 – 投资　Ⅳ. ①F830.59

中国版本图书馆 CIP 数据核字（2021）第 245014 号

机械工业出版社（北京市西城区百万庄大街22号　邮政编码100037）
策划编辑：王　涛　　　责任编辑：王　涛　陈小慧
责任校对：聂美琴　张　薇　封面设计：MXK DESIGN STUDIO
责任印制：谢朝喜
北京宝昌彩色印刷有限公司印刷
2022年1月第1版·第1次印刷
170mm×230mm · 20.25 印张 · 276 千字
标准书号：ISBN 978-7-111-69732-9
定价：89.00 元

电话服务　　　　　　　　　网络服务
客服电话：010-88361066　　机　工　官　网：www.cmpbook.com
　　　　　010-88379833　　机　工　官　博：weibo.com/cmp1952
　　　　　010-68326294　　金　书　网：www.golden-book.com
封底无防伪标均为盗版　　　机工教育服务网：www.cmpedu.com

《理财的本质：无目标不理财》

编委会成员

杨 纲　　王 玲　　赵 佳

李 英　　王 凯　　李曼丽

李海东　　郭 耀　　贾兆恒

序言

理财之道　先正其心

我们是基金公司里一群从事互联网渠道和直销服务平均年限超过 10 年的老兵。在日复一日销售基金产品和服务客户的过程中,我们一直困惑在"基金赚钱而客户不赚钱"的怪圈里。

投资者往往在市场高点慕名而来,在市场低位转身而去。投资者怀着"让生活更美好"的初衷开始理财,但屡屡面对波动和遭受亏损陷入焦虑。更有甚者,即使是账面上浮盈赚钱了,也会因为担忧第二天会下跌而寝食难安,心急卖出之后涨了又后悔。还有人会因为和朋友比较收益率后,焦虑自己比别人赚的少。即使自己赚钱了,也会后悔自己买的理财产品本金投入少了,早知道能赚钱应该多买一点。

总之,一入理财之门,焦虑随之而来,快乐离自己而去。我们认为,这不应该是理财的初衷。

近年来,随着移动互联网的发展,我们看到很多普通投资者开始钟情于参加财商教育课,跟着"大 V"学习理财"技巧":学习买什么产品,什么时候买,什么时候卖。学完之后一顿操作猛如虎,但依然没有摆脱如上困境。相反,数据显示有些普通投资者通过一些简单和有效的投资方式反而获得了不错的收益!

我们一直在深入思考这当中的根本原因是什么?在做了大量的用户访谈和调研之后,我们发现在投资者建立合理正确的认知之前,学习更多的理财"技巧"并不能让他们有效地获得投资收益。与学习武术一样,不打好基础就学招数很容易受伤,甚至"走火入魔"。

《礼记·大学》有云："欲修其身者，先正其心。"这句话放在理财上，我们认为同样适用。其实大多数投资者缺乏的是对理财的真正认知，我们需要先正其心再修其身。理财是伴随人生长期的事，正其心是指要端正自己对理财的认知，心正则心安；修其身是指只有有了理财认知，在理财之路上的实践才能不偏航，最终实现自己的理财目标。

可惜的是，很多投资者以为自己理财不赚钱是因为自己选错了基金、选错了进场时间，认为只要学会"技巧"就能赚钱。然而事实是，你凭着运气赚的钱往往会因为"技巧"又亏了回去。

作为一群基金行业的从业者，我们也越发觉得自己有责任、有义务让每一位投资者明白理财的本质，找到自己的理财主场，用理财让生活变得更幸福而不是更焦虑。最初我们只是想从行为金融出发，结合自身多年的基金理财和客户服务经验，编写一套洞悉理财本质的在线投教课程帮助投资者正心，进而发现不如把它汇集成册普惠更多投资者，这才有了本书的诞生。

本书总结了我们所了解的客户问题及反馈，配合诸多真实案例，首次相对系统、详尽、深入地揭示理财的本质。无论是想开始理财但找不到切入点，还是已经开始理财但经常遇到焦虑或者亏损问题，都可以阅读本书。我们期望所有的读者都能够通过本书明白什么是理财之道，先从"技巧"中跳出来，建立关于理财的真正认知，再去学习"技巧"。

当然，在本书写作过程中难免会有疏漏。什么是真理，本身就是一个不断求索的过程。今天，我们仅仅是迈出了小小的一步，尽一份微薄之力分享我们对投资理财的一点洞察和思考。我们更希望投资者能和我们一起持续改进，给我们提出宝贵意见，共同给广大投资者更多的帮助！

为了更好地为读者服务，我们后续还会围绕本书逐步建立与完善完整的课程体系，帮助读者更好地理解理财的本质。我们也给自己起了一个名字——理财嘉油站，期望能用自己的专业知识持续为追求美好生活的人们加油鼓劲。

世界上最好的投资就是投资自己！让我们一起持续投资自己，改变自己，让自己变得更好、更优秀，正心诚意，以更好的自己去迎接更美好的未来。

再次感恩你能成为我们的读者。理财是资金的加油站，让我们陪伴你一路同行！

嘉实基金首席电商官　杨纲
2021 年 10 月

前言

理财，向内寻

> 一个人一生能积累多少钱，不是取决于他能够赚多少钱，而是取决于他如何投资理财，人找钱不如钱找钱，要知道让钱为你工作，而不是你为钱工作。
>
> ——（美）沃伦·巴菲特

为什么人人都要理财？归纳起来，我们认为主要有以下三大理由：

第一，对抗通货膨胀，实现财富的保值增值。

大家都感觉到钱一年不如一年值钱，尤其在房价上表现得尤为明显。从货币走势来看，钱是逐渐贬值的。官方公布的CPI数据在2%~3%，换个说法即通货膨胀率是2%~3%，即如果钱放在手上不动，在第二年至少要贬值2%。按价值等量关系，今年价值100元的东西，明年要用102元或103元才能买到，何况实际通货膨胀率的影响因素要复杂得多，可能远不止这个数据。

第二，平衡一生收支的差距，有一个不留遗憾的人生。

有人简单计算过，30岁的男士，60岁退休，80岁寿命终止，一家三口要花掉600万元。假设一对夫妻每月收入8000元，工作30年可以赚到288万元，还有300多万元的缺口。

另外，人一辈子可以赚取收入的年岁有限。即便能力超凡之人，也可能面临时运不济、收入骤减等状况。比如被迫下岗待业或运营不佳导致收入减少或中断；因天之不测风云、人之旦夕祸福冲击造成收入减少或中断，支出却增加。

如果一个人的赚钱能力有限，又不想自己的人生留有遗憾，就需要借助理财，把有限的收入通过科学的方法最大限度地满足那些想要的、必要的财务需求。

在田忌赛马的故事中，同样的三匹马，通过调换一下出场顺序就能改变比赛的输赢；理财规划也是如此，通过调整消费的顺序和各项支出的比例并借助相关的理财工具，就能让有限的收入最大限度地满足各种财务需求。

所以，理财的一个重大理由就是：通过理财妥善规划和安排个人、家庭财务状况，以平衡一生的收支差距，保障将来老有所养，让自己的晚年生活独立、富足。

第三，实现财务自由，安享美好人生。

我们和钱有两种关系：我们是钱的奴隶，我们一辈子为钱而工作；钱是我们的奴隶，钱为我们工作。

钱不是万能的，没有钱却是万万不能的。特别是独生子女一代的80后，上有老下有小，没有财务自由连跳槽都要考虑再三，更别说创业了。

我们理财的终极目标就是实现财务自由，无须为生活开销而拼命为钱工作，使资产产生被动收入。而这就需要通过理财对资产进行再分配和整合，通过投资带来更多的被动收入。"找块地把钱种下"，一段时间后收获一笔可观的被动收入，在这个过程中，投资者只需"播种"而已。

理财，你焦虑过吗？

面对市场的震荡，面对收益的波动，我们如履薄冰，每一步都走得小心翼翼，生怕落入万劫不复的深渊。因为其中任何一个小错误，都有可能让我们前功尽弃。

于是，本应是一件美事的理财，却成为无数投资者焦虑的来源：本应努力工作的时间，我们用来看收益；本应陪伴家人的时间，我们用来看收益；本应让自己的放松的时间，我们还是在看收益。

但是，收益曲线的变化总是难以让我们满意。有多少次，我们发誓回本就再也不碰理财，却总是因难以割舍那种获利的快感而重新入场，如此反复循环。

理财,更是一场修行。

理财,是认知的变现,是波动的管理。随着"刚兑"时代的结束,理财产品波动化、净值化已经成为不可逆转的大流。波动与不确定性是理财过程中必须要承受的客观存在,也恰恰是理财的魅力所在与回报的重要来源。

从本质上说,理财是由客户持有波动性资产并承担由此带来的风险,与此同时享受波动性资产收益的一个过程。换句话说,理财离不开波动,波动意味着风险,但风险有可能创造收益,也有可能带来亏损。

我们过多地执着于外部世界,殊不知理财其实是向内寻的过程,要听从自己内心的声音,给自己定一个理财目标。我们被市场所左右,被别人所影响,被舆论所主导,却很少静下心来问自己到底需要什么,要实现什么目标;我们没有建立或定错了理财收益的"锚",习惯于根据历史收益率选择产品,很容易让自己选的产品超出自己的承受范围,一旦出现波动必然焦虑甚至恐慌。爆款基金年年有,顶流经理常常换,持续赚钱的基民却极少。

进一步深入分析理财焦虑产生的根源,可以归结为对理财的本质缺乏必要的认识,而本书的主要内容就是对理财本质的揭秘和深入阐释。

本书各章的主要内容如下:

第一章,阐述要想从根源上消除理财焦虑,紧紧把握住确立理财目标这个根本,以认清理财需求为起点并确立收益的"锚"。

第二章,从波动管理、理财目标管理、投资者自我管理等角度来揭示理财的本质。

第三章,提出两大理财定律来帮助投资者加强对理财本质的认识。

第四至六章,对理财第一定律进行详解,着眼于理财目标的实现,分别围绕本金、持有时间、持有期平均收益率这三个决定理财最终收益的因素进行深入探讨。

第七章,对理财第二定律进行深化,在波动和理财目标之间建立联系。

第八章,对理财目标的制定和理财产品的选择进行讨论。

第九章,从基金实操的角度,分享"六要六不要"的基金理财技巧。

第十章，重回理财的起点，从如何制定合理的理财目标开始，引导大家最终实现理财目标，让理财助力我们的美好生活。

看完本书，我们希望大家能逐步树立以下理财观：

⊙理财是对资产的管理，而储蓄是对现金的管理。两者不是彼此对立的，而是互为补充的。理财是"储蓄"资产，储蓄是打理现金。

⊙理财和储蓄的区别在于，储蓄是一种可以很大概率保证本金的相对安全并且按照存款利率支付利息的存钱方式，储蓄利率通常是固定而有保障的收益。银行给予客户固定的存款利息后，把资金借贷给工商企业，收益主要来自贷、存款利息差。贷款的信贷风险是由银行承担的，因此银行获得相应风险的收益补偿。因此，储蓄的目的不在于获得收益。而用于理财的资金通常是通过管理人直接投到债券市场和股票市场等，属于直接融资。投资者持有的理财产品，其底层实际是各种资产。这种资产存在价格的波动风险，而这个风险是由投资者承担的，投资者因此获得相应的风险收益补偿。管理人帮助投资者在市场上选择优质的资产，而优质资产的价值是长期增长的，因此持有波动性资产是长期投资理财的最佳选择之一。

可见，理财就必须接受波动，这既是理财过程中必须接受的客观存在，也是理财的魅力和收益的来源。

⊙理财要有目标，无目标不理财。理财前一定要树立正确、合理、可行的理财目标，并坚持理财目标直到最后实现。

⊙理财是一个向内寻的过程。每位投资者的财务状况、生活预期、风险偏好、理财目标、职业发展等个人因素千差万别，因此和市场比、和别人比，既没有意义，也没有可比性。理财，只需要和自己比，去努力实现自己的理财目标。

⊙理财焦虑的来源归纳起来主要有三个方面：没有目标的理财让我们迷茫而焦虑；没有选对产品让我们无法承受波动和风险以至恐慌而焦虑；对理财产品的收益没有正确定位，而在预期和现实出现巨大落差后焦虑。我们要从根源上消除这些理财焦虑。

⊙公募基金特别是权益类公募基金，是适合多数人理财的好产品。理财目标不同，资产配置比例也不同，股票类、债券类和现金类产品都要适当配置。根据目标做好资产配置并坚持持有，而不是择时或者择股（基），这是我们理财收益的主要方式。

⊙决定我们最终理财收益的，是本金、时间和收益率三个维度，其中本金是决定理财收益的基础，时间是决定理财收益的上限，而收益率是理财期间所持有产品收益率的加权平均值。

⊙股票型基金、债券型基金、混合基金等任何一种基金产品，长期来看都有一个平均年化收益率，我们可以称之为"锚"。持有理财产品的时间越久，越有可能获得或接近这个平均年化收益率，持有的时间平滑了持有期的波动。而持有理财产品的时间越短，越有可能获得超额收益或超额损失，这是因为产品的波动影响了其收益。而我们理财的目的，是获得基于平均年化收益率基础上的平均收益，而不是超额收益，因为超额收益的另一面就是超额损失。

⊙理财要有整体账户收益观，不要聚焦于单个产品或某一类资产的账户，而要把这些资产汇总起来看。

⊙理财收益要看具体的金额而不是看百分比。理财投入的是一个具体的本金金额，那么最后判断我们理财绩效的也应该是一个具体的金额。脱离了本金谈收益率，没有任何意义。

⊙这个世界上虽然没有流动性、收益性和安全性兼具的"完美"理财产品，但是肯定有适合我们的理财产品，我们做理财需要找到合适的理财产品。

⊙在理财资金的分配上要有"纵横思维"。所谓的"纵"就是时间维度，在不同的年龄阶段，我们追求的主要理财目标不一样，因此理财产品的选择也不一样。所谓的"横"就是账户管理，在青年、中年和老年时期，都要把钱分成活钱、理财的钱和保险的钱，分别用于我们的日常开销、资产的保值增值以及对冲各种风险。

财富是认知的变现。在撰写此书的过程中，我们仿佛看到了每位读者对理财收益的渴望、对市场波动的迷茫和对理财技巧提升的期盼。我们努力用审慎勤勉的态度和专业严谨的内容，更长远、更贴心地陪伴每位读者，希望大家能在理财路上少走一些弯路。

让财富管理机构和广大投资者更好地成就彼此，实现基金挣钱、基民盈利是我们一直以来孜孜不倦的追求。念念不忘必有回响，相信通过我们的不懈努力，这个目标一定能够实现。

风雨路，同行则不惧。祝每一位读者都能实现自己的理财目标！

理财嘉油站
2021 年 10 月

目录

序言　理财之道　先正其心

前言　理财，向内寻

第一章　从理财焦虑说起 / 001

第一节　解读理财焦虑的三个根本诱因 / 002

理财，焦虑是普遍现象 / 002

理财焦虑常见的五种类型 / 002

理财焦虑的三个根本诱因 / 003

第二节　确立理财目标是消除理财焦虑的根本 / 006

为什么确定理财目标很重要 / 006

关于理财目标的三种常见错误情形 / 008

这两个理财目标适合绝大多数投资者 / 009

第三节　认清理财需求是消除理财焦虑的起点 / 016

理财要认准自己内心的真正需求 / 016

如何认清自己的理财需求 / 022

第四节　确立收益的"锚"是消除理财焦虑的关键 / 023

业绩比较基准和收益的"锚"，两方面都要看 / 023

当客观数字遇到主观感受，偏差就出现了 / 027

理财收益的合理区间就是"锚" / 035

理财嘉交流园地 / 037

第二章　揭秘理财的本质 / 041

第一节　收益曲线永远在波动，理财离不开波动 / 042

理财新时代：告别"刚兑"，迎接波动 / 043

波动是难以避免的 / 049

波动和收益相伴而生 / 053

收益和风险成正比 / 055

第二节　面对波动请勿择时，最佳路径是做好目标管理 / 057

天性让我们试图通过择时赚取超额收益 / 057

做到70%以上准确率的择时很难 / 058

在接受波动的同时，请做好理财目标管理 / 063

第三节　理财是向内寻和自我管理，而非和他人比较 / 065

理财是自我认知升华的过程 / 065

理财是自我管理，而非和他人比较 / 068

理财要认清自己的需求 / 071

理财嘉交流园地 / 073

第三章　解读理财两大定律 / 079

第一节　理财第一定律与理财目标的实现 / 080

决定理财最终受益的三要素 / 080

理财第一定律的启示 / 082

第二节　理财第二定律与长期持有 / 091

长期持有是获得历史平均收益率最便捷的方法 / 091

主动权益类基金收益率要看长不看短 / 098

理财嘉交流园地 / 105

第四章　理财第一原则：保住本金 / 109

第一节　保住本金才能谈收益 / 110

不看本金谈收益率，就是自欺欺人 / 110

　　　关注资产的总体收益，而不是单个产品 / 113

　第二节　聪明人管理本金，永远会留有余地 / 115

　　　不要重仓，拒绝"All in" / 115

　　　做好资产配置 / 117

　理财嘉交流园地 / 121

第五章　做时间的朋友，理财要有长期投资理念 / 125

　第一节　理财是资金的终点站而非中转站 / 126

　　　长期持有有助于平滑波动风险 / 128

　　　这些类型的基金适合长期持有 / 130

　　　长期持有，并没有想象中那么难 / 132

　第二节　理财就是要做时间的朋友 / 137

　　　时间是我们最能把握和最有价值的因素 / 137

　　　请尽早告别"月光族" / 138

　　　培养财商思维要趁早 / 139

　　　从"美国人不存钱"谈起 / 141

　　　要以理财思维代替储蓄思维，从储蓄现金到储蓄理财资产 / 148

　理财嘉交流园地 / 151

第六章　看待理财收益率，请建立"锚"的概念 / 155

　第一节　理财收益的心理预期——"锚" / 156

　　　理财中的锚定效应 / 157

　　　确定理财目标前，先认清自己 / 158

　　　认清自己后，锚定理财收益率 / 159

　第二节　不要过度迷信理财产品的历史收益率 / 161

　　　一个有趣的实验：连续10年分别买入排名第一和倒数第一的基金 / 161

过去表现好未来就表现好？不一定 / 165

与收益率相比，我国基民更看重稳健 / 167

排除基金排行榜中非投资因素的干扰 / 168

第三节　聊聊各类公募基金收益率的"锚" / 170

业绩比较基准和收益的"锚"，都要关注 / 171

债券类基金要参照房贷利率 / 173

权益类基金收益率之"锚"——同类基金产品的平均回报率 / 174

理财嘉交流园地 / 177

第七章　接受波动，做好理财目标管理 / 181

第一节　波动不可怕，没有目标、不能坚持目标才可怕 / 182

理财没有目标很可怕 / 183

有目标，不能坚持也可怕 / 186

第二节　面对波动，资产再平衡策略更有助于实现理财目标 / 188

资产配置的利器：动态再平衡 / 189

动态再平衡策略的优点 / 189

模拟自己的动态再平衡策略 / 190

理财嘉交流园地 / 192

第八章　理财目标制定与理财产品选择 / 199

第一节　理财目标的制定要有纵横思维 / 200

何谓纵横思维？把问题进行合理拆分 / 201

人生阶段为纵，资金分配为横 / 202

第二节　人生不同阶段，理财目标要差异化 / 205

我国居民理财方式相对单一 / 205

人生不同阶段，理财因时而变 / 206

第三节　人人离不开的三类账户 / 210

活钱账户满足我们日常需要 / 210

保险账户让我们降低不确定的损失 / 211

理财账户让我们的资产保值增值 / 212

第四节　理财要有舍有得 / 215

"理财不可能三角"原理 / 215

"好"理财是收益性、风险性和流动性的最佳平衡 / 218

第五节　理财产品没有好坏，只有适合不适合 / 220

理财产品本身没有好坏 / 220

理财产品，适合的才是最好的 / 222

第六节　多元资产配置中公募基金受青睐 / 226

理财的抓手：资产配置多元化 / 227

公募基金经多年发展已相对成熟 / 231

公募基金适合绝大多数投资者 / 235

公募基金大热的背后，找到匹配的基金是关键 / 237

投资基金其实就是投资自己，做时间的朋友 / 241

理财嘉交流园地 / 246

第九章　基金理财实操的"六要六不要" / 253

第一节　要和自己的理财目标比，不要盲目和别人比 / 254

理财不需要攀比，盲目对比容易心态失衡 / 254

明确理财目标，制定合理的策略才是制胜之道 / 255

第二节　要综合看收益额，不要只看收益率 / 257

只看收益率容易一叶障目不见泰山 / 257

收益额才是我们的最终追求 / 258

第三节　要根据需求匹配基金，不要盲目跟风"冠军" / 260

基金排名变动频繁，参照过往业绩意义不大 / 260

根据需求匹配基金比看基金排名更靠谱 / 262

第四节　要根据账户目标选择基金，不要过于聚焦于单一种类的基金 / 264

　　理财不是赌博，而是享受大类资产配置的收益 / 264

　　基金理财要有账户概念，并根据账户目标选择产品 / 265

第五节　要达到目标再离场，不要遇到波动就盲目调仓 / 268

　　小赚就跑，坑了自己 / 268

　　达到目标再离场，更靠谱 / 269

第六节　要做"躺平"的投资者，不要做"躺不平"的投资者 / 272

　　拒绝做"躺不平"的投资者 / 272

　　学会做"躺平"的投资者 / 274

第十章　重回理财的起点，如何实现你的理财目标 / 277

第一节　从制定理财目标做起，选择比努力重要 / 278

　　第一个 100 万元，要靠攒还是靠赚？ / 278

　　拆解你的理财目标：场景、目标收益率、所需时间 / 279

　　理财就是理生活 / 281

第二节　资产配置助你实现理财目标 / 285

　　资产配置是实现理财目标的有效手段 / 285

　　严格管理你的资产，动态调整你的资产 / 287

　　基金组合是目标、时间与产品的有机结合 / 291

第三节　理财最好的开始是现在，最好的方法是坚持 / 295

　　理财像出名，尽可能趁早 / 295

　　理财如流水，要滔滔不绝 / 299

　　理财看似简单，持续做好却很难 / 300

　　理财是一件专业性很强的事，寻求理财顾问的帮助是为了更好地坚持 / 301

　　理财嘉投顾服务为你的梦想领航 / 303

第一章
从理财焦虑说起

　　为什么揭露理财的本质要从理财焦虑说起？因为在过去十几年的金融从业经历中，我们发现投资者时刻在市场波动中处于焦虑状态是导致理财亏损的主要原因。论及基金赚钱而基民不赚钱，各种买入就下跌、卖出就上涨导致亏损，绝大部分原因并不是理财标的不好，而是投资者自身有意识或者无意识的焦虑，而后胡乱操作带来的。因此，要了解理财的本质，需要从分析理财焦虑入手，了解理财焦虑的根本诱因和解决方案，进而找到理财的本质。

第一节　解读理财焦虑的三个根本诱因

> 大部分人都太浮躁、担心得太多。成功需要非常平静耐心，但是机会来临的时候也要足够进取。
>
> ——（美）查理·芒格

理财，焦虑是普遍现象

根据中国证券投资基金业协会 2019 年发布的《全国公募基金投资者状况调查报告》可知，约有 89% 的投资者在出现投资亏损时会出现情绪焦虑；当亏损超过 10% 时，80% 以上的投资者会出现明显的焦虑。另外，中国证券登记结算有限责任公司披露，截至 2019 年 12 月底，我国公募基金场外自然人投资者账户数约为 6.07 亿个。通过以上这些数据我们可以简单估计，仅在在公募基金行业，每年因投资亏损而产生焦虑的人数就有几亿之众，可以说是一个非常庞大的人群。也就是说，你的 10 个朋友里可能就有 4 个人因为投资亏损而焦虑过。

其实，不仅亏损会让人产生焦虑，盈利也会让人产生焦虑。生活中常有这样的例子：持有的一只基金 1 年内涨了 2 倍，很多人内心开始纠结：怎么突然涨这么多？现在要不要卖掉？不卖以后大跌岂不是很亏？现在卖会不会有点早？还有的投资者有了收益，但是和朋友一聊发现朋友的收益率高于自己，于是也开始焦虑是不是选错了产品，要不要换。

理财焦虑常见的五种类型

针对普通投资者日常理财中的焦虑，整理下来大概有五种常见的类型。

一是亏损型焦虑。由于理财经验不足，买股票被"割韭菜"，买基金也被套，连牛市行情都挣不到钱。亏损如同噩梦，挥之不去，常常如惊弓之鸟，四处碰壁。

二是危机型焦虑。虽然积累了一定的财富，但上有老下有小，买房、医疗、养老、子女教育处处要花钱，有急切的财产保值增值需求。

三是对比型焦虑。总喜欢和自己比、和身边人比，越比越焦虑。今年达成了一个小目标，明年必须完成一个更大的目标；一听到别人理财赚的比自己多，就想跟着买；看到自己挣的比别人多就会觉得成功，比别人挣的少就会觉得失败。

四是强迫症型焦虑。每天都在关注理财信息，生怕错失赚钱良机。喜欢听理财成功人士的故事，但又不得要领，往往一听到赚钱的机会就兴奋。

五是永不满足型焦虑。总感觉自己的钱不够多，希望财富数字一直增长，最好每天都能挣钱；即使有收益，但如果没有跑赢通胀，也依然不安。

理财焦虑的三个根本诱因

仔细分析后会发现，上述五种理财焦虑类型是焦虑的内心感受或者说表象。那么通过表象来看本质，焦虑的根本诱因是什么呢？

第一，缺乏理财目标，导致外在收益率的波动让人焦虑。

很多投资者都有同感：震荡行情比熊市更让人煎熬。在熊市中，绝大多数投资者都在亏损，心理层面上反而更容易接受亏损的现状。但是在震荡行情中，盈亏分化较大，今天亏损，也许明天就是大涨，而大涨之后往往又是大跌，或者连续很多天的横盘。这样的行情下"钝刀子割肉"，更让人煎熬，亏损就变得难以接受了。

在市场里，即使是熊市也有偶尔的反弹和上涨，即使是牛市也有偶尔的回调和下跌。这个市场可能会连续若干天上涨或下跌，但一定会有反向的调整。

理财就是持有资产，资产会被定价，这个价格就会有波动，价格波动是资产的特征。比如，房价会受到一些政策的影响而出现波动，股价会受到经济大环境、行业发展和上市公司自身变化的影响而波动，债券价格也会受到国家利率政策和货币政策的影响而波动。除此以外，原油、黄金以及其他衍生品的价格也都会有波动。

大多数投资者没有自己的理财目标，很难在市场波动时做出理性的决策。面对市场的波动，很多投资者会习惯性地追涨杀跌，在赔钱时抱怨自己卖晚了，在赚钱时后悔买少了、卖早了，频繁地买进卖出，总幻想自己能快人一步或者快市场一步，却发现总是被来回"打脸"，于是陷入焦虑。

第二，片面比较收益率，选错收益率的"锚"使人焦虑。

水往低处流，人往高处走。追求收益最大化是每一个理财人的追求，没有人希望自己挣的比别人少。在日常生活中，经常会有人拿着自己的收益率跟身边人比较，有的人还会拿自己的收益率跟全市场上最优秀的基金比较。以大家最熟知的基金为例，每到年终，市场上各种公募基金收益率榜单铺天盖地，常见的有1年期的、3年期的、5年期的，按照资产类型分还有股票型基金排行榜、混合型基金排行榜以及债券型基金排行榜，让人眼花缭乱。

不讲整体过程，只是片面比较单一收益率的指标结果是很误导人的。它给人一种幻觉："如果我买了它，那我可就发大财了。"事实是，极大概率上并不存在这么一批投资者，正好在今年开年买入这只基金，又正好把全部资产都投了进去。别说一批，甚至可能连一个都没有。

片面比较收益率，忽视持有时间和持有本金，容易让人产生幻觉，会让你觉得自己是最失败的那个人，周围所有人都毫不费力地赚到了大钱，而你拼命努力却依然赶不上，就像在噩梦中奔跑，失落感油然而生。

这其中，找对收益率的"锚"很重要。否则，片面追求单个收益率指标的排名，除了能给自己带来一些焦虑或沮丧的不良情绪，没有其他任何收获。

第三，不清楚自身实际需求使人焦虑。

现实中，很多人把赚钱当作自己的理财目标。我们都知道守财奴葛朗

> **理财嘉网友**
> 人们往往把通货膨胀看作价格上涨。不对，它是货币价值的下降。

台的故事,虽然有钱但是不知道为何而活,沦为金钱的奴隶,这是一个悲剧。还有很多人在理财过程中分不清需求的主次、轻重缓急,最终造成焦虑。

在现实生活中,我们经常看到有人拿着应急的钱去做投资,在缺钱的时候反而加大杠杆交易,希望通过杠杆快速积累财富,结果越陷越深,无法自拔。从专业理财的角度看,拿着急用的钱去冒险,分不清主次,导致所投产品和自身需求出现严重错配,酿成悲剧和导致焦虑。在理财过程中,理财产品和投资人需求错配的问题比比皆是,是造成理财焦虑的重点和难点。

第二节　确立理财目标是消除理财焦虑的根本

> 朝着一定目标走去是志，一鼓作气中途绝不停止是气，两者合起来就是志气。一切事业的成败都取决于此。
>
> ——（美）戴尔·卡内基

为什么确定理财目标很重要

投资者之所以会在市场波动时做出非理性的决策，表面上看是情绪使然，或是没有掌握各种技术分析要领，或是择时不准确，没有"踩"对点，但深层次原因只有一个——没有理财目标。没有理财目标而去理财，我们关注的重点就不是目标的实现，而是市场的涨跌，但市场的涨跌是很难精确预测的，因为市场永远在涨涨跌跌。

我们以为理财收益线是直线，但实际上它是一条曲线，波动剧烈，经常在亏损与盈利的状态中切换。如果没有明确的目标，我们很有可能在遇到亏损的时候离场，让浮亏变成永久性的损失；或者在市场最热的时候高位站岗；又或者当我们刚赎回基金，市场就开始反弹。

正是因为没有理财目标，我们才无法找到自己理财收益的参照物，即理财收益的"锚"。如果我们以市场的涨跌作为自己理财收益的"锚"，直接后果有两个：一是在高点不舍得赎回，因为期待有新高，结果往往是遇到高点就回调；二是在底部不敢加仓或者恐慌离场，因为担心有新低，结果有可能第二天市场就开始反弹。

和其他交易者博弈，对市场做预判，并期望从中获取低买高卖的价差收益，这是很多人脑海中投资收益的来源所在，也是投资的最大魅力。但很不幸，绝大多数投资者既没有持续战胜市场的能力，也没有持续战胜其他交易者的能力。他们或许可以一时战胜市场，但很难一直战胜市场。

要战胜市场或他人，这是向外比，但实际上理财是一个向内寻的过程。向外比是为了从不确定性中获得确定的收益，而理财则需要选择确定性最大的方式来实现理财目标。在理财中，我们的主要收益来源应该是资产本身增值的钱，而不是交易的钱。权益类资产挣的是上市公司经营和盈利的钱，固收类资产挣的是债券票息收益。如果我们长期看好某白酒龙头股或锂电池龙头股，就应该长期持有而不是短期交易，因为我们虽然能大概率判定这个股票一年后的价格区间，但很难说第二天这只股票是涨还是跌。

一旦确立了理财目标，我们关注的就不再是本金或账户的盈亏状态，而是理财目标的达成。达到目标之前，最好不要中途停止，除非这笔钱有其他重要且紧急的用处。虽然我们无法预测市场，但是我们有理财目标，这个理财目标就是我们理财行为的"锚"，是我们管理资产的指导方向，而且这个"锚"一般都是固定的。比如，我们希望某一笔理财能够挣10万元或者本金增长20%，有了这个固定的理财目标，我们唯一不确定的就是什么时候能够实现这个理财目标，即时间因素。

有目标的理财与无目标的理财的区别见图1-1。

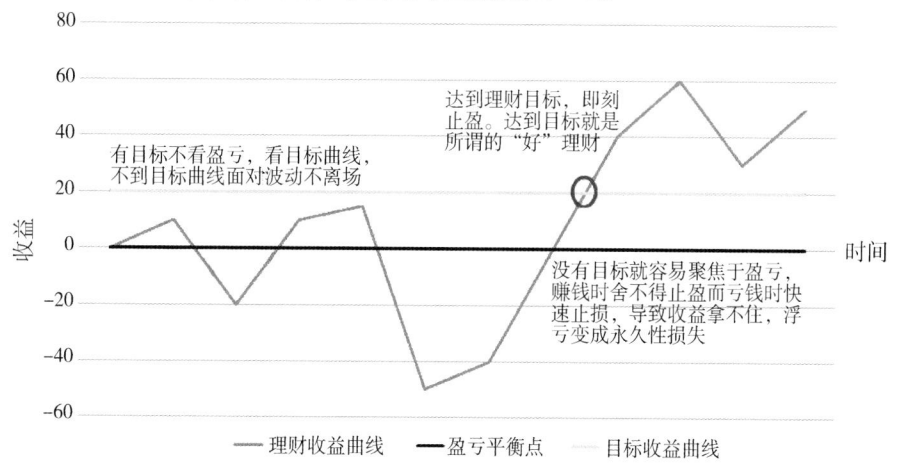

图1-1　有目标的理财与无目标的理财的区别

理财中有一个著名的"理财不可能三角"理论，说的是在理财中，收益性、安全性、流动性通常是不可能同时实现的。关于这个理论，本书在第八章具体阐释。

从"理财不可能三角"理论上讲，有目标的理财保证了本金的安全，因为投资者不达目标不离场，浮亏不会变成永久性的损失，而基金理财很难把本金亏光，更不可能像衍生品那样需要追加保证金。

有目标的理财同时保证了投资者的收益，因为理财目标确定了收益，唯一不确定的就是流动性或者说时间。没有人能预测什么时候达到目标，也许是一个月，也许是一年。这取决于我们所确定的目标是否容易实现、投入本金的多少，以及包括波动性在内的市场因素。

事实上，当确定了理财目标并以其为"锚"进行理财后，你会发现市场的波动和震荡很难干扰你，盲目操作的次数会大大减少，犯错误的概率自然也会大幅降低。

以目标为导向理财，更易克服人性的弱点。在和市场共舞的过程中，目标会反过来指导和规范你的行为，让你在喧嚣、极度的亢奋或悲观中回归理性。

关于理财目标的三种常见错误情形

有些投资者在理财前什么准备都没做，就迷迷糊糊或豪气冲天地上手了。

比如，有些投资者刚拿到年终奖或是每个月的工资有了一些结余，这个时候恰好看到一些平台打的广告，如"××产品15%的年化收益"（这样的年化收益如果是理财产品的预期收益，想不发生风险都难），一时竟然有了心动的感觉，既然钱闲着也是闲着，那就放手去搏一搏。

再比如，有些投资者买了债券型基金，虽然收益不高但是相对安全，持有一段时间以后看到别人买的风险更高的股票型基金竟然不知不觉已经涨了50%，于是贸然将自己的产品也换成了股票型基金。

股票型基金的收益高于债券型基金，但是风险也高于债券型基金。股票和债券本身是两种性质完全不同的证券，股票代表所有者对公司的所有权，债券代表债权人对公司的债权关系。两者对投资者的风险承受能力要求截然不同，股票的波动远高于债券，同理股票型基金的波动幅度也远大于债券型基金。你看到别人的股票型基金涨了50%，那么是否想过它之前有可能回撤了80%？只看到收益却没有考虑到背后的风险，只看到上涨的行情却没有考虑下跌的危险，一旦遇到波动调整或者是向下的回调，就很容易惊慌失措、盲目赎回从而造成损失。

还有些投资者，虽然明确了自己的理财目标并按照理财目标匹配了对应的产品，但有时候遇到行情不给力还是容易动摇。比如，2009—2014年上半年股票市场低迷，很多偏股类产品的表现不是特别好，重配股票型基金投资者的收益自然不会太高，这个时候是坚持还是放弃，就是一种选择和取舍。

上述三种错误情形在现实中都很常见。第一种情形是压根儿没有目标就盲目入场；第二种情形是虽然有了目标却总是变来没去，不清楚自己到底要什么；第三种情形是有目标，但是未能坚持。

这两个理财目标适合绝大多数投资者

之前习惯了"刚兑"产品的投资者，可能一时难以接受资产的波动。但是，这种"刚兑"理财的收益率往往不会超过4%，而现在的房贷利率一般是在5.5%左右，实际通货膨胀率也超过了5%。虽然"刚兑"理财的优点是基本上能够保证本金的安全，但是从收益的角度来说无法战胜通货膨胀，显然不太适合作为理财的首选。

目标一：理财收益要跑赢通货膨胀，否则不如直接去消费。

所谓的通货膨胀，就是物价上涨的程度，一般用居民消费价格指数（CPI指数，也称通货膨胀指数）来衡量。为什么用这个指标来指导投资理财呢？原因很简单。大家在生活中有一个很明显的感觉：现在的1元钱与10年前甚至5年前的1元钱买到的东西数量不一样。10年前1元钱可以买2个包子，现在1元钱只能买半个包子。很显然，钱不值钱了。

许多人认为存钱不如换成房子、车子、物品等实在，能马上享受到这些产品的使用价值。其实这就给理财提出了一个挑战：理财获得的收益水平要大于等于物价上涨的水平。

假设2018年的物价上涨水平是3%。2018年1月，100元可以买到30元/kg的猪肉3.33kg，到2019年1月，猪肉价格涨了3%，售价30.9元/kg，那么购买3.33kg猪肉需要103元。这就意味着，2018年1月手中的100元，如果不拿去买猪肉，而是存到银行，按照1年期定期存款利率1.5%计算，那么1年后也就是2019年的1月，可以拿到101.5元，显然这个时候买不到3.33kg猪肉了，只能买到101.5/30.9 = 3.28kg猪肉。因此，会感觉存钱很不划算。如果某项理财的收益率是3%，那么2019年1月可以拿到103元，到时依然可以买到3.33kg猪肉，这个理财就没有亏。

从图1-2可以看出，2018年1月—2019年12月我国CPI指数和猪肉价格涨幅整体处于上升通道，并且一度超过3%的水平。

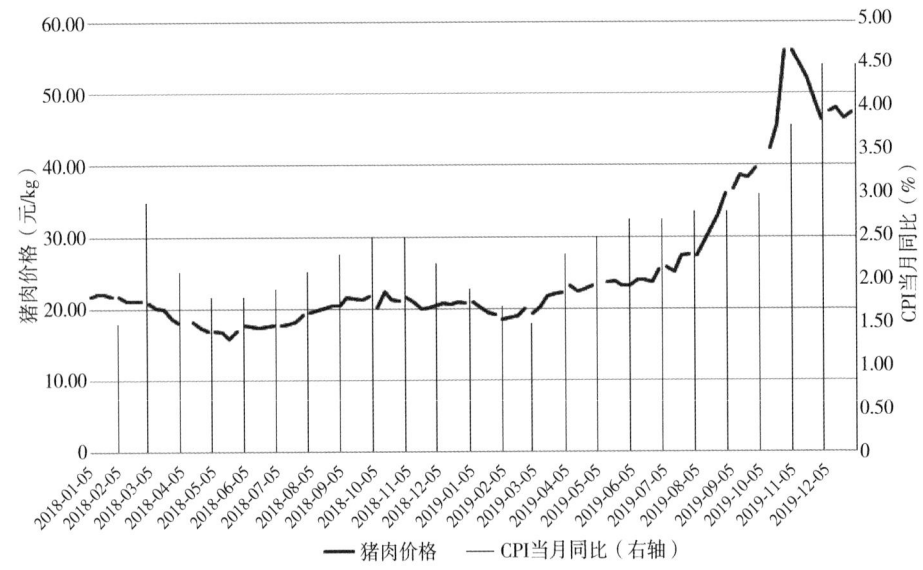

图1-2　CPI当月同比与猪肉价格变化（2018年1月—2019年12月）

资料来源：国家统计局、Wind。

在通货膨胀率较高的时候,为什么可以适当地放一些杠杆?因为通货膨胀率越高,名义利率(Nominal Interest Rate)和实际利率(Real Interest Rate)之差就越大。公式为

$$实际利率 = 名义利率 - 通货膨胀率$$

名义利率就是从银行拿到的贷款利率。我们从银行借钱是参照名义利率,但是对我们来说实际利率更有意义。经济学理论告诉我们,要随时考虑通货膨胀或紧缩的影响,因为它们总是存在的。假设你要买房,银行的贷款利率是7%。此时的CPI指数是3%,即票面的每100元钱,相当于实际97元钱的实际购买水平。也即每100元钱,"损失"3元钱。所以,每贷款100元,名义上要支付7元利息,但实际上相当于只借了4元。

这个时候,你就可以适当地加一些杠杆去消费,但一定要考虑到未来的还贷能力。反过来,如果你做投资或理财,更要考虑通货膨胀:假如你买了一只纯债基金产品,一年的收益率是4%,但是当年的通货膨胀率达到了3%,相当于你实际只挣了1%。

所以,在理财的时候,一定要关注通货膨胀情况,收益率一定要跑赢通货膨胀水平。国家统计局每个月都会发布CPI指数,主要看同比指标。

图1-3中有两条线,上面的线代表同比,下面的线代表环比。同比就是今年第n月与去年第n月比,环比就是今年第n月与今年第$n-1$月(即

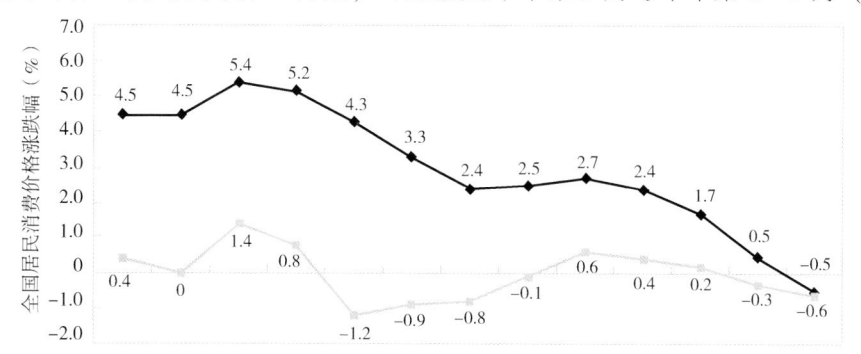

图1-3　全国居民消费价格涨跌幅

资料来源:国家统计局网站。

上个月）比。

例如，2020年11月与2019年11月相比较，称为同比，-0.5%表示2020年11月的CPI比2019年11月的CPI降低了0.5%；与上一个周期比较，2020年11月与2020年10月相比，称为环比，下降了0.6%。

我们之所以鼓励大家在风险可控的前提下，将现金换成金融资产特别是权益类资产并长期持有，而不是将现金直接存入银行，是基于这样一个基本的经济学现象：货币在不断超发并不断贬值，而股价长期来看是在不断上涨，见图1-4和图1-5。

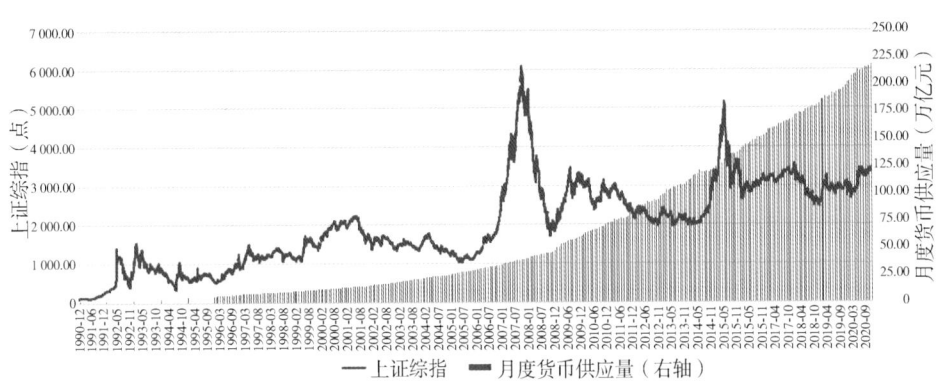

图1-4　中国月度货币供应量 VS 上证综指

资料来源：Wind、上海证券交易所、中国人民银行。

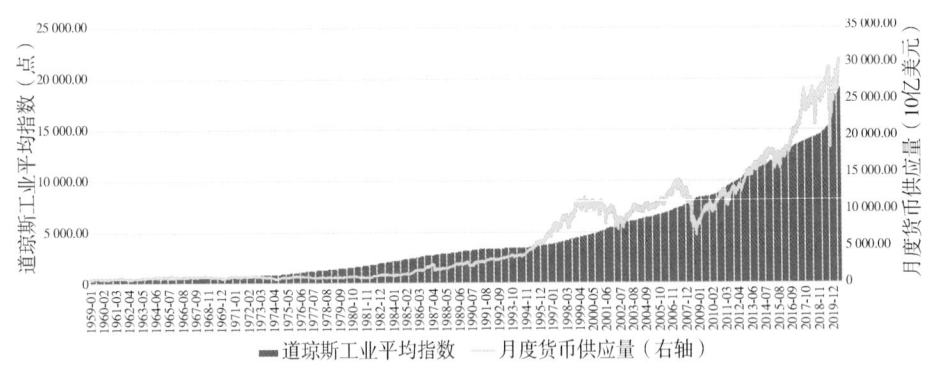

图1-5　美国月度货币供应量 VS 道琼斯工业平均指数

资料来源：Wind、美联储。

天下没有免费的午餐，也没有免费的收入。必须学起来。

2021年7月15日,中泰资管联席首席投资官姜超在支付宝"财富正前方"栏目中指出,过去100年间美国货币增长了500多倍,同期表现最优异的两类资产,第一类是股票类资产,第二类是房产,这两类资产的平均年化回报率大约是10%,大幅跑赢通货膨胀。

举个简单的例子。1911年的100美元如果可以购买500蒲式耳(一蒲式耳=27.216kg)的小麦,那么现在只能购买1蒲式耳的小麦。购买小麦的货币增发了500倍,而人们100年前的饭量和现在的饭量没有太大变化。

但是如果用100美元购买道琼斯股票指数期货,在不考虑交割到期等情况下,1911年年末道琼斯工业指数大概在80点,现在已经超过了35 000点,涨了4374倍,100美元现在变成了437 500美元!

回顾美国的金融历史,不管是20世纪30年代的罗斯福新政,第二次世界大战,还是布雷顿森林体系的崩溃,或者是20世纪80年代的滞涨,以及"9·11"危机、互联网泡沫破裂、量化宽松、"让美国再次伟大"和面对新冠肺炎疫情,所有的问题最终都是通过发行更多的货币去解决。

姜超指出,在银行存钱确实很安全,但是它不一定能帮你保值和增值。我们可以简单算一笔账:1990年你存1万元钱到银行,假设存款利率为每年2%,那么到现在过了30年,1万元变成了2万元。但是1990年中国的货币总量是1.5万亿元,现在已经超过200万亿元,如果一直存钱,你的钱在全国的货币里面的份额其实变少了很多。

当然,在一定时期内,我们还是要在银行留有一定的储蓄,这本身也是一种资产配置,但最好不要把钱全部存入银行。

目标二:理财收益率要战胜房贷利率,否则不如尽早还钱。

上文已经说到了房贷利率,目前国内首套房的平均贷款利率是5.5%左右。这个可以作为理财收益的一个"锚"。

假设我们每个月的税后收入为15 000元,5000元用于还房贷,5000元用于日常开销,剩下的5000元应该怎样理财呢?首先,要评估自己的风险承受能力;其次,给自己定一个小目标,那就是理财收益率要战胜房贷利率。因为如果超出了自己的风险承受能力，就是得不偿失；而如果理财的收益率没有战胜房贷利率，不如尽早把房贷还清，因为这样所支付的利息还能少一些。当然，前提是手中的钱足够支付房贷总额。

小结：理财要关注本金安全，还要关注资产保值增值的可持续性。

看到这句话可能会有朋友问，我们在前面说过理财要接受波动，既然波动是不可避免的，会有风险和损失，那怎么才能保证本金的安全呢？这个问题问得很好。

我们想强调的是，安全和"刚兑"时代的保本是两个概念。我们说的本金安全，首先是理财产品一定要合法合规。有些P2P、众筹和虚拟货币的交易和理财游走在灰色地带甚至是违法开展，不受法律保护，是不安全的；而包括期货和期权在内的衍生品，是国家允许开展的证券交易品种，风险很高，但是从法律层面来说是安全的，只是交易起来难度大，不适合多数投资者。举个极端的例子，假如我们开设一个期货账户，即使一年不交易，里面的本金也没有合法合规风险，但是投资各种"币"可就不一定了。

如果全部购买货币基金或纯债券型基金，在持有期内本金基本不会受到损失，确实很安全，但是收益也不会很高。风险和收益永远是成正比的。我们想获得高一点的收益怎么办呢？或者全部购买较高风险的股票型和混合型基金；或者根据一定的比例进行资产配置，做到攻守平衡，在保证本金安全的前提下获得合理的收益。

理财获得的收益，一部分来源于基金经理个人能力创造的 α 收益，另一部分来源于大类资产整体的 β 收益。至于股票、债券和现金分别配置多少，是否需要动态调整比例，每种比例内部怎么选择细分标的，这些就是考验我们理财能力的地方了。我们知道，优秀的基金经理可以凭借自己的能力给产品创造 α 收益，除此之外，基金收益的来源还包括大类资产整体的 β 收益。

基金经理是金融行业里站在金字塔尖的那群人，但是每位基金经理的风格却有着极大的不同：有人强调收益而偏好进攻性，有人把安全放在首位；有人喜欢从上而下的宏观视角，有人喜欢见微知著的微观视角；有人喜欢高成长的企业，有人喜欢低估值的企业。

不同的基金经理投资风格迥异，但都有属于自己的方法论和投资观。很多基金经理甚至是明星基金经理的产品业绩也会出现回撤，去年的冠军基金可能在今年就成了中游甚至下游基金，这些都是正常现象。很多时候，基金业绩受到市场、行业、个股等外部因素的影响，不能完全由基金经理所左右。

但是，投资者可以关注优秀的基金经理的基金管理年限和管理期间年化收益率。一般来说，优秀的基金经理都有较长的基金管理年限和高于20%的平均年化收益率。

从长期来看，主动权益类资产可以实现资产的保值增值这一目标。选择主动权益类基金产品，很大程度上就是选基金经理，而基金经理的基金管理年限和管理期间年化收益率是需要大家重点关注的。

基金经理可以帮助我们解决选股的问题，但是谁来帮助我们解决选择基金（基金经理）的问题？谁又能帮我们解决选择后的基金管理问题？或许理财顾问是一个不错的帮手。

第三节　认清理财需求是消除理财焦虑的起点

> 市场就像大赌场，别人都在喝酒，如果你坚持喝可乐，就会没事。
>
> ——（美）沃伦·巴菲特

希腊古城特尔斐的阿波罗神殿上刻有7句名言，其中流传最广、影响最深以至被认为点燃了希腊文明甚至整个欧洲文明火花的是这一句："人啊，认识你自己。"

了解自己，意味着把"你是什么人和你想成为什么人"与"世人认为你是什么人和希望你成为什么人"区分开来。自我认知和自我造就都是一生的过程，除了你自己，没有人能够教会你怎样变成自己、怎样负起责任、怎样表现自己。

认识自己如此重要：你如何认识自己，你就会如何塑造自己，你就会有什么样的人生。同样，在理财的时候，真正了解自己到底希望通过理财得到什么，为此能付出什么样的代价，包括时间、金钱、精力等，也显得尤为重要。

理财要认准自己内心的真正需求

很多人在理财的时候并不明白自己想要什么，以至于跟着市场走、跟着舆论走、跟着他人走、跟着产品走，就是没有跟着自己内心的真正需求走。

首先，理财不能跟着市场走。市场风格会调整，市场热点会轮动，但我们内心思考的步伐和操作的执行肯定会落后于市场。可能当我们还在重仓大盘蓝筹股的时候，市场风格就已经切换到高估值的成长股，一旦我们的配置落后于市场变化就会陷入焦虑。

图1-6选取了代表成长风格的中证800指数（000906.SH）和代表价值风格的上证50指数（000016.SH）从2010年年初到2020年年末这10年间的走势。阴影部分是中证800指数对上证50指数的超额涨幅。从图中可以明显地看到，在这10年时间里，多数时候成长风格是优于价值风格的，但2018年以后价值风格占据了上风，典型的就是龙头股或者说各个行业的"茅"概念股。

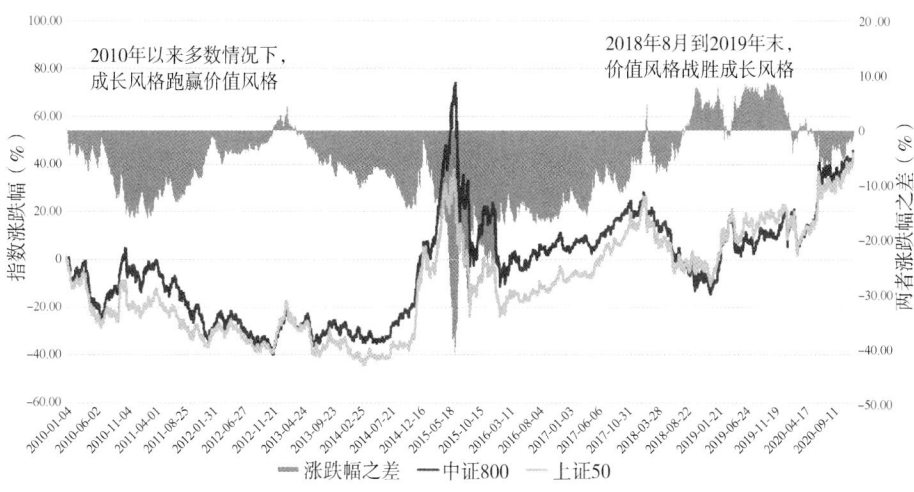

图1-6　中证800指数与上证50指数走势（2010年1月1日—2020年12月31日）

资料来源：Wind。

最直接的反映就是2017年大家说股票就两类：一类是"要命3000"；另一类是"漂亮50"。"漂亮50"主要是指股市中的蓝筹、低估值股票，主要集中在上证50成分股和优质深市大盘股上，这部分股票在股市杀跌过程中频频受到各路资金的追捧，众多股民只能在一旁羡慕，因此常常予以调侃。很多投资者在过往的投资中偏爱成长股而忽略了大盘蓝筹股，风格一旦切换且持续就容易陷入迷茫，不知道该如何操作。

如果不了解市场或者想当然地去赌风格，很有可能面临各种不确定的或者超预期的风险。比如，我们本来是一群偏好价值风格的投资者，而这个时候市场风格是偏成长的；或者说我们预判市场会从成长切换到价值风格，但没有切换。这些超出我们预期的或者是我们没有提前准备的市场风格切换，有时候会让我们措手不及。

其次，理财不能跟着舆论走。舆论不但会影响投资者的情绪并让投资者失去自我判断产生羊群效应，而且往往有一定的滞后性，口风也容易前后不一致。因此，根据舆情炒股并没有太大意义。

郑州财税金融职业学院会计学院副院长吕永霞在《网络舆论对股市收益影响实证研究——基于投资者情绪视角》[○]一文中，通过研究东方财富股吧的发帖数发现，在市场剧烈调整的时候，一些投资者经常光顾的网站发帖数和跟帖数会明显提升（图1-7）。不管是卖出还是买入，大家纷纷寄希望于在网上寻找"同路人"来佐证自己的判断是正确的，用这种方式来摆脱焦虑。

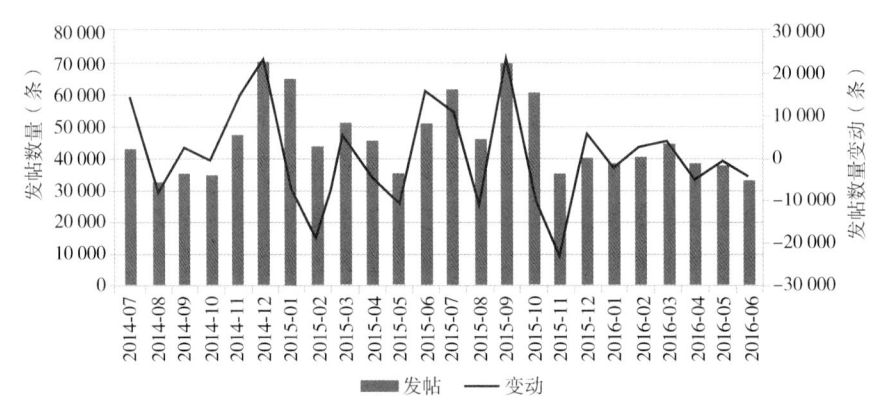

图1-7　东方财富网吧发帖及点击情况

如图1-8所示，上证综指在2014年12月站上了3000点，在2015年6月12日创出阶段新高点5 178.19点，在2015年7月连续出现回调并在

○ 吕永霞. 网络舆论对股市收益影响实证研究——基于投资者情绪视角［J］. 财会通讯，2018（18）：13-17.

理财嘉网友

买主动管理的共同基金的本质是雇用一个值得信赖的基金经理帮你理财。只要付一点管理费，就可以让你所认同的学霸为你打工。

2015年9月开始筑底,在2016年1月走出"熔断行情"。这些比较重大的行情变化时点,往往也是舆论比较活跃的时刻。而这些舆论究竟能给投资者多少有益的建议呢?我们不敢妄下结论。

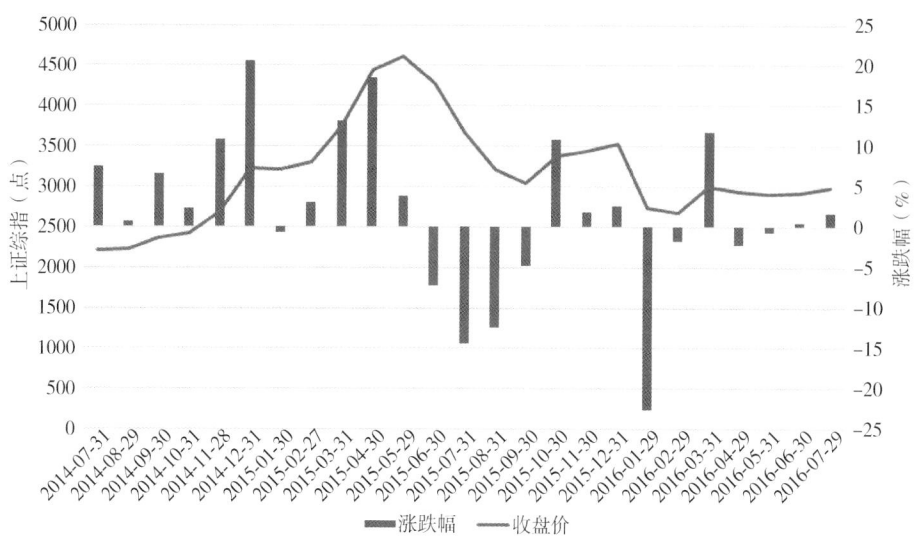

图1-8 上证综指点位变化及涨跌幅(2014年7月31日—2016年7月29日)

资料来源:Wind。

再次,舆论往往善于给出解释而不是给出预测,并且很喜欢根据市场改变口风。有个最近的例子,就是2021年年初大家对白酒的判断。2018年以来白酒板块可以说是全市场表现最好的一个细分板块,白酒主题的主动型基金和跟踪白酒的指数型基金也让大家赚得盆满钵满。但是进入2021年,白酒板块出现了40%左右的回调,见图1-9。于是,舆论也出现了有趣的调整。

舆论关于白酒行业的观点很大程度上是和白酒指数的表现相关的:看多白酒的人认为白酒有着巨大的市场空间和很高的利润率;看空白酒的人则认为白酒估值太高已经涨了太多,况且很多年轻人都不喝酒。双方说的都有一定道理,于是,一旦市场大涨,看多的声音就冒了出来;一旦市场下跌,看空的声音就占据了朋友圈。可见跟着市场和其他人走,每个人的

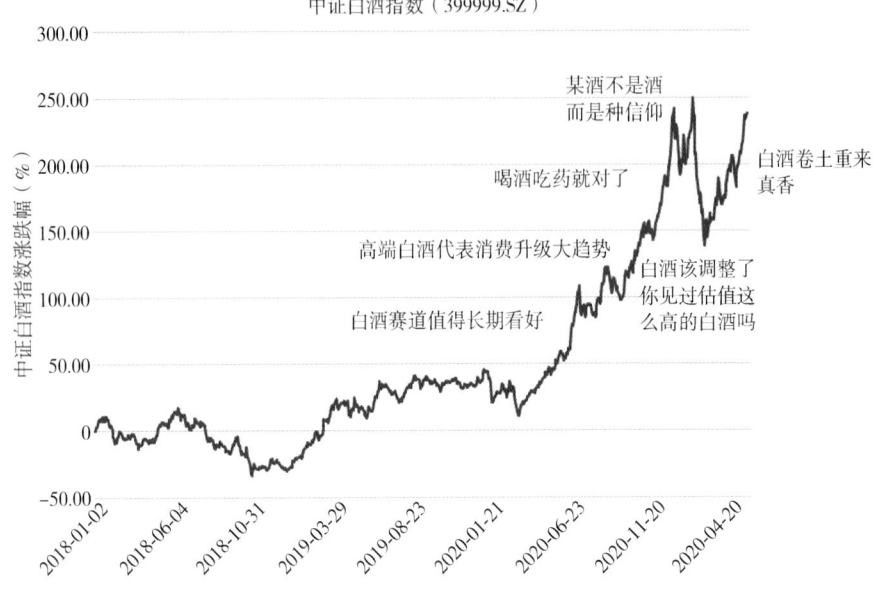

图 1-9 中证白酒指数走势（2018 年 1 月 2 日—2021 年 4 月 20 日）

资料来源：Wind。

理财风格、风险承受能力、资金状况、理财目标、理财周期等都不一样，并不具备可比性。

比如小 A 的本金是 10 万元，买了一个"固收+"的产品，计划放 3 年时间，那么可能年化收益率 6%~8% 是比较合理的，收益累计下来就是 2 万元多一点，正好可以买一辆普通汽车作为代步工具。

同理，小 B 放入了 50 万元，买了一只股票型基金或是一个进攻性很强的权益类占比较高的理财组合，坚持持有 5 年，在此期间平均年化收益为 15%，5 年以后就可以本金翻倍，达到 100 万元，基本上可以买一辆入门级的豪车了。

我们来看小 A 和小 B。理财的本金不同、选择的产品不同、周期也不同、对收益率的预期也不同，以上细节的不同，决定了两者的理财结果一定是不同的，也不具备可比性。

我们设想一下：假如小 A 还是投入 10 万元本金，但是希望 5 年以后本金变成100万元,这意味着增长10倍,差不多每年增长2倍。显然这样的要求是不现实的,市场上几乎没有合适的产品可以匹配。这样比较,就不仅仅是焦虑,而是不合理了。

最后,理财不能跟着产品走。当前市场上的理财产品很多,从资金量的角度来说,有百万元级别的专户理财、信托理财、私募基金,也有10元起投、1元起投的公募基金;从风险收益的角度来说,有投资衍生品、结构化产品等高风险产品,也有风险很低的货币基金,可以说满足了不同类型投资者的理财需求。

但是,面对市场上纷繁复杂的理财产品,我们必须要明确的一点是这些理财产品只是配置工具,我们要做理财产品的主人,而不是被理财产品牵着鼻子走。

比如,明明我们是偏稳健的投资者,却因为受到股市火热的影响非要把持仓的债券型基金换成股票型基金。这或许可以在短期内获得高于债券型基金的收益,但一旦遇到回调,我们就会难以承受。因为我们之前对风险和波动的理解和承受能力是以债券型基金为标准的,一下子被放大成股票型基金,肯定难以接受。

再比如,我们是进取型的投资者,对风险和收益的承受能力都较强,就不应该把过多资金用于配置债券特别是纯债券型基金产品。这些产品虽然相对稳健,但是收益也很有限,与我们的理财目标和理财风格都不匹配。

我们所选的理财产品和自己的投资风格、目标、偏好等不匹配,虽然短期来说可能会获得超出以往的收益或将风险降到更低,但是高收益的背后必然代表着高波动、高回撤率和高风险。这样的理财方式,短期来看迎合了市场风格,长期来看和我们的理财目标不符合,难以坚持下去。

当然,从资产配置的角度来说,虽然我们鼓励股票和债券的配置比例可以有差异,但是多少都要配置一些。因为资产配置的首要目的不是获取过高的超额收益,而是在获取理想回报之余把风险减至最低。

综上所述,如果我们没有认清自己的需求,没有根据自己的目标理财做配置，而是被市场、被舆论、被他人、被产品影响，就很容易在理财时陷入焦虑。

如何认清自己的理财需求

想要认清自己的理财需求，首要的是明确自己在风险承受能力方面的底线，只有明确了自身承受风险能力的底线，才不至于当理财投资风险超出自己可以接受的范围时出现不能接受甚至崩溃的情况。

所谓风险承受能力，简单来说，指的是个人以及家庭所能承受的最大风险程度，而这与我们的风险偏好、财务状况以及年龄等多种因素相关，影响因素不同，最终带来的结果也不同。比如，一位40岁的成功男性通过奋斗已经实现了财务自由，并对理财行业有一定了解，那么他的风险承受能力一般来说是比较高的。

不同的理财产品会有一定的收益范围限制，所以投资者在对自己的风险承受能力做好相应评估之后，接下来需要做的就是明确自己的收益目标。只有确定了自己的收益目标，在选择理财产品的时候才能进行更为清晰的筛选。

例如，股权相关的理财产品，虽然收益较高，但也伴有高风险，适合具备相应投资经验和行业相关知识的投资者或者借助于专业的理财顾问来做投资；而债权类的固收理财产品，收益虽然不如股权类的产品高，但是风险会小很多，比较适合刚开始理财的新人。

虽然理财的最初目的是钱生钱，但还是要结合自己的实际情况和收益目标选择最合适的产品，切忌盲目追求不切实际的利益。

除了从风险承受能力和收益目标两个角度来明确自己的理财需求外，还可以通过限制理财投资的种类范围来确定自己可以选择的理财种类。如果不是自己特别擅长的领域，就应该及时规避。

第四节　确立收益的"锚"是消除理财焦虑的关键

> 人们买股票，根据第二天早上股票价格的涨跌，决定他们的投资是否正确，这简直是扯淡。
>
> ——（美）沃伦·巴菲特

我们都知道，幸福是自己体验出来的，而焦虑是和他人比较出来的。在理财中，这句话尤其值得借鉴。

理财对于我们来说最大的魅力就是能让财富增加，而在本金和时间都投入有限的情况下，增加财富最快捷的方式就是选择高收益的理财产品。每个人理财的目标不同、投入的本金不同、持有的周期不同、对风险和波动的承受能力不同，导致选择的产品也不同，最后的收益率和赚到的钱也一定不同，这是一个自然而然的逻辑。

然而，很多时候大家对于理财收益的认知或者说判断不是基于长期的全市场同类产品的平均业绩表现，而是只节选了某个产品某一时段表现特别突出的业绩作为业绩的参照。比如，某只基金过去 3 年累计涨幅 50%，但是赶上某一波热点一年就涨了 60%。这个时候，可能就有投资者要求这只基金以后每年的收益都应该达到 60%，或者在选择基金的时候就按照年化收益率 60% 的标准。有了这么高的目标预期，下一步往往就是一次性重仓投入，一旦出现回调极易陷入焦虑甚至恐慌。

所以，有一个正确的理财收益的"锚"很重要。

业绩比较基准和收益的"锚"，两方面都要看

看待理财产品的收益要有"锚"的概念。什么是"锚"呢？简单来

说，当人们需要对某个事件做定量估测时，会通过第一印象或第一信息产生偏见，会将某些已知数值作为"起始值"，而这个"起始值"会像"锚"一样制约"估测值"。

在现实生活中，我们经常可以看到商家利用"锚定效应"进行营销，最经典的就是某咖啡连锁店卖高端矿泉水和美国某品牌手机打折。

大家知道，依云矿泉水在天猫超市或者京东商城的售价约为5元一瓶，这个价格对于多数白领来说是可以接受的。然而，同样的一瓶水在某连锁咖啡店却要22元一瓶。同样的质量、同样的包装，只是换了销售平台，价格一下子涨了3倍还多。

这是因为，能坐在这个咖啡店里消费，某种程度上就是身份的象征。特别是和该咖啡店动辄30元甚至40元的咖啡相比，22元的依云矿泉水大家也会觉得没有那么贵了。

还有一个就是美国某品牌手机。前几年，该手机只要新款机型上市，一定是当天的重磅新闻，甚至有好多"铁粉"和"黄牛"会通宵排队购买。也有不少人会等一段时间再买，因为如果该手机上市价格为10 000元，那么有可能半年后会降价到9000元，一年后会降价到8000元甚至更低。

按理说数码产品上市一年以后就算"人老珠黄"了，但是该品牌的手机却能在上市一年后继续保持销量，就是因为上市之初价格定得高，给大家树立了一个价格的"锚"，消费者在对比"锚"的价格以后，发现同样的机型、同样的配置价格便宜了，就会积极购买。

在理财中，投资者往往会将历史净值、历史业绩、自己投入的本金和时间以及该产品同类收益率等作为"锚"评价所持产品的好坏。说白了，所谓的"锚"就是参照物。有了"锚"以后，投资者会拿自己持有期间的产品收益与之对比，这很正常。但是如果"锚"没有选择对，就容易产生错误判断。

可能会有投资者好奇，理财收益的"锚"和基金产品的业绩比较基准之间有什么联系？可以说二者都是对产品表现评价的一个参考，但又有所区别。

理财嘉网友
基金经理所在的基金公司是很重要的，一个好的平台会为基金经理的长期投资业绩添砖加瓦。

第一，业绩比较基准是固定的，收益的"锚"是可变的。

不管是公募基金，还是银行理财产品，或者是私募产品，都会给出一个固定的参照标准，如沪深 300 指数收益、中债全价指数收益、银行 1 年期定期存款利率，或者直接是一个数字（5%、10% 等）。

而我们对产品收益的"锚"是可变的。比如我们买了 3 只公募基金产品，收益最高的那只 1 年赚了 50%，我们可能会觉得还不错。但是和人一比，发现别人持有的 2 只基金最少也赚了 60%，这个时候我们内心可能就会产生失落感。然后上网一看，发现全市场同类型产品的平均收益可能只有 30%，这个时候我们又会感到高兴。可见，收益的"锚"很多时候会随着外部环境的变化而变化。

业绩比较基准是一个区间数字。在不同的维度上，基金业绩会有较大的变化。大家可以随便找一个产品，打开支付宝查看过往业绩，会发现过去 3 个月、过去半年、过去 1 年和过去 3 年的业绩都不一样，排名差别也大。从这个角度来说，业绩会因为所截取的区间不同而不同。这也是为什么合规要求基金必须展示过往完整业绩而非区间业绩，成立不满 1 年的产品不允许展示业绩，因为代表性不够充分。

《关于规范金融机构资产管理业务的指导意见》（银发〔2018〕106 号）（以下简称"资管新规"）鼓励理财产品形式逐步从预期收益型向净值化转变。随着近两年中国金融市场产品不断丰富，资产配置理念和方法不断成熟，投资者对收益特征的认知逐步理性，资产管理机构有能力为客户设计不同风险等级的金融产品以满足不同的风险收益偏好。这些净值型产品将逐步替代传统理财产品，在未来金融市场中占据重要地位。

第二，业绩比较基准是客观的，收益的"锚"是主观的。

如图 1-10 所示，假定有 2 只普通股票型基金都以沪深 300 指数（000932.SH）和上证国债指数（000012.SH）为业绩比较基准。在市场环境比较低迷的情况下，1 年以后 A 产品的收益率是 -2%，B 产品的收益率是 -30%，当年的沪深 300 指数收益率是 -20%。也许 A 产品在当年是全市场排名前 10% 的绩优基金，但是从收益率上看却是负的。

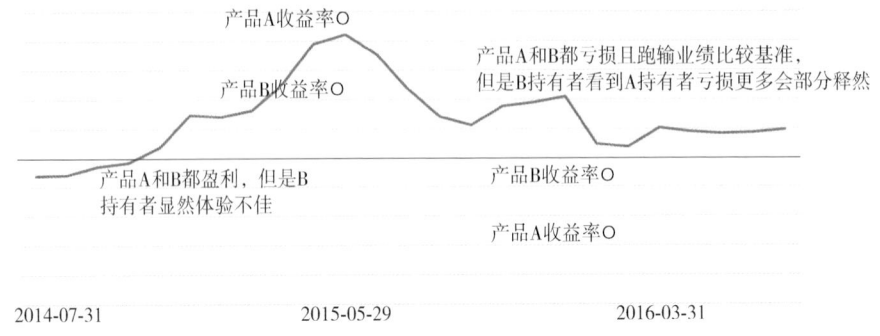

图 1-10 不同的"锚"决定不同的心态

同理,如果用"锚"的角度来看,买了 A 的投资者虽然认为自己的产品收益率为负,但是在全市场排名非常靠前,即使是亏损,和同类型产品相比也要少很多,那么内心或许是可以接受的。

反过来说,如果 A 产品当年的收益率是 30%,沪深 300 指数的收益率是 40%,而 B 产品因为重仓了白酒、C 产品重仓了医药收益都接近翻倍。那么持有 A 产品的投资者虽然赚钱了,但是和持有 B 基金或者 C 基金的投资者交流后肯定会感到失落或者焦虑,觉得自己这一年买"亏"了。

因此,很大程度上"锚"是建立和在同类型甚至不同类型的基金比较的基础上,而业绩比较基准则是一个客观存在。

第三,业绩比较基准是统一的,收益的"锚"是随机的。

既然业绩比较基准是一个客观存在的影响力比较广泛的参考值,那么这个参考值就具有一定的指导性。而收益的"锚"则是千人千面,不同的投资者对自己持有的基金都有不同的感受。

举个有代表性的例子。不少投资者持仓以纯债券型基金或股债平衡型基金为主,收益回撤较低,这是这类产品的优势。但是某段时间遇到市场大涨的时候,股票型基金涨幅特别快,一些投资者看到别人的账户收益增长迅速,于是贸然调仓,也把自己的持仓换成了权益类基金。但是一段时间以后,获利资金离场或者风格切换,行情出现了剧烈的反转,那些波动和风险承受能力强的投资者可能会认为这是一次正常的调整甚至是加仓的好机会，但是保守型或者稳健型的投资者却陷入了两难境地。

这些投资者在短短几个月里至少会经历两轮焦虑：第一轮是看到别人的资产迅速增值而自己的财富止步不前而感到焦虑；第二轮是看到自己跟风入场资产剧烈调整甚至缩水而感到焦虑。

这就是因为选错了"锚"。如果我们的"锚"不是以其他基金的表现而是以产品的业绩表现为基准，我们就不会随意调仓。但是，几乎不会有投资者不向别人打听理财收益。

总之，我们看待理财产品的收益或许不会太关注于理财产品的业绩比较基准，而是会用自己内心的"锚"来评价产品业绩，但是"锚"这个尺度很多时候是可变的、主观的。

更重要的一点，收益的"锚"很大程度上是通过比较得出的。当人们对理财收益的高低做估测的时候，其实并不存在绝对意义上的价值衡量标准，一切都是相对的，关键看你如何定位基点。基点定位就像一只"锚"，"锚"确定了评价体系也就定了，价值高低也就判断出来了。而不恰当的比较会产生不合理的"锚"，其结果必然带来焦虑。

当客观数字遇到主观感受，偏差就出现了

为什么会有错误的"锚"？因为投资者的认知出现了偏差，比较典型的有主观意识效应（Subjective Consciousness）、幸存者偏差（Survivor Bias）、羊群效应（Herd Behavior）和期望理论（Expectancy Theory）等。

1. 主观意识效应

主观意识效应就是没有认真研究市场或者复盘，而是想当然地认为自己内心的判断标准就是"锚"。

一个典型的例子是对市场风格和波动的错误判断。比如上文讲过的中证800指数代表市场上优质的小盘股，而上证50指数代表市场上优秀的大盘股。可能很多不喜欢波动的投资者会本能地认为，大盘股是不是波动性小？那我就多买大盘股或者买相关的指数基金。

但历史数据表明，特别是从长期来看上证 50 指数的波动率要高于中证 800 指数，见图 1-11 至图 1-14。如果我们没有做深入的研究或者用数据去做实盘回测，就容易陷入主观判断中。

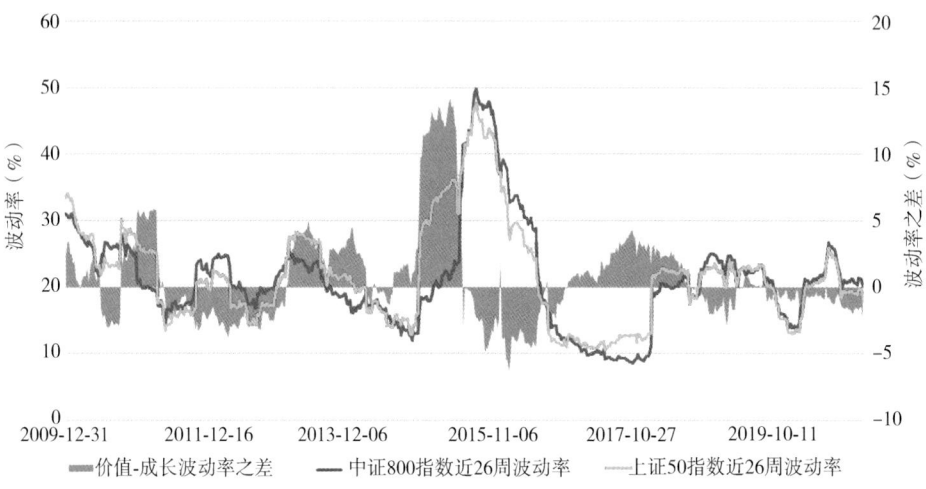

图 1-11　中证 800 指数和上证 50 指数近 26 周波动率（2010 年 1 月 1 日—2020 年 12 月 31 日）

资料来源：Wind。

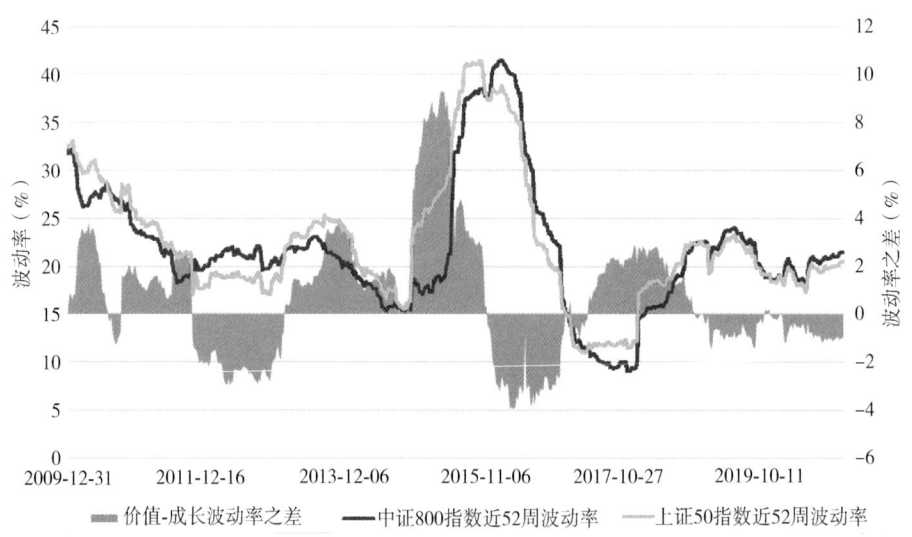

图 1-12　中证 800 指数和上证 50 指数近 52 周波动率（2010 年 1 月 1 日—2020 年 12 月 31 日）

资料来源：Wind。

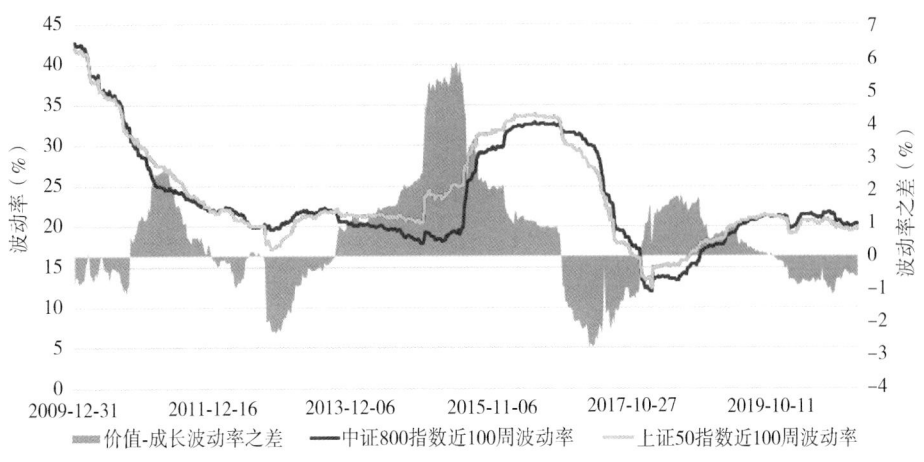

图1-13 中证800指数和上证50指数近100周波动率（2010年1月1日—2020年12月31日）

资料来源：Wind。

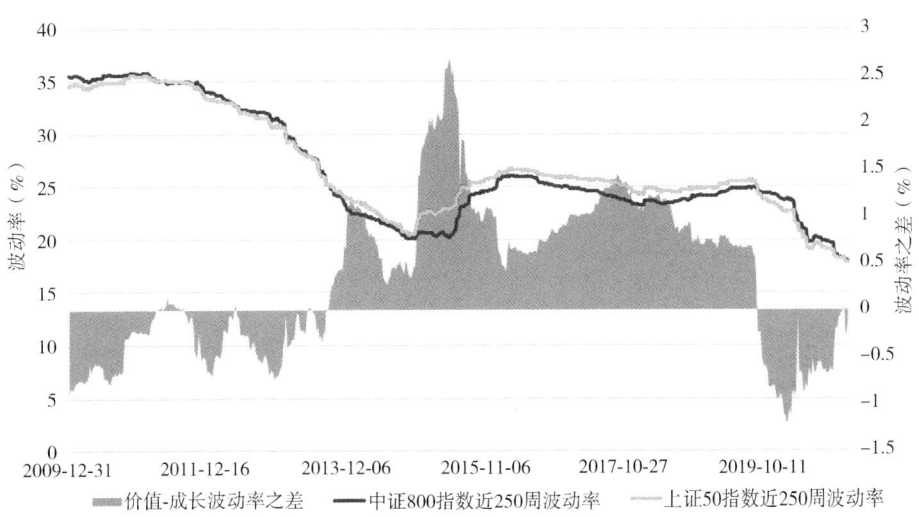

图1-14 中证800指数和上证50指数近250周波动率（2010年1月1日—2020年12月31日）

资料来源：Wind。

上证50指数和中证800指数都是采用市值加权的方式，即一个公司的市值占总市值的比重越大，权重就越大。

上证50指数是在上海证券市场中根据总市值、成交金额对股票进行综合排名，取排名前 50 位的股票组成样本，反映的是上海证券市场中龙头企业的情况。中证 800 指数是沪深 300 指数加上中证 500 指数构成的，反映的是沪深两市的大中小市值公司的整体状况。

这里之所以用上证 50 指数和中证 800 指数来举例，就是想说主观意识在我们理财中常常会有错误表现，特别是在选择理财产品或看待理财收益的时候，因为没有做实盘研究而是去想当然。最典型的例子就是总觉得自己的基金收益低而别人的基金收益高，或者自己的基金买贵了，或者自己的基金卖便宜了等。

其实从概率上讲，我们都有买贵的时候，也都有卖便宜的时候，只是当我们买便宜了或者说卖贵了我们觉得是天经地义的事，不容易记住；而当我们买贵了或者卖便宜了就会觉得自己吃亏了，开始患得患失，不停抱怨，甚至焦虑。

2. 幸存者偏差

幸存者偏差，是由优胜劣汰之后自然选择出的一个道理：未幸存者已无法发声。人们只看到经过某种筛选而产生的结果，而没有意识到筛选的过程，因此忽略了被筛选掉的关键信息。或者直接一点说，我们想当然地认为幸存者说的就是对的，却没有听到未幸存者的声音，因为未幸存者已无法发声。生活中典型的例子，就是有人说抽烟喝酒能长寿，并且经常说我的某位亲戚、邻居、村头大爷天天一包烟一瓶酒，活了 99 岁。

我们经常会上一些论坛或者交流群，会有所谓的"大神"说自己重仓了白酒、医药或新能源板块的基金，实现了 1 年翻 1 倍、3 年翻 5 倍的骄人业绩，于是我们也跟着这么干。但你是否想过，有多少人成了这一过程中的分母呢？

我们的投资，想要稳定长久地实现盈利，首先就要学会屏蔽幸存者偏差带给我们的诱惑和干扰，见图 1-15。

无论你做什么，你总会去看那些谋取暴利的人或方法，比如曾经的微商、今日的直播，你永远盯着的是那些最赚钱的人。你总觉得自己也会成

理财慧网友

频繁地申赎基金不是好的策略。一是交易成本很高，比买卖股票还高。二是出错的概率比较大。既然雇了人，自己就可以省心省力了。选择了基金经理，就要信赖他。

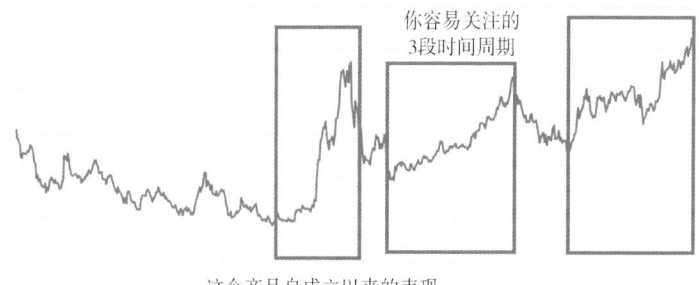

图 1-15 幸存者偏差

为那样的人,就算暂时缺了什么,你仍然觉得自己依靠努力也能追上。然而这只不过是幸存者偏差带给你的谎言,任何你可以知晓的发财商机都具有滞后性,千千万万人都知晓的商机就是陷阱。

3. 羊群效应

在股票市场或基民当中,个人投资者往往会跟随其他大部分投资者的跟风行为是一种典型的羊群效应(图1-16)。相信大家都有过这样的体会:在做股票投资的时候,总爱跟其他做股票投资的投资者就市场情况或者买

图 1-16 羊群效应

卖的股票聊上几句，最后心里会有一种感受，"还是别人家买的股票和基金好"，对自己的选股、选基策略和目标产生了怀疑。

很多时候，我们是因为好胜心理或者说是"面子"因素，不把自己的亏损情况透露给别人，而是愿意跟别人说说自己赚钱的情况，心里的苦只有自己知道。如此一来，有些投资者总会认为别人更具有信息优势或操作水平。当然也有迷信专家的情况，认为跟着专家走是一种不错的选择。

在投资基金的过程中，看到有顶流基金经理操盘或者全市场的各种爆款基金，我们总会一窝蜂地买入；而看到市场出现一个大利空或者出现了短期的调整，又会恐慌性地赎回。这样的情况特别常见于白酒、医药、芯片等波动性大的细分赛道。

当股票市场上涨时，投资者会迅速汇聚成一种趋势向上的预期，大家一拥而上，推动行情向上；相反，股票市场下跌时，则会争先恐后地抛出持有的股票。这种从众行为往往会把股市行情演绎到极致，导致市场行情的暴涨暴跌。对于很多没有主见的投资者来说，遇到这样的情况很容易追涨杀跌，手头的资金越来越少。

4. 期望理论

在介绍期望理论前，我们先介绍一个有趣的行为金融学的实验。法国经济学家莫里斯·阿莱斯 1952 年提出了著名的阿莱斯悖论（Allais Paradox）[一]，设计了对 100 人进行测试的赌局（表 1-1）。

赌局 A：100% 的机会得到 100 万美元。

赌局 B：10% 的机会得到 500 万美元，89% 的机会得到 100 万美元，1% 的机会什么也得不到。

实验结果：绝大多数人选择 A 而不是 B。即赌局 A 的期望值（100 万美元）虽然小于赌局 B 的期望值（139 万美元），但是 A 的效用值大于 B 的效用值。

然后，莫里斯·阿莱斯使用新赌局对这些人继续进行测试：

[一] 陈波. 悖论研究 [M]. 北京：北京大学出版社，2014.

赌局C：11%的机会得到100万美元，89%的机会什么也得不到。

赌局D：10%的机会得到500万美元，90%的机会什么也得不到。

实验结果：绝大多数人选择D而非C。即赌局C的期望值（11万美元）小于赌局D的期望值（50万美元），C的效用值也小于D的效用值。

表1-1　阿莱斯悖论实验

选择1				选择2			
赌局A		赌局B		赌局C		赌局D	
赢得	概率	赢得	概率	赢得	概率	赢得	概率
100万美元	100%	100万美元	89%	0	89%	0	90%
		0	1%	100万美元	11%	500万美元	10%
		500万美元	10%				

从以上两组实验可以看出：在第一组投机风险中，由于89%的概率对应的权值低于其真实概率，而100%的概率对应的权值还是1，权值函数加大了原有的概率差异，因此人们倾向于选择结果更为确定的投机风险；在第二组投机风险中，11%和10%的概率均为极小概率，它们对应的权值都比真实概率高，且它们都在权值函数斜率小于1的范围内，权值的差异比真实概率本身的差异要小，从而人们倾向于选择盈利更高的投机风险。

期望理论使一系列令人困惑的现象得到合理的解释。人们有对极低概率事件高估的倾向，这是保险和高额彩票出现的原因和吸引力所在，因为它们都是以较小的相对固定成本换取可能性非常小但数额巨大的潜在收益。

在看待理财收益"锚"点的时候，我们同样会遇到这样的问题。比如两只股票型基金A和B是同一位基金经理在管理，A是定开型产品，B是开放式产品，同样是持有1年，假如A和B的收益分别是50%和45%，那么投资者对A产品的满意度可能会低于B产品，特别是当这1年中有几个月A和B都面对着净值的波动或者下跌的时候。

因为投资者会认为，在面对净值剧烈调整的时候，自己操作也许有机会让损失降到最低或者把收益拉到最高，而定开产品却限制了自己的操作，于是持有定开产品的投资者就会格外焦虑，总是担心自己的基金在1年以后打开的时候净值会惨不忍睹。

虽然最后定开产品的收益比开放式基金的还要高，但是因为没有高出太多，无法满足投资者在这一年因为焦虑而付出的情感代价。但是投资者是否想过：自己操作真的比放在那里不动好吗？

通常来说，投资者管理资金的能力不会比基金经理优秀，但几次偶尔的胜利会让投资者觉得基金经理的水平也不过如此，因此总想着在市场波动震荡的时候挣交易的钱，几次下来发现自己的"勤劳"所带来的不过是本金的大幅亏损。

期望理论还有一个应用，就是损益的边际递减效应。比如大笔亏损比逐笔亏损更容易承受，逐笔赢利比大笔赢利更令人愉快。比如，我们会愿意马上付掉所有的账单，但是希望在连续几天内陆续收到生日礼物。再如，我们持有的基金哪怕每天的净值只涨1%，但是连续涨5天，可能比1天涨5%然后其余4天没有变动让我们心里更容易接受。因为在遇到后面的情况时，我们会焦虑并且预测：这个5%是不是阶段性高点？是不是马上就要回调？我们是不是要卖出？

反过来说，如果我们的基金一天跌了5%，我们可能会认为是跌到位了，部分激进的投资者甚至会通过加仓来摊平成本；而如果每天都跌1%，可能不少投资者会扛不住纷纷离场。

如图1-17所示，价值函数曲线显示出三个特征：

第一，当投资者认为相对于比较的基准资产处于收益状态时，其价值函数是凹的，投资者厌恶风险，表现出尽快获得账面财富的贪婪。现实例子就是，同样是挣钱，如果说挣100元的时候快乐指数是30，那么挣200元的时候快乐指数就不是60，而是比60低。

第二，当资产投资处于损失状态时，投资者的价值函数是凸的，加上处于损失状态时投资者对财富变化的反应更为敏感，即此时价值函数曲线

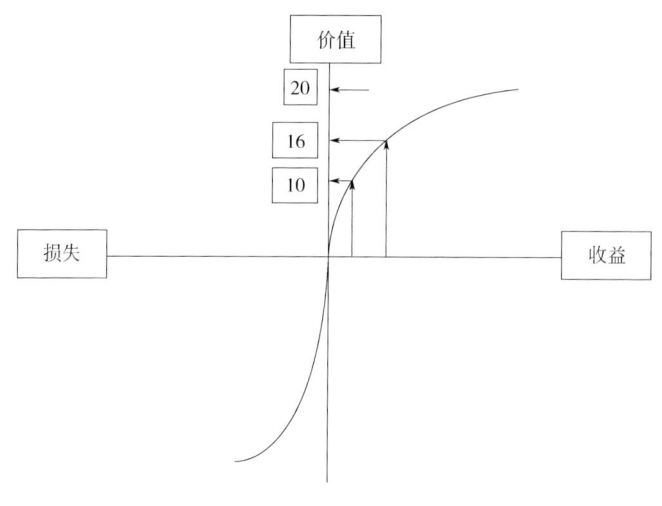

图 1-17 价值函数曲线

更加陡峭,表现出对人类的"赌徒心理"——与其亏损,不如继续持有等待机会。这又表现出投资者有时无法面对现实,害怕失去财富的恐惧。好比同样是亏损,亏了 100 元的时候我们的焦虑指数是 20,那么亏到 200 元的时候可能焦虑指数只有 35 而不是 40。正所谓"虱子多了不痒"。

第三,人们对损失比对获得更敏感,即承受损失的痛苦要比获得收益的快乐大得多。因此,人们在面临获得时往往小心翼翼,不愿冒风险;而在面对失去时会很不甘心,容易冒风险。这样在理财或投资的时候,就会发生大家常说的"小赚大亏钱"。

理财收益的合理区间就是"锚"

之前我们提到了资产配置理论,认为证券的市场价格是由其内在价值决定的。而行为金融学理论认为,证券的市场价格并不仅由证券内在价值决定,在很大程度上还受投资者主体行为的影响,即投资者心理与行为对证券市场的价格决定及其变动具有重大影响。

证券的内在价值虽然不如自然科学中的定理那样客观,但至少在某一时期内相对客观和公允,比如高估值的股票风险大、评级低的债券风险大。

但是，投资者的心理是捉摸不定的。虽然传统经济学认为参与经济活动的主体都是理性的，但事实上人并不总是理性的，甚至绝大多数时候都是不理性的。从几百年前的"郁金香崩盘"到2021年的"比特币惊魂"，交易的主体从一朵鲜花"升级"到高大上的虚拟货币，但内核依旧没变，那就是人内心的"锚"要么是飘移不定的，要么是被人牵着走的，或者是想当然的。

综上所述，我们认为理财需要一个正确的"锚"帮助我们在变幻莫测的市场环境中保持定力，这个"锚"就是理财目标。

同样，看待理财收益也要有"锚"的意识，但这个"锚"应该是这种类型产品的长期历史平均收益，是要经得起市场风格切换、牛熊调整的，而不是短期的。那些根据主观思维、幸存者偏差、羊群效应或过度反应（期望理论）确定的"锚"，是投资中的偏见和陷阱。这些错误的"锚"如同大海中的暗礁，我们稍有不慎就会触碰危险。

那么权益类基金、固收类基金的"锚"应该怎样确定，我们理财的心理预期又该如何确定？本书第五章将详细论述。

看完本章，我们希望大家能够在理财的过程中认清自己的需求，确定属于自己的理财目标，找到匹配自己的产品，并划定好合理的收益预期，通过长期持有实现自己的财富梦想。

理财嘉网友

做好自己的资产配置，规划好自己的现金流，不要有赌博心态。根据自己的风险偏好，把资产在权益、固定收益、银行理财、房地产、境外投资等方面做好分配。不同的阶段，各类资产可以有不同的权重。在目前的经济发展阶段，中国人整体的权益资产配置仍然是偏低的。

理财嘉交流园地

读者来信

都是买基金,为什么我买得这么"累"

老师您好:

我是一个理财快 10 年的老基民了,经历过 2011—2014 年的基金净值长期低迷,也在 2014—2015 年赚了一些钱,当然 2015 年的股灾也给我带来了不小的损失。

2015 年年末,我本来想抄个底,结果却遇到"熔断"。因为是重仓,所以天天关心净值的变化,终于在 2018 年的时候回本了。

2019 年以来,虽然股票市场大盘指数几乎没涨,但是我买的一些基金,包括嘉实新能源新材料、嘉实泰和以及白酒、芯片等其他板块的基金,还是让我有一些收益的。

我在这个论坛留言,主要是想和您交流一下:为什么我每次买基金挣钱都这么费劲?别人可能是半山腰进场,然后在山顶附近就能获利离场,而我也是半山腰进场,但是非要等到触底反弹,然后再慢慢爬坡获利。可能别人是 6 个月能挣 50%,我却要两年才能挣 50%。

好几次看到我的基金账户浮亏达到 30% 甚至更多,我都暗暗发誓只要回本就立刻全部赎回,然后去买货币基金或保本理财,但每次看到收益转正后慢慢爬坡又舍不得,跌回去以后又后悔。

可以说,反复、波动、后悔、犹豫、焦虑充斥了我买基金的整个心路历程。当然这不是技巧的问题,但这个问题确实挺让人无语的。

理财嘉 App 投资者　每天＊＊羊毛挺爽

回信

定好您的理财目标，其余的交给专业人士吧

每天＊＊羊毛挺爽：

首先感谢您对理财嘉油站和理财嘉 App 的信任。

您提到了每次在基金深度亏损的时候，都发誓一旦回本就把股票型基金卖掉，但是每次看到基金回本以后，等基金净值涨到一定高点以后甚至还会偷偷地加仓，然后基金净值下跌，焦虑，等待，再发誓，周而复始地循环。

有一个很流行的网络用语叫"真香定律"，是指一个人下定决心不去或去做一件事情，最后的行为却截然相反，主要用来表示某人预计的事情和最后的结果截然不同的一种行为现象。

您的这种行为，某种程度上是不是就像"真香定律"说的那样？当然这只是调侃。其实这样的心态，在我们不少基民朋友中都是广泛存在的。

比如您提到基金挣钱费劲，总是买在半山腰。其实相比自己亲自炒股，基金这种理财工具真的很简单，因为专业人士帮您调研了公司、选择了公司、选择了买入时点、选择了买入数量，而您只需要买入基金就可以享受到基金公司专业的资产管理服务、分享上市公司的成长收益或发展主体的债权收益。

既然如此，为什么您还会觉得累呢？我们认为可能是您没有定好理财目标。我们强调无目标不理财，就是在买基金之前首先要明白为什么买基金、买什么基金以及怎样买基金。

目前股票型基金的平均年化回报率在 15%～16%，债券型基金收益率大概在 5%。那么对于您来说，是希望通过基金实现资产的增值保值还是跑赢通货膨胀？对收益的要求越高，我们资产池中配置的股票类资产占比就应该越高；反之，如果追求稳健，那么就应该多配制一些债券类资产。

所以，想清楚自己的理财目标，选择合适的产品匹配，应该是我们理财的第一步。

可能您会觉得，怎么平均收益只有15%？我经常看到那些翻倍基啊。这个就是您觉得理财会累或者焦虑的第二个原因，您对收益的认识有一个误区。全市场上有很多涨了20倍、30倍甚至更多倍的基金，但是它们的平均年化收益率也刚刚超过20%，而这些都是市场几千只基金产品里的佼佼者。

同样，即使是这些基金，也不能保证每年都有很高的回报率，因为一旦遇到市场的长期低迷，比如2008—2014年这段时间，股票型基金指数的平均收益率不到7%。即使从2019年以来基金涨幅超过股票大盘涨幅，但具体到基金单品上，因为股票市场的风格切换和结构性行情，某只基金可能去年还是大家追捧的对象，到了今年就成了无人问津的冷门基金。

市场上永远不缺翻倍基，但这个翻倍基不一定属于您，而且就算您买到了翻倍基，也不一定能坚持到这个基金翻倍。这其实就引出了您觉得累的第三个原因，那就是对于业绩特别是短期业绩过度关注。

我们知道，基民和基金经理对于产品业绩的要求是一样的，那就是希望这个产品能净值屡创新高。但是，基金经理或者说基金公司对于一个产品是从整个产品存续期的大周期来看，而基民看产品则是从自己买入第一天到最后一天全部卖出这个小周期来看。

一大一小两个周期，很容易出现的问题就是"未来是光明的，但是前途是曲折的"。比如，市场上那些10倍基甚至20倍基肯定也有业绩不理想的时候，短则一两个月，长则一两年。但是基金经理因为是看这个产品的整个存续期，因此可以容忍市场风格的调整、持有股票的回调，甚至越跌越买。但是对于持有人，因为关注的是自己持有期的业绩，那么一旦业绩大回调或者长期没有达到心理预期，就会不满，就会高位买入、低位卖出，就会觉得自己买得累，就会想一旦回本就全部赎回，再也不碰。

当然这里说的不理想是相对的，比如从全市场前10名调到了全市场前

1/3，其实这样的业绩相比于多数同类产品还是很棒的，只是大家对明星基金和明星基金经理的期望过高，导致大家变得苛刻，这个完全可以理解。

然而，怕就怕您买了5只10倍基金，恰巧有4只都是在这个基金业绩一般的时候买入，并且没有坚持持有到基金业绩重新上涨或者创出新高，那么您的基金理财收益怎么会高呢？

综上所述，很多朋友觉得买基金累，总是焦虑，主要有三点原因：

一是没有确定的理财目标。没有理财目标就容易买错产品，人云亦云，盲目跟风，让自己跟着产品走，而不是让产品服务于我们的理财目标。

二是对基金收益率没有一个正确的认识，总想买到翻倍基金。但基金净值翻倍需要一个过程，并且在这一过程中会反复回调。

三是持有基金的时间要尽可能长，这样就能保证我们持有基金的收益率和基金整体历史收益率更加匹配，但我们总是希望正好自己持有某只基金的那段时间就是这个基金净值涨幅最快的时间，而这是很难做到的。

相比于股票，基金其实可以很省心，不用那么累。您的基金有一群"学霸"帮您打理，而您要做的，就是定好目标、选对产品，然后耐心持有。

理财嘉油站

第二章

揭秘理财的本质

深入理解理财的本质,主要有以下三个关键点:

其一,要认识到理财是对波动的管理。随着"刚兑"时代的结束,理财产品波动化、净值化已经成为不可逆转的大流。波动与不确定性是理财过程中必须要承受的客观存在,而这也恰恰是理财的魅力所在与回报的重要来源。

其二,要认识到理财是对理财目标的管理。这个管理涵盖从理财目标制定直至理财目标实现的全过程。这也是一切理财活动的指引与遵循。

其三,要认识到理财是对投资者的自我管理。理财的本质决定了它是一个向内寻和自我管理的过程,而非和他人比较。

第一节　收益曲线永远在波动，理财离不开波动

> 兵无常势，水无常形，能因敌变化而取胜者，谓之神。
>
> ——孙武

理财市场存在一个核心痛点——基金赚钱，基民不赚钱。基金经理普遍表示，基民追涨杀跌的申赎行为是造成这一局面的关键原因。那么，基民为什么要追涨杀跌呢？因为市场总是在波动，面对不确定性，人的本能反应就是趋利避害。在市场上涨的时候，基民倾向于加仓，以争取更多受益；而在市场下跌的时候，基民会选择减仓，以规避损失。根据 Wind 的相关数据，我们统计了 2012—2018 年股票类基金份额、沪深 300 指数和中证 1000 指数的涨跌关系，见图 2-1。

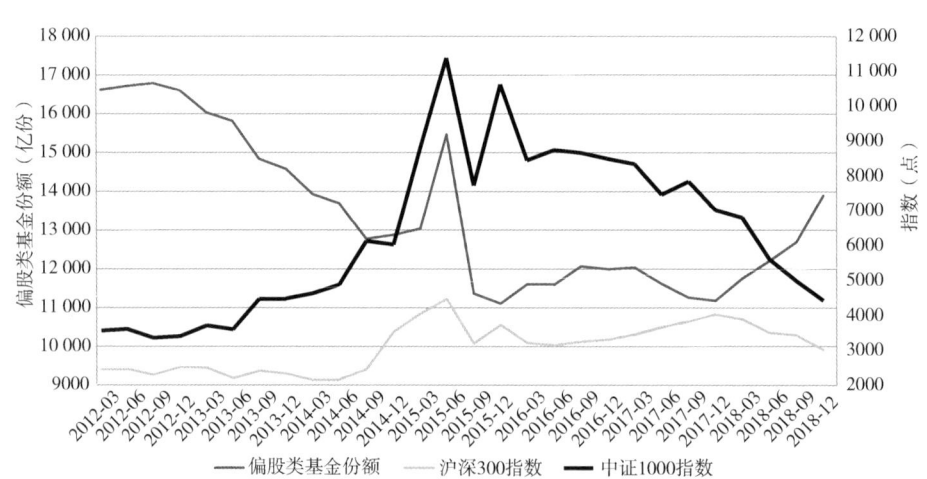

图 2-1　偏股类基金份额与沪深 300 指数、中证 1000 指数涨跌走势（2012—2018 年）

资料来源：Wind。

理财嘉网友

买基金尤其买股票基金的投资者常见心态是：短期涨太多了，等调一调再买；或者短期跌太多了，等回稳再买。这可能是投资中代价最昂贵的一句话之一。有时我也不能免俗。其实短期的市场趋势是很难预测的，甚至专业基金经理也很难做到。如果你想增加权益配置，不要犹豫，Just do it！

2014年6月沪深300指数启动上涨行情,到2015年6月见顶,而偏股类基金份额从2015年3月才开始增加。看得出来,广大基民进场的时间确实处在股指即将见顶的时候,当了"接盘侠"。同样,2016—2017年,以沪深300指数为代表的大盘股和以中证1000指数为代表的小盘股业绩两极分化,广大基民因为热衷小盘股基金,再次遭遇踏空行情,最终被迫赎回份额。高抛低吸后,基民换来的不是更高的收益,而是更多的损失。

本节,让我们一起来深入讨论收益率和波动的关系。

理财新时代:告别"刚兑",迎接波动

在这个"你不理财,财不理你"的时代,越来越多的人希望通过理财来实现财富的保值增值。

作为一家深耕资产管理和财富管理服务行业20多年的机构,我们已经累计服务了数以亿计的投资者,这其中有机构客户,但更多的是普通个人投资者。

"面对保本保收益的理财产品,我为什么要买净值每天都在波动的公募基金?"这句灵魂拷问,确实是很多投资者最关注也最纠结的一个问题,特别是在市场剧烈震荡或短期行情不佳的时候。

确实,在相当长的一段时间里,保本保息且基本上能够到期兑付的理财产品,受到了广大投资者特别是中老年人的格外关爱。但是,2018年4月27日,国内资产管理行业一场脱胎换骨般的洗礼来了——中国人民银行、中国银行保险监督管理委员会、中国证券监督管理委员会、国家外汇管理局联合印发资管新规。打破"刚兑"成为金融行业的共识,可以说"刚兑"时代已经离我们远去,理财产品净值化将成为常态,而接受波动则是此后所有投资者都需要具备的一项素质。

很多人难以想象的是,银行理财产品从无到有、规模从0到30万亿元只用了短短十几年的时间。往前追溯,2004年可以被称为中国商业银行理财业务的元年。

在 2004 年以前，市场上的闲置资金大多只有储蓄、国债、股市三个流向。2004 年 12 月，公募基金的总管理规模是 3047 亿元；而到了 2020 年 12 月，公募基金的总管理规模达到 19.89 万亿元。

2004 年某银行推出的一款人民币理财产品"阳光理财 B 计划"，可以看作银行保本保收益理财的"第一枪"。这款理财产品的年收益率为 2.8% 左右，而当时的一年期定期存款利率仅为 2.25%。由于承诺保证本金和到期收益，再加上有银行信誉做担保，所以该产品一经推出就吸引了大批投资者。其实，银行理财在开始时是可以选择参照公募基金采取净值化模式的，但该银行首发预期收益型理财产品的成功让其他银行看到了机会。在此之后，各家银行纷纷效仿，后面的银行理财产品就都采取了预期收益的模式。银行发现这种预期收益型产品对自己来说确实是一个收益最大化的产品销售模式。这种产品不仅深深地影响了中国的理财行业，也在一定程度上塑造了投资者的理财思维。

"理财产品竟然还能亏损?!"这句话也成了好多投资者买理财产品之前一定要问的问题。也正是因为如此，很多投资者在理财或投资过程中对波动有一种本能的排斥和恐惧。由于投资者担心无法控制波动的幅度，无法判断波动的趋势，于是一有波动往往就会大量赎回产品，极易让一时的浮亏变成无法挽回的亏损。投资者连续几次这样的操作以后，就会对浮动型净值化理财产品如公募基金产生偏见。

传统意义上的保本理财产品，也就是预期收益性理财产品，一般会有一段时间的锁定期，通常是 30 天到若干年，在此期间投资者一般不能将钱取出，从这个角度来说投资者牺牲了本金的流动性。

但是，银行会给出一个预期收益率，当然这个预期收益率不会太高。最近几年因为流动性充裕，市场上的保本理财产品的年化收益率往往在 5% 左右或更低。虽然收益有限，但是投资者至少获得了一个相对确定的收益。

与此同时，这种理财产品基本上没有出现过兑付风险，投资者可以在到期日把本金和收益全部取回。从这个角度来说，投资者获得了安全性。

根据"理财不可能三角"理论，银行理财产品让投资者牺牲了本金一定时期的流动性，获得了本金的安全性和一定的收益性。

对于很多投资者来说，这种理财产品和定期存款差不多，但是收益要高很多，甚至投资者潜意识里形成了这是一种收益较高的定理存款的概念。事实上，银行存款和银行理财有以下三个方面的本质区别。

区别一：银行存款的资金可以用于贷款，银行理财资金是代客理财不能用于贷款。

银行存款的资金可以用于贷款是众所周知的，两者的利差就是银行的主要利润来源。银行只能发放贷款、存放央行、同业拆借等，不能用存款进行任何投资。

银行的理财资金是代客理财，不能用于贷款，只能进行代客投资，其投资的收益扣除各种费用以后就是银行理财购买者的理财收益。银行理财产品之所以安全性高、收益低，且有一定的流动性限制，就是因为银行用这些钱主要投资了债券，而债券的特点就是安全性高、收益低、流动性较差。债券的这一特性，"完美"地复制到了银行理财产品中。

区别二：银行存款和银行理财产品（保本）的收益风险是不同的。

《存款保险条例》第五条规定："存款保险实行限额偿付，最高偿付限额为人民币 50 万元。"需要注意的是，存款的赔付实行的是限额偿付，最高偿付限额人民币 50 万元，含本金和利息合计金额，而不是单指本金 50 万元。也就是说，如果储户在银行的存款加上利息也不足 50 万元，那么不止本金可以拿到，利息也可以拿到。但是，如果本金超过 50 万元，就只赔本金在 50 万元以内的部分。

对于银行保本理财资金来说，虽然看着相对安全而且类似银行存款，但其本质上是一种投资，是有风险的。因为理财资金的运用是银行对外进行投资，以前之所以有很多保本保息产品，主要原因是银行可以将理财资金投资于自己银行的信贷资产，所以本息基本上都是有保障的。

资管新规发布以后，银行的理财产品资金不能投资于任何银行的信贷资产，当然也不允许银行的理财产品进行保本保息，所以从2017年银行就开始了转型。也正是因为资管新规的出台，让理财从"刚兑"时代步入了浮动时代，净值化产品取代保本产品成为不可逆转的趋势。

区别三：银行存款发放贷款后的利差是银行的利润，银行理财资金运用以后银行的收费是中间业务收入。

银行存款和银行理财资金对银行的利润贡献是不同的：银行存款通过贷款发放形成银行的利差，并成为银行的利润。而银行理财资金产生的各种收入是银行的中间业务收入，是通过代客理财的方式将资金投资出去再收回，在这一过程中银行会收取一定的手续费、管理费等，从而形成银行的中间业务收入。

区别四：银行对银行存款和银行理财资金的管理是完全不同的。

银行存款管理是表内资产管理，银行理财资金管理是表外资产管理。有的人可能会说，银行的表内资产受到了监管部门的严格监管，而表外资产缺乏严格的监管管理。

实际上这种说法是不对的。无论是银行的表内资产还是表外资产，都要受到监管部门的严格管理，只是有一些不同：一是表内资产消耗银行的资本，从而受到严格的资本约束，而表外资产可能不占用资本或者占用的很少；二是表外资产不计入银行的存款贷款比监管考核，所以不受银行的存款贷款比约束。

之所以要在这里对银行保本理财产品做一个介绍并与银行存款做对比，就是希望广大投资者可以认识到：过去银行凭借自己专业的投资能力、风控能力、资金管理能力等承担了风险，自然要获取属于自己的收益。这也是"刚兑"产品收益不会特别高的原因；而在今后的主流产品净值型产品中，投资者直接承担波动和风险，那么收益也自然全部由投资者享受。

根据资管新规的要求，所有投资机构都不允许对投资者的投资行为进行兜底，投资者投资的金融产品不允许有预期收益率，资产管理公司打破刚性兑付，让投资者收益自享、风险自担。

虽然资管新规设置了一个过渡期即 2021 年年末，事实上对于理财产品来说，这种变化从 2018 年就开始了。截至 2020 年 7 月 10 日，非保本浮动收益理财产品的规模占比就达到了 88%，见图 2-2。

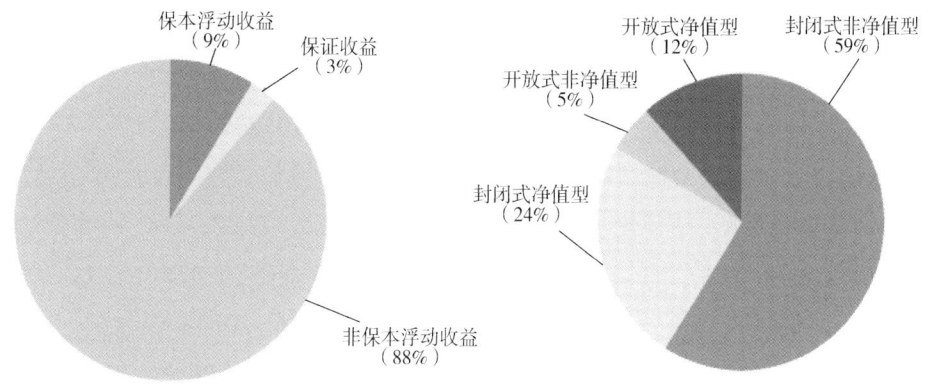

图 2-2　非保本浮动收益理财产品规模占比（截至 2020 年 7 月 10 日）

资料来源：中国理财网，中金公司。

长期以来，由于预期收益型理财产品的存在，投资者普遍对银行理财产品有着"刚兑、保收益"的印象。那么到底什么是"刚兑"？

"刚兑"即刚性兑付的简称。"刚兑"是资管行业中广受诟病的现象之一，主要指当资产端资产遭受损失或者无法获取相应收益时，管理人以自有资金直接或以其他间接方式进行接盘保底的行为。乍一听，这不是保护投资者利益的好事吗，怎么还广受诟病呢？

"刚兑"的危害很大，集中反映在以下三个方面：

第一，"刚兑"会让金融机构承担过度的投资风险，使金融风险过度积聚于金融机构体系中，一旦遭遇经济下行或资产端链条遭遇风险而崩塌，极易给金融机构带来灭顶之灾，这也是引发系统性金融风险的导火索。

第二，"刚兑"扭曲了市场的定价机制，使得市场的无风险收益率水平严重失真，严重损害金融配置资源的效率。

第三，"刚兑"的市场会导致"劣币驱逐良币"，使得资管机构无法聚焦于主动管理能力的提升，也无法培育出真正的合格投资者。

皮之不存，毛将焉附。长此以往，集聚的金融风险最终将损害广大投资者的利益。

打破"刚兑"是让卖者有责、买者自负，理财回归资产管理和理财服务的本源。以往的预期收益型理财产品相当于让发行机构承担了风险，自然发行机构自然也要享受风险背后的收益。而净值化时代，则是让投资者直接承担波动的风险，并享受由此带来的收益。

2018年以来，以资管新规为核心的一系列重要监管文件的落地实施，开启了"破刚兑、净值化"的资管2.0时代。

2021年5月17日，招商银行和贝恩公司联合发布《2021中国私人财富报告》。该报告对中国私人财富市场、高净值人群投资态度和行为特点以及私人银行业竞争态势进行了深入研究。该报告指出，2020年，中国个人可投资资产总规模达241万亿元人民币，可投资资产在1000万元人民币以上的中国高净值人群数量达262万人。在宏观经济持续向好的前提下，中国私人财富市场也迎来稳健发展的态势。到2021年年底，中国高净值人群数量预计接近300万人，可投资资产总规模将突破90万亿元，并呈现出以下三个亮点：

亮点一，高净值人群结构多元，年轻化趋势凸显。2021年，中国高净值人群结构更加丰富多元，伴随着互联网、新能源等新经济、新行业的迅猛发展，股权增值效应助推新富人群崛起。高净值人群年轻化趋势凸显，40岁以下高净值人群成为中坚力量，占比升至42%。董监高、职业经理人（非董监高）、专业人士群体规模首次超越创富一代企业家群体，占比升至43%。

亮点二，高净值人群境外资产配置比例提升。该报告显示，由于赴境外上市公司的数量日益增加和跨境资本流动的限制，高净值客户选择将30%的资产配置在境外。2019年，这一比例为15%。

亮点三，税务、财富传承等非金融需求崛起。在关注个人需求之外，

理财嘉网友

对权益基金的收益预期可以贪婪一点，经过一个完整的牛市周期，权益基金的涨幅会超过绝大多数基金持有人的预期。

高净值人群医疗健康、高端生活方式、税务法律咨询等非金融需求崛起。受益于中国经济结构转型及实体经济发展，更多创富机遇出现，使得高净值人群中成熟群体的保障、传承需求愈发强烈。

如图 2-3 所示，从资产配置占比上看，在监管和市场的双重影响下，高净值人群的资产配置更加多元：一方面，房地产投资占比出现两位数下滑，以信托、理财产品为代表的"刚兑"型产品的占比持续收缩；另一方面，随着标准化产品如基金的接受度大幅度提升，其在高净值客户中的资产配置比例明显上升。同时，高净值人群对于资产配置专业度的要求不断提高，倾向通过基金而非个股参与资本市场投资。

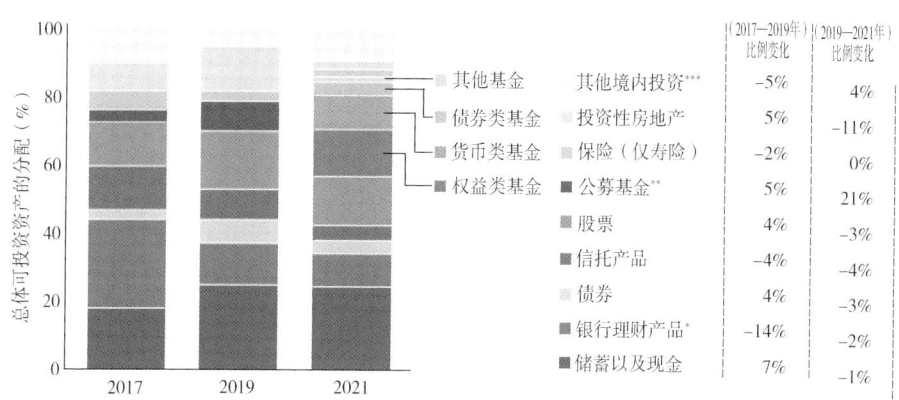

*银行理财产品包括净值型理财产品（浮动收益）和非净值型理财产品（稳定/预期收益，含结构性存款）；
**公募基金包括货币类基金、债券类基金、权益类基金；
***其他境内投资包括私募股权基金、私募证券投资基金、黄金、对冲基金以及收藏品等。

图 2-3　2017 年、2019 年、2021 年中国高净值人群境内可投资资产配置比例
资料来源：招商银行、贝恩公司《2021 年中国私人财富报告》。

波动是难以避免的

如图 2-4 所示，波动可分为市场长期的起伏和短期的震荡两种类型。

影响沪深 300 指数短期震荡的因素有很多，比如投资者情绪、央行公开数据、政策变动、意外事件、监管喊话、节假日等。一般来说，影响震荡的因素每时每刻都在发生，但震荡持续时间短，几个交易日后影响便可消失。应对震荡，频繁地高抛低吸，非常容易踏错节奏，最后往往是疲于

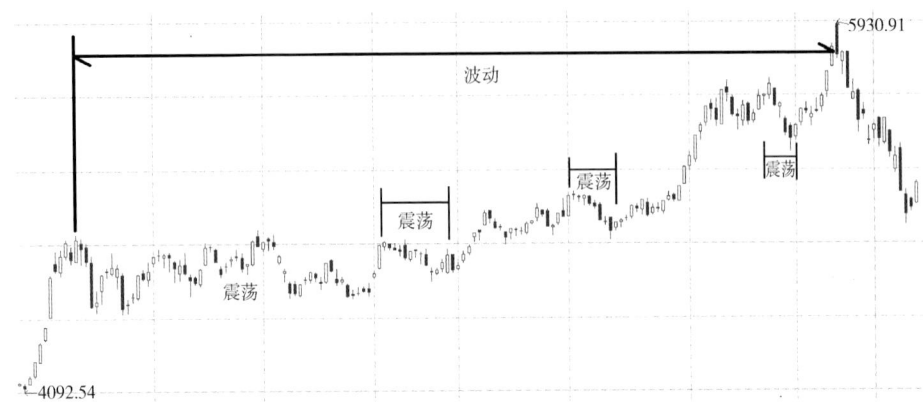

图 2-4　大波动与小波动（以沪深 300 指数日 K 线图示例）

资料来源：Wind。数据区间 2020 年 6 月 24 日—2021 年 3 月 11 日。

奔命，有心无力。

对于长期起伏来说，影响因素也很多，比如宏观经济增速、流动性、风险偏好、通货膨胀、蓝筹股行情等。一般来说，起伏的持续时间较长，往往出现牛熊行情，是决定基金经理投资决策的最重要因素。

以通货膨胀为例，新冠肺炎疫情背景下，西方国家纷纷超发货币，上游大宗商品原材料纷纷迎来涨价，采矿、钢铁、有色等行业也有突出表现，由此带动了一轮周期性行业的投资行情。以钢铁行业为例，图 2-5 展示了螺纹钢期货价格指数和钢铁指数的走势对比。

其他周期行业指数基金，如煤炭指数基金、有色指数、石油指数基金等，走势和上游原材料市场地价格走势基本上保持一致。

主动管理型基金，虽然有基金经理选股的因素在其中，但由于整个股市会受到经济环境的影响，这些基金很自然地也会受到经济大周期的影响。比如，2018 年，随着金融"去杠杆"，金融市场中流动性持续收紧，股市因缺少增量资金进入持续单边熊市行情。

如图 2-6 所示，对比数据分析可知，2017 年年初以来，M2 增速就在持续下降，到了 2018 年 1 月，沪深 300 指数见顶回落。随着 2019 年 3 月 M2 增速同比反弹，沪深 300 指数见底，开始走出一波新的上升行情。

图 2-5 螺纹钢期货价格指数和钢铁指数走势对比

(2020 年 1 月 2 日—2021 年 6 月 2 日)

资料来源：Wind。

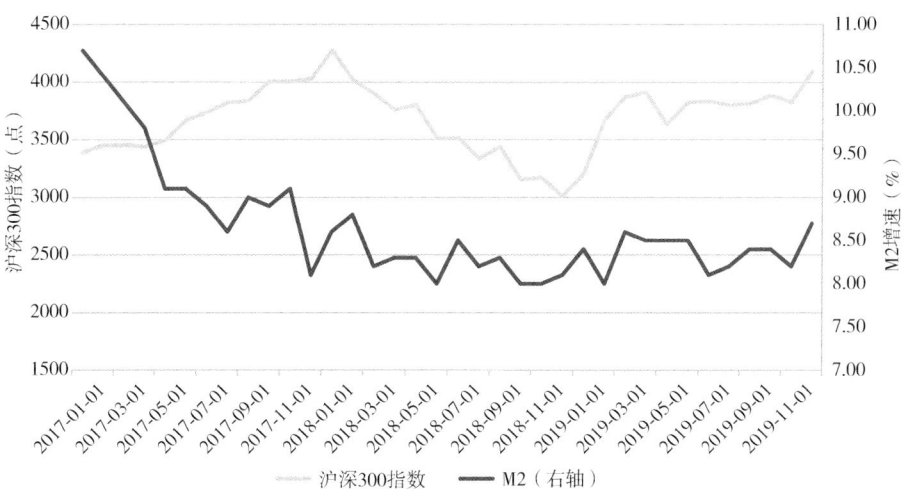

图 2-6 M2 增速和沪深 300 指数走势对比（2017 年 1 月 1 日—2019 年 11 月 1 日）

资料来源：Wind。

回头来看，根据 Wind 数据，2018 年主动管理基金的业绩普遍不好，普通股票型基金的年化收益率算术平均值为 –24.44%。作为基金经理，面临经济周期的波动，只要所投股票能够持续创造价值，就不会轻易改变自己投资决策。

进入 2019 年，这些基金的年化收益率算术平均值高达 48.03%，最终打了一场漂亮的翻身仗。

事实上，市场大部分时间都处于震荡状态，只有少数时间显示出明显的趋势。如图 2-7 所示，根据经济学中广泛存在的周期理论，经济增长实际包含长、中、短周期。经济短周期有基钦周期等，经济中周期有朱格拉周期等，经济长周期有康德拉季耶夫周期等，此外还有库兹涅茨周期、熊彼特周期等，它们让经济运行呈现复杂的周期性特征。

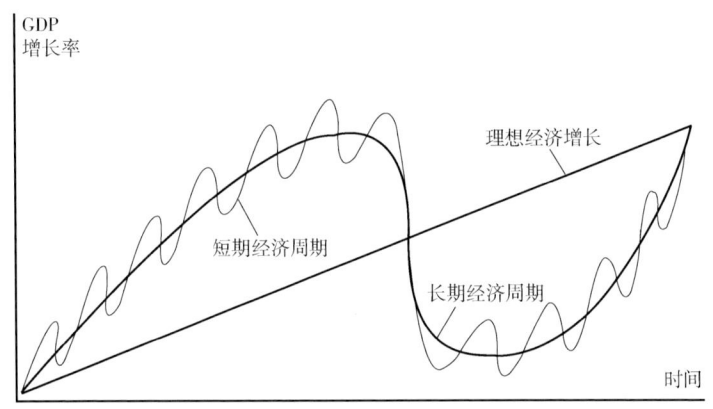

图 2-7　经济增长包含长（中）短周期

在理财过程中，几乎没有所谓的能够一直准确预测市场涨跌的专家，有的只是暂时的赢家和输家。每一个投资者在面临市场的惊涛骇浪之时都需要有一个认识波动、适应波动、接受波动的过程，这个过程没有哪一步是可以省下来的。

时间序列分析方法用赫斯特指数 H 来衡量自恢复和自加强的倾向，研究表明，日经指数日收益率的 H 值达到 0.73 左右，道琼斯指数也相近。但是这两个指数的分钟收益率的 H 值则接近 0.5 的完全随机状态（约为

0.55）。很多专门研究数理金融的高手一定非常了解这方面的内容，即把行情缩得越短，它越接近完全随机状态。假定一个市场是 H 值为 0.5 的状态，那么任何人都无法获利，因为这是纯粹的扔硬币游戏。

这也就是为什么基金经理都喜欢预测未来一段时间的行情走势，而不会判断第二天大盘的走势。因为走势无非上涨和下跌，预测的时间越近，结果越接近随机概率对半的赌博。

很多投资书籍都建议大家掌握波动规律，利用波的波峰、波谷及对应指数上的高点、低点来指导投资，从投资中获得收益。

不能说这种方法不对，但究竟有多少人能掌握这种方法并且从中持续获利呢？相信比例应该很低。我们前面讲过理财和投资的区别：理财不是为了战胜外界，而是了解自己并给自己制定理财目标，然后去努力实现这个目标。

波动和收益相伴而生

根据有效市场假设理论，在一个有效的市场中，当一个资产的预期收益率显著高于其所要承担的风险时，资金将会迅速向这类资产流动，直到该资产的风险收益比降至市场的平均水平。基于有效市场的假设，著名的资本资产定价模型（Capital Asset Pricing Model，CAPM）是由美国学者威廉·夏普（William Sharpe）、约翰·林特纳（John Lintner）、杰克·特雷诺（Jack Treynor）和简·莫辛（Jan Mossin）等人于1964年在资产组合理论和资本市场理论的基础上发展起来的，主要研究证券市场中资产的预期收益率与风险资产之间的关系以及均衡价格是如何形成的。该模型是现代金融市场价格理论的支柱，被广泛应用于投资决策和公司理财领域。

资本资产定价模型的公式为

$$E(r_i) - r_f = \beta_{im}[E(r_m) - r_f]$$

式中，$E(r_i)$ 为资产 i 的预期回报率；$E(r_m)$ 为市场 m 的预期市场回报率；r_f 为无风险利率；$E(r_m) - r_f$ 为市场风险溢价，即预期市场回报率与无风险回报率之差；$E(r_i) - r_f$ 为资产 i 的风险溢价；β_{im} 为资产回报率对市场变动敏感程度的系数。

这套模型适用于所有市场化定价的资产，包括股票类、债券类和货币类资产。

下面以股票市场为例应用资本资产定价模型。

假设股票市场的预期回报率为 $E(r_m) = 10\%$，无风险利率为 $r_f = 3\%$，那么市场风险溢价就是 $E(r_m) - r_f = 7\%$，这是投资者由于承担了与股票市场相关的不可分散风险而预期得到的回报。假设投资 A 公司股票，其预期回报率为 $E(r_i)$，由于市场的无风险利率为 r_f，故该资产的风险溢价为 $E(r_i) - r_f$。如果给定 $\beta_{im} = 1.2$，我们就能确定某资产的预期收益率，即预期收益率 $= r_f + \beta_{im} \times [E(r_m) - r_f] = 3\% + 1.2 \times (10\% - 3\%) = 11.4\%$。

另外，和众多的经济模型一样，资本资产定价模型（CAPM）建立在一系列假设的基础之上，其中最重要的假设有两个：第一，投资者是理性的，严格按照马科威茨模型的规则进行多样化的投资，并根据有效边界原理去选择投资组合；第二，资本市场是完全有效的市场，没有任何摩擦阻碍投资，比如特权垄断、造假等。

在理想的市场中，风险和收益是匹配的，套利机会转瞬即逝，但短期来看，现实世界中的人不是绝对理性的，市场也不是完全有效的。

如图 2-8 所示，如果把平滑曲线看作理想的指数上升曲线，那么在过去 20 年中，上证指数出现过两次明显的非理性上升波动，分别出现在 2007 年和 2015 年。由于波动持续时间较长，比如 2007 年那次异常波动形成的泡沫直到 2014 年才被市场完全消化，持续了近 8 年时间。

身处其中的投资者很少有耐心去理性地分析。如果参照 2007 年的基金收益来预测未来的回报，相信会在后面几年大失所望。如图 2-9 所示，普通股票型基金除了 2007 年比较好之外，其他年份的收益率大都不理想。按照整体时间段来统计，2007—2013 年普通股票型基金的年化收益率也只有 9.12%。所以，基民还是要理性看待市场的短期收益，给自己设定一个合理的中长期收益目标。

理财嘉网友

基金投资最佳策略是"Be there"，进进出出容易错过许多好的收益时段。

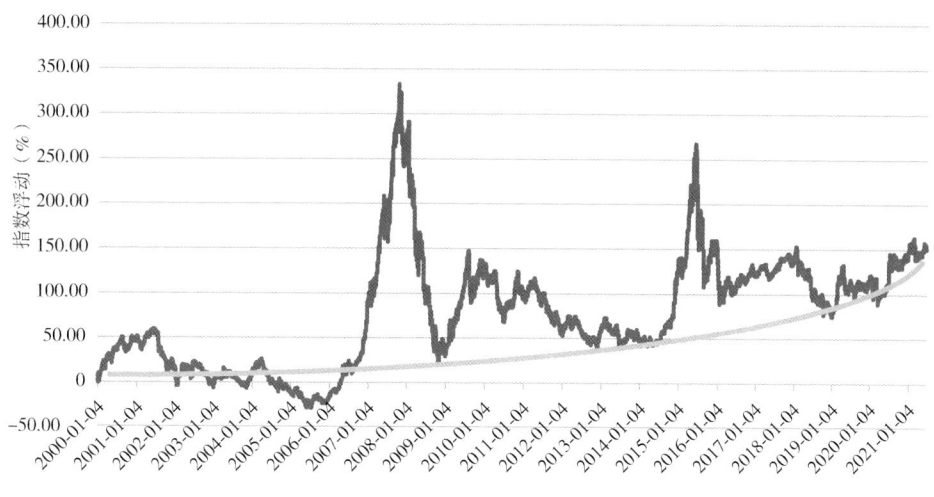

图 2-8　上证指数走势（2000 年 1 月 4 日—2021 年 1 月 4 日）

资料来源：Wind。

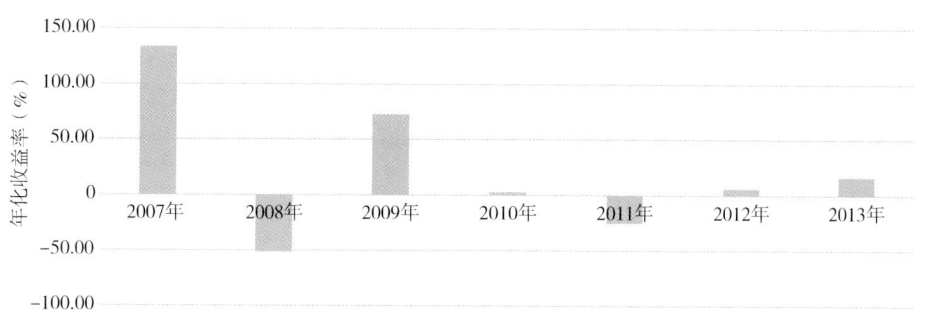

图 2-9　普通股票型基金指数各年度收益率统计

资料来源：Wind。数据区间 2007—2013 年。

收益和风险成正比

根据资本资产定价模型，收益和市场风险成正比：市场的风险越大，资产的预期收益率越高；反之，市场的风险越小，资产的预期收益率越低。而衡量风险的一个重要指标就是资产价格变动的波动率。下面分析四类常见基金指数的收益率与波动的关系，见图 2-10。

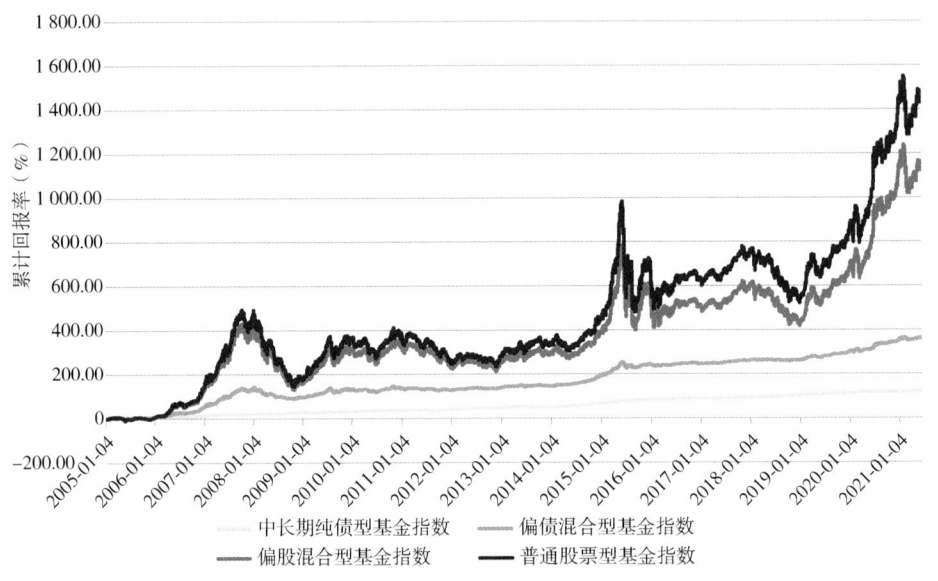

图 2-10　四类基金指数的走势（2005 年 1 月 4 日—2021 年 1 月 4 日）

资料来源：Wind。

可以发现，波动率由大到小依次为：普通股票型基金 > 偏股混合型基金 > 偏债混合型基金 > 中长期纯债型基金；收益率由大到小依次为：普通股票型基金 > 偏股混合型基金 > 偏债混合型基金 > 中长期纯债型基金。所以说，天底下没有免费的午餐，回避波动就是在回避收益。

第二节　面对波动请勿择时，最佳路径是做好目标管理

我们从未想到要预估股市未来的走势。

——（美）沃伦·巴菲特

既然波动不可避免，几乎所有初学理财的投资者都是从择时开始的。但是择时从某种程度上来说是一个概率游戏，想要做到70%以上的准确率很难。面对波动的有效办法就是接受波动，并以此为基础做好理财目标管理。

天性让我们试图通过择时赚取超额收益

人们对择时交易的偏好还有行为金融学上的原因，比如说人类天生喜欢赌博。大量研究表明，在冒了风险之后获得胜利，能给人以相当的快感。这也是为什么如果控制不当，赌博就会上瘾的原因。从这个意义上说，预测美元兑日元的汇率或者A股指数涨跌，并从中交易获利的快感，和在拉斯维加斯或者澳门豪赌一夜赢上一把获得的快感是类似的。

因此，择时对于投资者来说诱惑非常大。除了上面提到的赌博带来的快感，如果可以正确地判断股市的低点和高点，那么通过在低点买入、高点卖出，投资（投机）者可以获得非常丰厚的回报，见图2-11。

1996—2015年的20年间共有5000多个交易日。如果在这20年年内投资并持有标准普尔500指数，那么投资者的年化收益率约为4.8%。如果可以预测下跌最大的5个交易日，并且避免掉这5天（假设在这5天中的每一天之前把股票卖掉，并在一天后买回相同的股票），那么投资者的年化

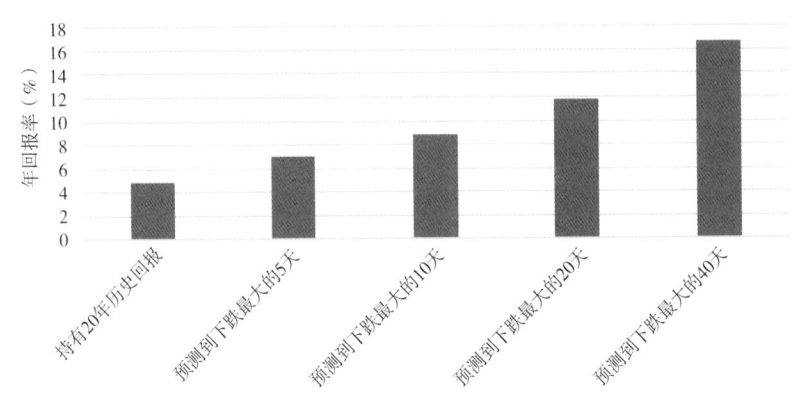

图 2-11　标准普尔 500 指数回报（1996—2015 年）

资料来源：彭博社。

收益率可以提高到 7% 左右；而如果可以避免掉这 20 年中下跌最大的 40 个交易日，那么年化收益率可以上升到 16.7% 左右。

5 个交易日对于 5000 多个交易日来说还不到总样本的 0.1%，要想取得这样的超额回报，投资（投机）者需要有非常高超的预测能力，预见到下一天是一个大跌的日子，并且在大跌前把股票卖掉，同时在大跌后一天再把股票买回来。

虽然数据告诉我们这一概率很低，但大多数人心中还是有一种按捺不住的冲动，总想通过择时让自己成为幸运儿。

做到 70% 以上准确率的择时很难

择时，顾名思义意思就是选择买入股票和卖出股票的时机，并从中获利。这种盈利模式，因为持有时间短，所以投资者无须关心标的本身质地，只需要考虑买卖时点和仓位大小。比如，量化领域中，CTA 策略即为对商品、股指期货以及外汇等标的择时的策略，目的是降低冲击成本的算法交易，本质上也是一种择时。

在二级市场中，投资者最关心的无非三点：标的、仓位、买卖点，分别对应选股、组合构建、择时。对于选股及组合构建来说，已经有较为成熟的框架及方法论。然而对于择时来说，却并没有一套被公认有效的体系，这是为什么呢？

传统业界和学术界对择时策略多有诟病。比如，公募基金往往在宣传其产品时强调"重选股，轻择时""坚持价值投资，做时间的朋友"。资本资产定价模型的奠基者威廉·夏普于1975年发表了关于择时的开创性论文 Likely gains from market timing。该研究发现，1929—1972年，若投资者以年为单位对市场大盘进行涨跌预测，需要74%以上的准确率才能保证择时策略的期望值大于买入并持有策略，见图2-12。

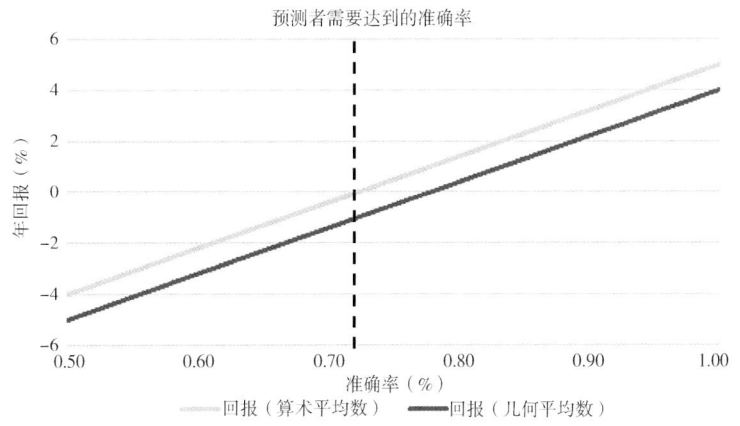

图2-12 预测者实施择时策略需要达到的准确率

资料来源：William F. Sharpe. Likely gains from market timing [J]. Financial Analysts Journal, 1975, 31（2）：60-69.

这一胜率对预测能力的要求较高，如果无法达到74%的准确率，那么投资者还不如做个"傻瓜"，买一只被动型指数基金并长期持有。

那么，有没有人能够达到74%的预测准确率呢？威廉·夏普统计了当时美国一些比较有名的股票预测专家的纪录，发现竟然没有一个人能够达到。在图2-13中可以看到，纪录最好的预测专家Ken Fisher的准确率为66%左右。这已经是十分惊人的准确率了，但还是没有达到74%——这是一个可以帮投资者赚钱的准确率。其他所谓的预测专家就不用提了。

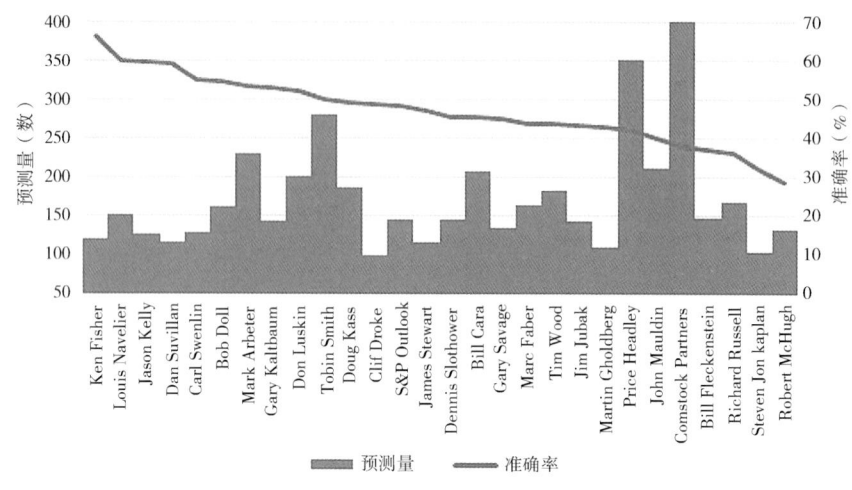

图 2-13 没有人能够达到 74% 的预测准确率

资料来源：William F. Sharpe. Likely gains from market timing [J]. Financial Analysts Journal, 1975, 31 (2): 60-69.

在美国，预测股市的除了上面这些专家，还有很多投资简报和投资杂志。这类出版物大多由专家或者专家组进行撰写，其中有一大部分很重要的内容即预测股市的走向。那么这些预测的准确性有多高呢？

美国学者 John Graham 收集了数百本投资期刊，并将它们对于股票市场的预测做了统计分析，得出的结果并不让人乐观。

如图 2-14 所示，横轴显示的是那些投资期刊中建议投资者增加购买股票的数量（0～70%），纵轴显示的是在做出推荐之后的下一个月美国股市的回报（-30%～20%）。这些投资简报做出的购买股票的预测，与股市的走向基本没有什么相关性。在很多时候，简报做出了增加购买 20%～40% 的股票的建议，而下一个月股市下跌了 10%，甚至在个别月份下跌了 20%。

在这些简报季刊做出看跌预测并建议投资者们卖出手上的股票时，其正确率也很差劲。如图 2-15 所示，在这些简报建议卖出股票后的 1 个月，美国股市大约有一半时间是上涨的。也就是说，那些所谓的专家建议的价值和投一枚硬币然后根据正反面去买卖股票差不多。

理财嘉网友

我个人觉得目前中国 A 股市场正处于牛市周期中，这次牛市持续时间会比较长，收益会非常大，但同时过程会非常复杂，期间的指数波动和风格切换会非常剧烈，甚至在某些阶段会显得像熊市。所以在进行权益产品配置的时候，风格的均衡也是一个重要方面。

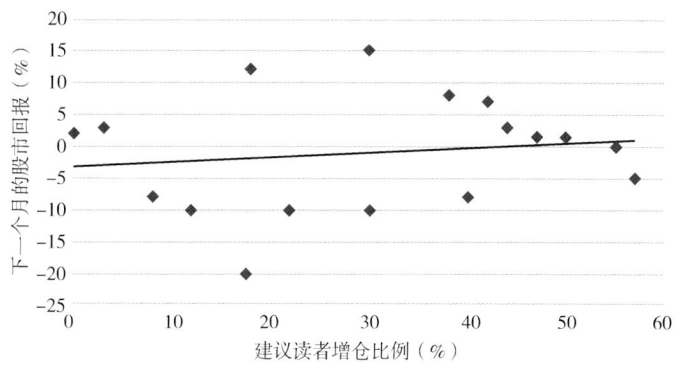

图 2-14　美国投资期刊买入建议的准确性

资料来源：A J R G，C C R H B. Market timing ability and volatility implied in investment newsletters' asset allocation recommendations［J］. Journal of Financial Economics，1996，42（3）：397-421.

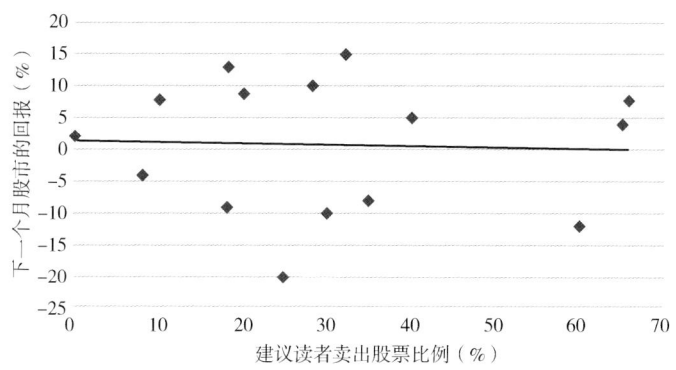

图 2-15　美国投资期刊卖出建议的准确性

资料来源：A J R G，C C R H B. Market timing ability and volatility implied in investment newsletters' asset allocation recommendations［J］. Journal of Financial Economics，1996，42（3）：397-421.

2020 年 7 月，Charles M. Jones 与上海证券交易所（以下简称"上交所"）合作发布了 *Heterogeneity in Retail Investors：Evidence from Comprehensive Account-Level Trading and Holdings Data* 一文。文章在分析了上交所的底层交易数据后发现，散户、机构投资者以及公司法人投资者在 2016 年 1 月—

2019年6月的择时收益均为负数。由于上交所的底层交易数据不可考，原文亦于SSRN下架，其研究成果无法复现，所以这里仅对威廉·夏普的论文进行A股实证。

国泰君安研究所选取了沪深300指数作为研究对象，采用蒙特卡洛方法随机抽样10 000次，对每个区间内收益率进行多空判断，得到2006—2020年的各择时策略的总对数收益分布，并要求95%的样本收益高于买入并持有策略，从而计算不同频度下择时的基准胜率。

如图2-16所示，若按照年为频度进行择时，需要85.80%的胜率才能显著战胜买入并持有策略，我们得到的结论和威廉·夏普是类似的。但如果提高择时频率，所需的胜率逐步降低。若按日频进行择时，需53.2%的胜率就能战胜买入并持有策略。

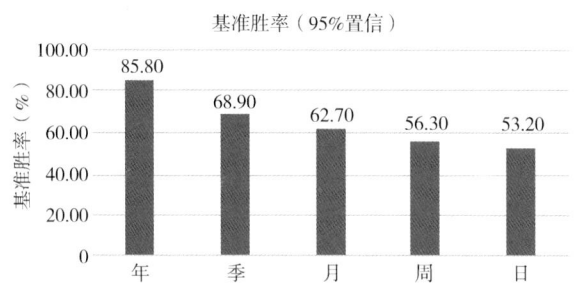

图2-16 各频度下择时基准胜率

资料来源：Wind，国泰君安证券研究。

实际应用中，择时策略在二级市场中并不常见，公募基金中最为多见的产品为股票多头策略、股票多空策略、股票套利策略、股票中性策略、股票多策略指数等。根据Wind数据，对五种择时策略在过去3年中的走势和普通股票型基金指数走势进行对比分析，见图2-17。

可以发现，五种择时策略基金指数都没有跑赢普通股票型指数，说明择时想跑赢市场的平均水平很难。耶鲁大学基金会主席查尔斯·埃利斯（Charles D. Ellis）在他的著作 *Winning the loser's game* 中提到，择时是一个非常糟糕的主意，永远不要去尝试。

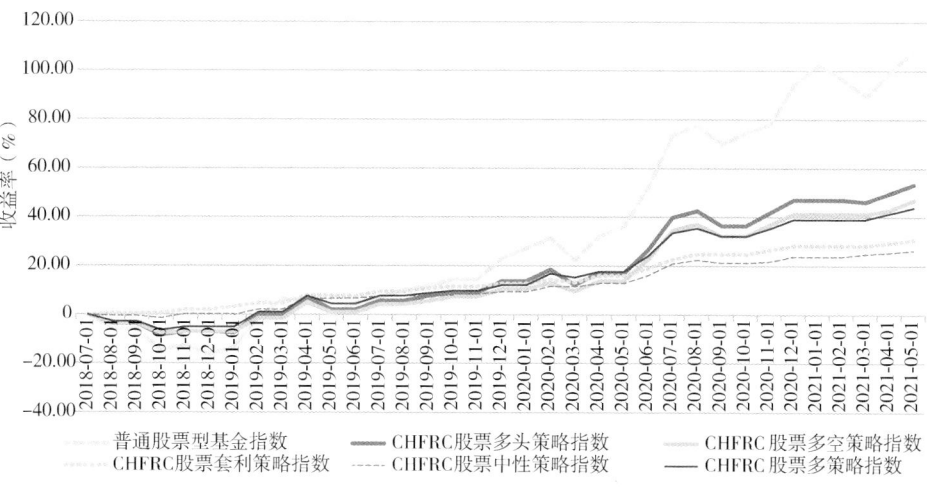

图 2-17　五种择时策略和普通股票型基金指数收益率走势统计

（2018 年 7 月—2021 年 5 月）

资料来源：Wind。

在接受波动的同时，请做好理财目标管理

结合前面所讲，波动是一把双刃剑，一方面，波动无法避免；另一方面，有波动才有收益。那么我们如何合理管理这对矛盾呢？一个有效办法就是对理财收益率实行目标化管理，关键是做到以下三点。

第一，锚定自己的理财收益率。

在第五章第一节讲到投资者要给自己的理财产品设定一个"锚"，否则很容易找不到方向，变得随波逐流，最后跳不出追涨杀跌的怪圈。

第二，设定合理的理财收益率。

理财收益率不是越高越好。如果设定目标过高，始终无法实现，会严重影响心态，时间久了还是会放弃。要在尊重金融规律的基础上，通过专业的分析和预判制定理性的收益率目标。在第五章第三节，我们提供了几种方法引导大家针对不同类型的理财产品设定合理的收益率目标，比如权益类基金要参照同类基金产品的平均回报率，债券类基金要参照房贷利率。

第三，做好资产配置。

盘点理财中常见的经验教训，当投资者遇到自己难以接受的市场风险时，比如期限错配、回撤过大或者流动性陷阱等，往往容易发生损失。

要承认，每个人的风险偏好和条件都不相同，所以尊重个体的差异化需求是实现科学理财的第一步。如果我们在理财前能够规划好资产配置方案，做到回撤可控，那么预期内的短期损失就是可以坦然面对的，从而为我们长期盈利打下基础。

当然，资产配置方案是一项系统的工作，详细内容在前面章节中都有具体介绍。对于很多理财人士来说，选择专业的理财顾问服务是少走弯路的有效方式。

第三节　理财是向内寻和自我管理，而非和他人比较

> 一切都在变，一切都在过渡，只有全体是不变的。世界生灭不已，每一刹那它都在生都在灭，从来没有过例外，也永远不会有例外。
>
> ——（法）德尼·狄德罗

人们常说，理财就是理生活。理财和生活的一个相似之处就在于：生活的幸福要靠自己体会而不是和他人比较，理财则是向内寻和自我管理。所谓的向内寻，就是要倾听自己的声音，了解自己的需求，制定符合自己风险收益偏好的目标，以及实现目标。

我们在理财的时候总是喜欢比较：和别人比较，和市场比较，和舆论比较，和历史业绩比较。其实这样的比较没有太大意义，因为每个人的财务状况、风险偏好、理财目标、理财产品、理财周期、个人性格等都不一样，简单拿来比较，带给我们的往往不是经验和认知，而是焦虑和烦恼。

在理财的过程中，我们必须清晰认识到以下几点。

理财是自我认知升华的过程

当我们用常识去判断某一件事情而感到不可思议时，这件事情很有可能就是一场骗局，大家不需要为此怀疑自己的智商与判断。

毫不夸张地说，所有的金融投资和理财都存在着不确定性，所有的理财产品理论上都存在风险和波动。如果我们能够识别这些波动、管理这些波动并且利用这些波动，那么我们就能取得不错的收益，虽然做到这一点

很难。要做到这一点的前提是，我们要具备深度的认知做指导，以及足够的金融知识做储备。

在和很多投资者交流的时候，大家对于理财的第一感觉是新鲜和刺激，觉得用钱生钱是一件很开心的事情，特别是在做一些波动性强的投资，比如股票和期货，能通过自己的判（猜）断（测）战胜市场或者交易对手时，就会有一种莫名的快感，其情形与每次都能在微信群里抢到大红包一样。这是理财的第一个阶段，就是处于舒适圈，如图2-18所示。

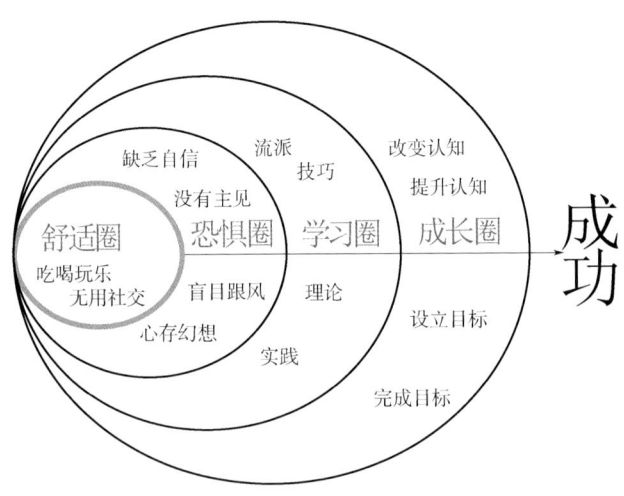

图 2-18　理财的不同阶段

但是很不幸，往往我们会用"勤奋"把靠运气挣来的钱再还给市场。很多投资者的理财过程是：上来运气爆棚连连得手，然后对自己信心大增，于是想快进快出做波段、抄底摸顶赌运气、分析各种"消息"追热点，当然也有一把"All in（扑克游戏中的术语，意思是全部押进）"的，想着单车变摩托……但是这样做的结果往往都不太理想。很多投资者想着，再等等或许就会有转机，或者是换个方法和技巧，于是越错越试，越试越错。这就是理财的第二个阶段，即进入了恐惧圈。

不少投资者看到之前挣来的钱又全部都还给了市场，可能还没有跳出恐惧圈就会放弃。当然，也有一些投资者会反思为什么：是认知不够？是

理财慧网友
不要天天盯着看收益，除了赚个高血压，啥都没赚到。

没有找到适合自己的方法？是专业知识还有待加强，还是没有形成自己的交易系统？

在这一步，会形成一个非常残酷的分化和筛选，确实有一少部分投资者通过自己的努力和学习以及大量的试错和实践，找到了属于自己的方法，并且做到了持续稳定的盈利。这一过程中所交的"学费"也是不菲的。

但是更多的投资者在这里止步不前、苦苦徘徊，或者陷入焦虑、不能自拔。也许他们从来没有想过，在理财的过程中，认知比技巧更重要，选择比努力更重要。这是我们这么做了这么多年资产管理和理财服务以后发自内心的总结。

很多投资者之所以在学习圈徘徊很久却难以突破，也许不是技巧上了出了问题，而是认知没有跟着技巧一起提升。比如说炒股，我们可能更多的时候把重点放在了学习交易技巧、学习各种指标、学习看交易走势上去，而没有从更高的层面去研究行业、市场和公司本身，没有做好宏观分析研究——不管是自上而下的视角，还是自上而下的视角，我们都要有一套完整的方法论体系。

落脚到基金理财上，这些没能从学习圈走向成长圈的投资者可能更多的是在看基金的历史业绩、基金是谁管理的、基金的主要投资方向这些因素，而没有从本质上厘清基金是一种基于信托关系的投资工具、是一种资产配置的理财工具。他们没有意识到，基金压根儿不能用炒股票的思维去管理。

理财产品不仅包括基金，还包括信托产品、保险产品，当然也包括期货、贵金属等。以基金为例，不同类型的基金都有长期绩优产品，这个并不难选，看各种评级、获奖情况、历史业绩，就能大致有所了解。难的不是向外寻找，而是向内寻找自己的心，认清自己真正需要什么。否则，就会造成错配，错配就容易让我们陷入焦虑，陷入焦虑最后就是各种不当操作，从而无法享受基金带来的收益。

所以，理财首先是向内寻的一场修行，是提升认知的过程。

理财是自我管理，而非和他人比较

什么是好的理财？大家可能会说能赚钱的理财就是好理财。可赚钱的定义很多：是挣够了100万元，是连续10年每年收益率达到15%，是每年都能跑赢通货膨胀，还是买入基金成功净值翻倍？不同的投资者对理财的定义都不相同。

本书的核心思想有两个：一个是理财要接受波动，因为"刚兑"时代已经离我们远去，浮动净值型理财产品将成为市场主流；另一个就是理财一定要有目标，无目标不理财。既然理财会有波动，那么我们的收益曲线也一定不是一条直线而是上下波动的曲线（图2-19）；既然是一条曲线，我们都希望在低点买入，在高点卖出，但事实上这样的判断或者说择时是几乎不可能做到的。因此，需要我们有目标理财的概念，即不达目标不轻易放弃。

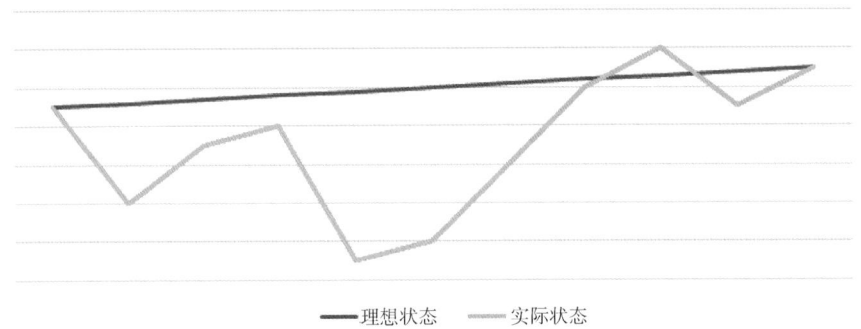

图 2-19　理财收益曲线

目标是因人而异的，不同投资者的理财目标也是不同的。这个理财目标可以分割到一个个具体化的生活场景中。比如，当我们投下一笔资金做理财的时候，是希望这笔钱可以在未来几年实现我们买房付首付、置换辆好车的梦想，是在更久的未来可以给孩子攒够留学的钱，还是为了我们在退休以后能保证现在的生活水平等。

理财目标也可以是抽象的，比如实现20%的平均年化收益率，希望本金在未来几年之内翻倍或者收益战胜通货膨胀率等。

可能有投资者会说，我买基金就是为了买翻倍基，我看这个产品去年一年涨了80%，你这里才20%的平均年化收益率是不是太低了？

此处涉及几个基本的概念，在后面的内容里我们会做详细的说明。这里仅仅和大家分享几个数据：上证综指（000001.SH）的基日是1990年12月19日，沪深300（000300.SH）的基日是2004年12月31日，深证成指（399001.SZ）的基日是1994年7月20日，创业板指（399006.SZ）的基日是2010年5月31日。这四个A股最有代表性的指数，自基日以来的累计回报见图2-20，年化收益率、年化波动率和最大回撤见图2-21。

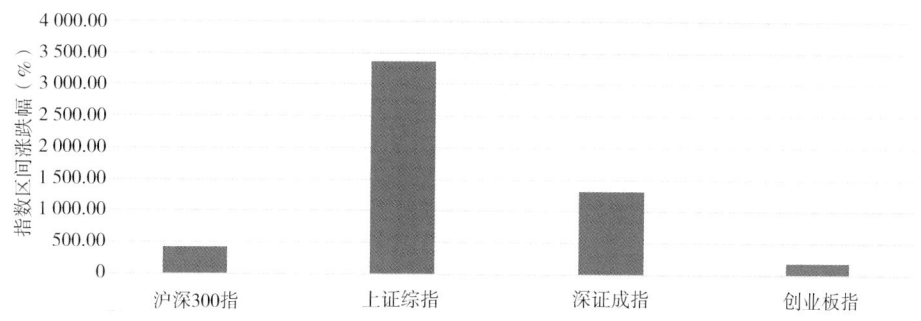

图2-20　四个代表性指数的累计回报（基日至2020年12月31日）

资料来源：Wind。

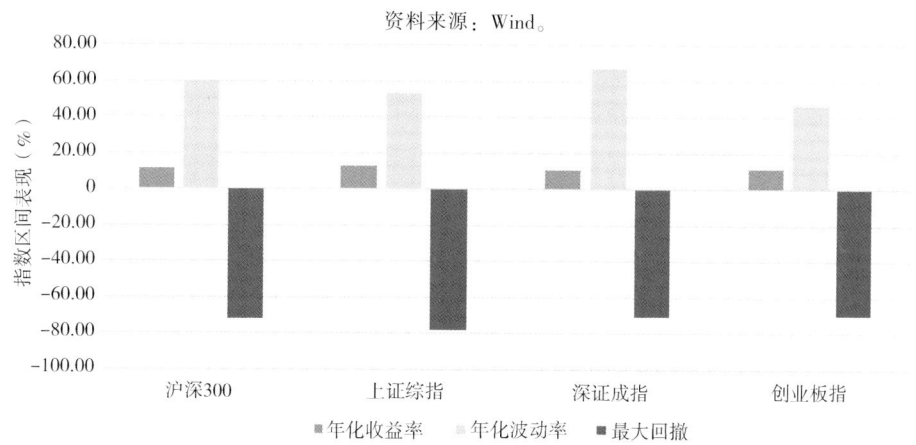

图2-21　四个代表性指数的年化收益率、年化波动率和最大回撤
（基日至2020年12月31日）

资料来源：Wind。

我们可以看到，截至 2020 年 12 月 31 日，虽然自基日以来上证综指涨幅超过了 33 倍，深证成指也有 13 倍以上的涨幅，但是这四大指数的年化收益率竟然都没有超过 13%，但是年化波动率都在 50% 左右。

你看了可能会说，A 股的钱不是那么好挣的，A 股的波动还挺剧烈。都说炒股不如买基金，如果股票指数的平均收益率低于 15%，那么基金的年化收益率又有多高呢？同样是截至 2020 年年末，我们来看全市场普通股票型基金、偏股混合型基金、偏债混合型基金和中长期纯债券型基金金的回报情况，这里选择成立时间满 3 年的基金，即 2016 年 12 月 31 日之前成立的基金来说明。

如图 2-22 所示，在上述四种类型的基金中，成立满 3 年以上的产品里只有普通股票型基金的年化收益率超过了 20%。除非我们的持仓中全部是普通股票型基金，假如我们按照 1∶1∶1∶1 的比例分别配置这 4 种类型的基金，并且都获得了产品的平均收益率，那么我们的资产配置的年化收益率只有（21.39% + 19.95% + 8.29% + 4.85%）/4 = 13.62%，也就是说还不到 15%。因此很多理财组合设置的最高收益，恰恰也就是 15% 左右。

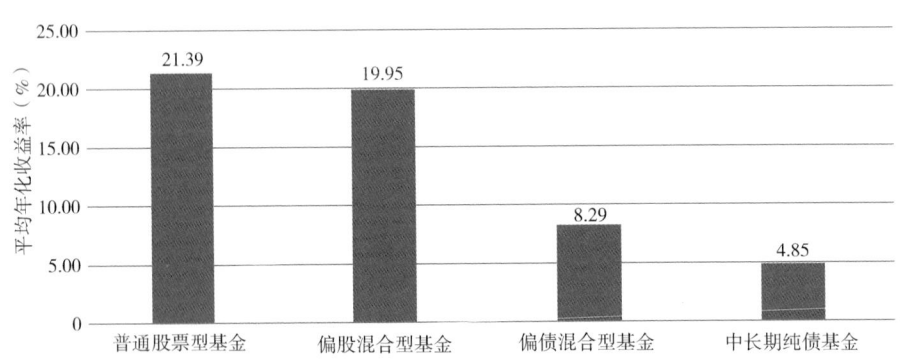

图 2-22　不同类型基金的平均年化收益率（基日至 2020 年 12 月 31 日）

资料来源：Wind。

要做到这一点，还需要我们能够长期持有，因为基金的收益区间分布符合正态分布。持有时间越久，就越有大概率获得历史平均收益，而小概率获得超额收益或超额损失；持有时间越短，就越有小概率获得历史平均收益，而大概率获得超额收益或超额损失。这个问题我们将在第三章进行详细说明。

举以上这些例子，就是为了告诉广大投资者，理财一定要有目标，但是这个目标是根据自我需求、收益预期、风险偏好、资产状况、资产配置、持有时间等各个维度来综合考虑并制定的。理财本身是一个向内寻并自我实现理财目标的过程，而不是一个和外界比较理财收益的过程。

理财要认清自己的需求

大多数投资者都是工薪族，往往背负着房贷。在每个月工资到手以后，不妨把工资根据用途分成三笔：首先是满足日常开销，其次是用于还贷，最后是用于储蓄或理财。

对于理财部分，我们可以用于储蓄，可以购买货币基金或者相对安全的预期收益类理财产品，也可以用于购买有波动的浮动净值型理财产品。我们的建议是，在评估自身的风险承受能力以后，适当配置一些有波动的浮动净值型理财产品。

我们知道，在签署贷款合同以后，商业贷款利率会围绕一个固定值出现一定的浮动，但是这个浮动区间不会太大。也就是说，这个贷款利率是相对固定的，这个贷款利率应该成为我们理财收益的一个参照物，也称之为"锚"。

中国人民银行在 2021 年 6 月 21 日公布了贷款市场报价利率（LPR），1 年期 LPR 为 3.85%，5 年期以上 LPR 为 4.65%。以上 LPR 在下一次发布 LPR 之前有效。值得注意的是，从 2020 年 4 月开始，这个数据已经连续 14 个月维持不变。

自 2014 年以来，我们统计了首套房商业贷款平均房贷利率，发现自 2017 年 5 月开始基本稳定在 5.3% 左右，见图 2-23。

从某种程度上，我们可以把房贷变相地看成从银行借了一笔为期 20 年或 30 年的贷款用于理财，当我们的理财产品收益率能够跑赢这个房贷利率

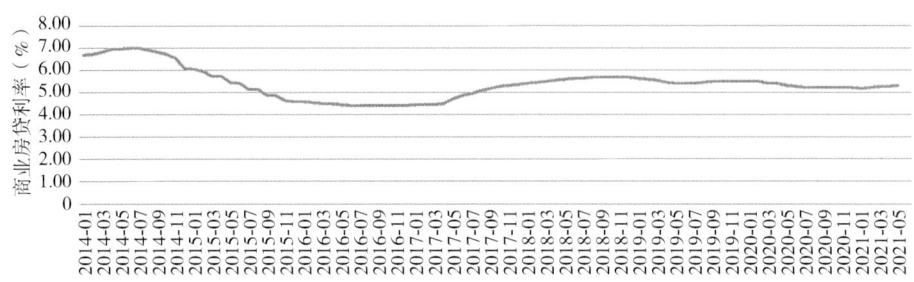

图 2-23　首套房商业贷款平均房贷利率（2014 年 1 月—2021 年 5 月）

资料来源：Wind。

的时候，我们要做的应该是尽可能多地贷款以及尽可能久地延长贷款周期；反之，如果我们持有的理财产品没有跑赢房贷利率，就应该尽早还清这笔贷款，尽可能少地贷款。

同时因为房贷通常是一笔长期的负债，而理财可以认为是需要持有长期的风险资产。理财因为投资人要承担相应波动的风险，因此更应该寻求超越房贷利率的理财回报。

按照这个思路，我们首先看一下理财产品的收益率：目前 2021 年绝大多数预期收益型理财产品的收益率不会高于 4%，而货币基金的收益率不会高于 3%。因此，如果投资者每个月用于理财的钱购买了这两种类型的产品，事实上是不合适的，不如把这些钱用于还房贷。

而如果选择 6% 以上历史平均年化收益率的理财产品，比如"固收 + 基金"，那么对于投资者就比较合适了。一方面，虽然理财产品的净值会有波动，但长期持有能让理财收益跑赢房贷利率；另一方面，因为这是一笔长期投资，我们理财获得的长期收益和新投入的钱会让理财本金不断地增加，从而让我们有可能更快地还清贷款。

讲了这么多，最后如果用一句话来表达理财的本质，那就是在持有风险资产并承担资产波动所产生风险的同时，享受波动带给我们的长期收益的过程。这其中，投资者要充分认识到，理财根本上是对理财目标和自我的管理。

时间是最好的解药，这句话不仅可以在失恋时说，也可以在买基金的时候说。

理财嘉交流园地

读者来信

和保本理财比,我有点担心基金的亏损和波动

老师您好:

我今年快50岁了,买了将近10年的保本理财产品,前几年是去银行柜台排队买,后来在手机App上也能买了。

买了这么多年的保本产品,坦白地说,收益确实不太高,还得把钱放一阵子才能拿回来,但对于我这个年纪的人来说,理财就是图个稳。以前我也炒过股,跟着"大师"学,听朋友的小道消息,在交易大厅里和人聊,把那点本金也都套进去了。

也买过股票型基金,说是基金经理比我们散户会炒股,可我发现基金经理和我的水平差不多,有时候挣钱速度还没有我炒股快,也和我一样会亏钱,有时候基金净值会下跌,而且连续好几天下跌。

后来银行开始卖那种保本保收益的理财产品,我一次买三五万元,放上50天左右,连本带利都能拿回来,然后就这么来回滚。只是这种产品好像越来越少了。

我的客户经理还给我开设了一个定投账户,说每个月只要定期存一些钱进去买几只基金产品,虽然短期可能亏钱,收益也会上上下下地波动,但是拿上三年五载肯定是能挣回来的。我试了一下还真是这样,我就定投了嘉实的泰和,还有其他几家大基金公司的代表产品。

未来如果真的没有那种保本产品了,我可能会加大定投投入,然后剩下的钱就放货币基金,多少还能有点收益。除了定投,我再也找不到还有

什么方法能避免基金的波动和亏损了。不知道为什么,我买股票型基金的时候总是一买基金就跌,一卖就涨,总是找不到合适的买卖时机。

又比如,不管是去银行,还是打开咱们的理财嘉App,看到的都是推荐的基金,说实话这些基金业绩长期来看确实不错,也都是优秀的基金经理在管,但我买了几个月,似乎表现并没有特别突出。比如某个产品去年一年接近翻倍,结果我买入以后半年才给我挣了不到30%,甚至还有买入就下跌的。再换一个产品还是这样,折腾来,折腾去,还不如买货币基金,至少图个心安。

请问老师,对我这种情况您有什么好的建议吗?

理财嘉客户　＊＊女士

回　信

接受波动,建立目标和耐心,理财其实并不难

＊＊女士:

您好!首先非常感谢您一直以来对理财嘉的信任,我们深感荣幸。

在认真阅读您的来信之后,我们发现您现在主要有这三个方面的焦虑和困惑:

第一个焦虑,担心理财产品无法兑现本金和收益。多年购买保本理财的经验,让您养成了典型的"刚兑"思维,即对风险的排斥和恐惧,以及对刚性收益的要求回报。

第二个焦虑,对浮动净值理财产品的恐惧,担心因为波动导致亏损,以至于"后刚兑"时代不知道该怎么买基金。

第三个焦虑,以前基金理财体验不佳,对基金特别是权益类的基金有一定的排斥。

对于您的第一个焦虑,这是"后刚兑"时代我们不得不面对的一个客观情况。理财不同于储蓄,事实上,任何一种理财都会出现波动,也都面

临着本金和收益的投资风险。之所以在以往"刚兑"产品可以按时连本带利地把钱返给投资者，是因为理财产品的发行机构比如银行、券商等，承担了本应由投资者承担的风险。当然，在这一过程中，发行机构凭借自己的专业能力，对市场和产品（主要是债券市场和债券）做了研究、投资、管理、交易和风控等工作，因此也获得了相应地收益。

而随着"刚兑"时代慢慢离我们远去，"刚兑"产品的数量会大幅减少，而且随着我国利率水平长期维持在一个较低的区间，未来这类型产品的收益也无法和以往相比。您也提到了，这几年"刚兑"产品的收益和10年前比要少很多，就是这个原因。

我们认为，理财从本质上说，是由客户持有波动性资产并承担此类波动性资产带来的风险，进而享受波动性所产生的收益的过程。理财，就必然要面对波动。波动既是理财收益的来源，也是理财的魅力所在。不管我们是主动拥抱，还是被动接受，理财都无法忽略波动。当然，波动的大小是由投资者自主选择的，所以理财是一个向内寻的过程，要了解自己。

您的第二个焦虑，是不知道如何管理基金。其实您已经选择了定投，这就是一个很好的基金理财的方式。我们说过，基金投资是有风险的，这种风险无法避免，同时风险和收益也成正比，即风险越大，收益越高。而通过定投，我们可以避免一次性投入带来的不确定性。

定投能够获利的根本原因在于，股票市场从长远来看是上涨的，但在这一过程中会反复震荡甚至下跌，而通过定期投入可以我们让理财成本趋于一个平均值，待市场反弹以后，我们就做到了大家都渴望却不容易实现的"低买高卖"，从而获利，其表现形式就是一条微笑曲线，见图2-24。

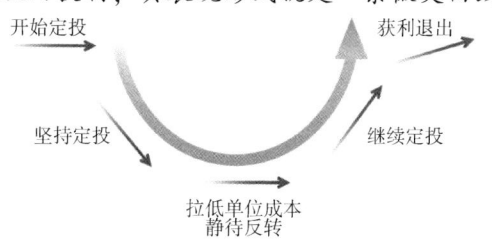

图2-24 定投微笑曲线

当然微笑曲线只是把定投的资金投入、获利过程和原理做了一个抽象化的概括，在实际理财过程中不可能这么简单。但从全世界的经验来看，定投股票型基金或股票指数型基金，确实很多普通投资者都能取得较为不错的理财收益。

您的第三个焦虑是对权益类产品，比如股票型基金、股票指数基金或偏股混合基金的盈利体验不佳。我们看到您在实际操作中，可能多少存在着追涨杀跌、快进快出、持有时间过短和追热点的习惯。

事实上，您说的这些习惯还是有一定代表性的，我们的不少客户都多多少少存在着一个或几个这样的操作习惯。这些习惯不能说不对，但确实对我们理财的收益会有影响。

追涨杀跌的背后，是希望能够用择时的思维来管理基金，但从海内外的经验来看，资产管理80%以上的收益来自做好大类资产配置并等待大类资产增值以后带来的收益，择时和择股贡献的收益比例并不高。更重要的是，择时对于投资者的要求很高，即使是很多基金经理，也不把择时作为管理基金的主要手段。更何况，基金是一揽子股票的组合，相比于单只股票，基金持仓多样化、投资分散化，还有一个净值估值的问题，这些都会让择时效果大打折扣，所以买基金我们不建议追涨杀跌。

快进快出、持有时间过短和追涨杀跌类似，很多基民也是股民，因此在管理基金的时候不可避免地会用一些股票的思维来管理基金。但和股票相比，三点原因导致了基金不适合断线操作：一是交易成本高，一般来说基金持有不满7天或30天就赎回，都要收取一定比例的手续费，这显然不划算；二是基金涨跌都比股票慢，持有时间太短的话就没有办法享受到收益；三也是最重要的是震荡行情快进快出风险大，很容易出现传说中的踏空或者错过大行情。

快进快出还有一个问题就是，无法充分享受到基金经理或专业投资团队的服务。我们知道，公募基金有众多专业的研究员、分析师和投资团队来管理基金，他们看市场或个股更多是以年为单位来分析，短期的变动他们也会关注，但是在短期调整和长期趋势之间，专业投资者更看重后者。如果基民持有时间过短，很容易捡了芝麻丢了西瓜，因局部的调整而错过了整体的行情。

很多基民焦虑的来源就在于自己持有时间过短，而一只基金只要不清盘就会永远存续，这就存在一个时间差的问题。比如某个基金过去3年全市场第一，但是有那么几个月可能表现一般，而恰好这段时间你买了觉得不好没拿住就卖了，这样就导致了错配。所以，基金应该长期持有。

最后一个问题就是追热点。为了营销，公募基金行业有时候会宣传中短期业绩或者市场热点，这样的好处是可以提高投资者的积极性，缺点是容易让投资者过度关注短期热点而忽略了长期走势。以医药、白酒等板块为例，这些行业长期确实值得看好，但是短期肯定也会有震荡波动甚至回调。如果我们只关注短期，那么很容易就错过这些优质板块的大行情。另外，市场热点切换频繁，我们很难早早就找对下一个风口，与其如此，不如明确自己的目标，根据目标做好规划并坚定持有，赚取本来属于我们的收益。

解决这些问题，需要我们制定合理的、属于自己的理财目标，无目标不理财，一旦确定目标就不要轻易更改和放弃，坚持到目标实现。市场总是处在震荡和调整中，但是我们的目标是确定的，用确定的目标来面对不确定的市场，比我们用盲目来面对不确定的市场，效果肯定更好。

希望这些建议可以帮到您。祝您投资愉快。

理财嘉油站

第三章

解读理财两大定律

接着上一章节，理财从根本上说是对理财目标和自我的管理。那么，理财目标是如何制定和实现的呢？

着眼于理财目标的实现，理财第一定律告诉我们，理财不能仅仅关注单只产品的历史收益率，而是要从理财投入的本金、理财持有的时间和整个持有期所有产品的平均收益率三个因素进行综合考虑。理财投入的本金是决定理财最终收益的基础；理财持有的时间是决定理财最终收益的上限；要把整个持有期所有产品的收益率平均起来看，而不要聚焦于单只产品，更不要用过往业绩去评价产品的未来走势。

着眼于在波动和理财目标之间建立关联，理财第二定律告诉我们，我们期望的理财收益率取决于持有理财产品的时间，持有时间久，越能获得持有资产的平均收益率。简而言之，波动可以给我们带来收益，而持有时间越久，波动对我们理财的正面影响越大。

第一节　理财第一定律与理财目标的实现

> 最终决定投资者命运的既不是股票市场，也不是那些上市公司，而是投资者自己决定了自己的命运。
>
> ——（美）彼得·林奇

在本书的前两章，我们已经多次强调了理财就要接受波动，并且理财要坚持无目标不理财和向内寻的财富理念，同时要认清自己的需求，匹配合适的产品，以及坚持和耐心。

由于理财的最终受益情况决定了理财目标的实现情况，在这里，我们想和大家再做一个探讨，那就是决定我们理财最终收益的因素到底是什么。

决定理财最终受益的三要素

理财的目标是什么，当然是为了赚钱。可是很多时候，投资者在选择理财产品或查询账户收益时却往往容易聚焦于产品过去一段时间内的涨跌幅，比如过去一年涨幅、过去半年涨幅或者过去 3 个月的排名，特别是在挑选基金的时候，不管是销售平台还是投资者们选择产品时，都会在很大程度上参考产品过去的表现。

这么做对不对？有一定意义。对投资者实现理财目标有帮助吗？很有限。因为展示在你眼前的，都是产品的过去表现，而不是未来表现，虽然有一定的参照意义，但没有任何人敢保证，过去 3 个月表现最好的产品，未来 3 个月还会表现最好。事实上，以不同时间为起始节点观察 3 个月，我们会发现第一名常常是在变动中的。

问及决定我们理财最终收益的因素到底是什么，好多投资者的第一反

理财嘉网友

我每天最大的乐趣就是点开支付宝的基金，看看有没有上涨。

应是理财产品的收益率。看过本书前两章的投资者可能会想到，用100万元和1万元本金去理财，前者买的债券型基金1年收益率5%，后者买的股票型基金1年收益率25%，两者年化收益率即使相差5倍，1年下来前者可以挣5万元，而后者只能挣2500元，反过来差了20倍。

再来设想一种情况：两个人理财，分别投入本金100万元和1万元。投入100万元的人还是买债券型基金，年化收益率5%，连续持有3年，期末收入是115.76万元；而另外一个人买了股票型基金，3年的收益率分别是25%、-30%和20%，期末收入是1.05万元，3年理财的总收益率仅为5%。

由此我们可以看到，理财的最终收益又和持有期的平均收益有关，持有的时间越长，那么每年的收益率都会变化，单一年度的收益率影响就越小。

最后我们来考虑时间的因素。前面的内容我们说过，我国普通股票型基金指数和偏股混合型基金指数自基日以来到2020年年末，平均年化收益率是20%左右。假如我们购买的某个具体产品和同类型产品表现基本吻合，也是20%的年化收益率，那么我们持有5年、10年和15年，最后获得的收益率分别是248%、619%和1541%，持有的时间越久，获得的收益率越高，叠加本金最后的金额也就越多，这就是大家常常提到的复利的力量。但是如果只持有了1年，那1年既可能获得超过50%的收益，比如2007年、2009年、2015年、2019年和2020年；也可能要接受超过20%的损失，比如2008年、2011年、2012年、2018年。

由此，我们推导出一个理财公式，也就是本书中所说的理财第一定律，即

$$期望的财富 = 本金 \times (1 + 持有期平均收益率)^T$$

式中，T为理财持有的时间。

理财第一定律告诉我们，决定理财最终受益的要素有三个：本金、持有时间和持有期平均收益率。

理财第一定律的启示

理财第一定律可以给我们带来以下重要启示:

第一,尽可能增加本金、增加持有时间、获得相对稳定的收益率。

对于所有的投资者而言,我们投入理财的钱是一个具体数字,最后通过理财赚的也是一个具体的数字,那么这个具体的数字的最终变化是由本金即最初投入的数字、我们前后累计投入了多少年和在此期间所有理财产品的平均收益率来决定的。

但是过往大家都是太关注收益率的因素,而忽略了本金和时间这两个因素。那么这三个因素到底哪个更重要?我们先来看一组分图,见图3-1。

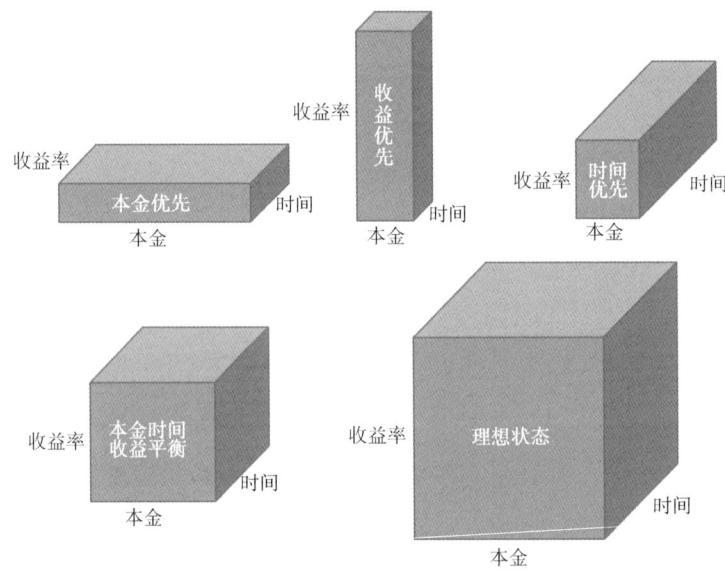

图3-1　财富增值三要素:本金、时间、收益率

打一个近似的比方,我们可以把理财最终的总金额看成一个立方体,那么本金、时间和收益率就分别构成了这个立方体的长、宽、高。对于一个立方体来说,决定其最终体积的是长、宽、高三者的乘积,而不是单独的某一个边。

我们先看第一行，三个分图分别突出了某一个因素，比如本金，比如收益率，比如时间。我们投入本金很多，但是如果选择的理财产品收益很低，而且持有的时间也有限，那么最后的总收益不会太高。

同样，即使我们选择了收益很高的理财产品，但是如果投入的本金有限且时间很短，最后到手的理财收益同样不会太多，而且这种情况下还要特别注意风险，因为高收益意味着高风险。就好比一个很高的立方体，如果底面积有限但是高度很高，那么这个立方体就很容易倒下。

最后是时间，我们都知道复利法则是投资中很重要的一个法则。都说复利是"世界上的第八大奇迹"，但从本质上讲，复利只有和本金结合才有意义。如果本金只投入了 100 元，即使我们能做到年化收益率 10%，持有 30 年，最后的涨幅也只有 17.5 倍，最后到手的钱也只有 1750 元。30 年前，100 元可以买到 10 瓶茅台酒，现在 1750 元连 1 瓶都买不到。

我们再来看看第二行的两个分图。左边的分图接近一个正方体，本金、时间和收益率相对平均。从数学的角度来说这个图形看着要更加和谐，从理财的角度来说，本金、时间和收益率并不是 1∶1∶1 的关系，但我们要努力做到三者的和谐统一，那就是尽可能地增加本金，尽可能地延长持有时间，同时保持持有期间内收益率的稳定性。这样，我们的理财状态就会变成右下角那个理想状态，我们的财富就有可能像滚雪球一样在长坡上越滚越大。

可能会有投资者注意到，对于本金和时间，我们是可以主动控制的。比如我们提高赚钱能力，再比如我们克制一些消费欲望，又或者我们赶上了拆迁补偿，这样我们就有更多的钱可以投入理财。还有时间也是可以自己控制的，只要我们做好理财规划，合理划分资产，在手头留有足够的活钱，然后根据理财产品的期限、风险收益、流动性进行分配，做到长期持有并不太难，哪怕我们买一只 3 年期定开基金也好。

唯有持有期的收益率是我们无法控制的，而且持有时间越短，越难以控制收益率。我们反复强调，持有时间越久，我们持有的某类资产越能大概率地获得历史平均收益率；而持有的时间越短，我们越可能获得超额收益率或损失。这个我们会在下节理财第二定律中做详细的说明。

而且，公式里的持有期平均收益率，意味着这是所有大类资产的一个加权平均收益率，比如我们持有5只股票型基金、2只混合型基金、3只债券型基金、1只原油基金、1只黄金基金以及若干银行存款，那么这个收益率应该是这些资产加权平均的年化收益率，而是不是单只产品的收益率。

第二，时间是决定理财收益最重要的因素。

主要有以下三方面的原因：

首先，本金是决定我们理财最终收益的基础，但本金积累本身也要依靠时间。

我们知道，这几年有一个特别流行的词语，叫财富自由。所谓的财富自由就是有足够的时间和足够的钱做你想做的事情。即在基本的生活需求得到持续保障的前提下，有足够的资本可以"自由"地投入"该"做的事情中。

如果你想要靠投资理财实现财富自由，什么最重要？好多投资者可能第一时间会想到本金多少最重要。

本金确实很重要，前面我们就说到，投入本金100万元和投入本金1万元，10年以后两者几乎不可能挣到一样多的钱。而当你有1000万元甚至1亿元时，年收益率达到8%，那么每年就会有80万元的理财收入，这足够让80%的人实现财富自由了。如果本金只有10万元，年收益率即便达到15%，一年也只是赚1.5万元，对很多人而言花了就没了。

在现实生活中，本金越少的投资者，往往越激进，越能承担风险和波动；而本金越多的投资者，却相对更加保守，追求收益的确定性。

正如我们反复说的，理财收益应该是一个具体的金额，而不是一个百分比。比如100万元买基金，买一只低风险低收益率的纯债券型基金，假设年收益率是4%，面临的风险很小，一年下来也有4万元的收益。

如果只有1万元，哪怕都买了股票型基金，要1年挣到40%也不是一件容易的事,这背后对应的是较大的风险和波动。即使挣了40%,也才挣了4000元。

所以说,本金决定了最终的理财收益,而本金的积累,要通过劳动来创造,要通过时间来沉淀。

在我们的本金积累到一定程度以后,我们理财的首要目标也许就不是在短期内承担高风险博取高收益,而是更看重长期的资产保值增值的可持续性。说到资产配置,大家就很容易想到美林时钟。在如图3-2所示的美林时钟里,大类资产总体上可以分为现金、商品、股票和债券。房产和保险我们暂时不谈,因为这两者对于大部分人来说,看重的是其实用性,而不是投资性。资产配置的魅力往往要经过好几年甚至十几年才能突显出来,必须经过一个完整的经济周期,才能收获不同资产的上涨红利。

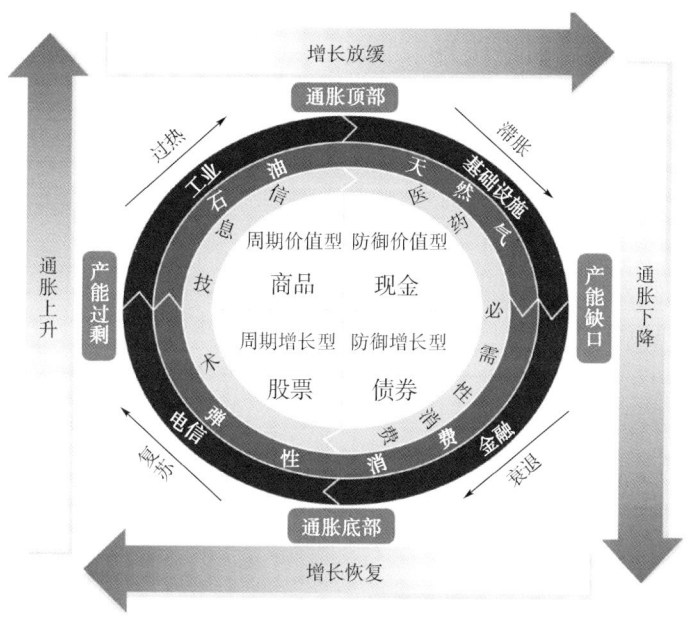

图3-2 美林时钟与大类资产配置

对于很多理财本金较少的投资者,既然钱不多,那不如抱着"搏一搏单车变摩托"的心态,来个"All in",万一能实现梦想呢?于是重仓单只股票，或者在市场上快进快出，希望靠胜率来做大本金，又或者直接买入风险波动和自己明显不匹配的衍生品，甚至炒各种币、各种卡，最后的结果可想而知。

其次，持有期收益率有一个相对确定的范围即"锚"，并且有上限。

在一个不确定性的环境中，对个人投资者而言，唯一能把握的是"自身要求收益率"，注意这里不是"预期收益率"。

这里先梳理清楚两个概念：预期收益率与自身要求收益率。预期收益率，是指市场可以提供的收益率。比如，人们常说低估值和高估值，往往是估值比较低的时候，说明未来预期收益率可能比较高；估值比较高的时候，说明未来预期收益率可能比较低。

自身要求收益率，是市场参与者要求的收益率。比如，很多投资者看到很多基民都赚钱了，××基金净值又创新高了，以为自己买入也能获得较高的收益率，这里的期望收益率就是自身要求收益率。于是我们可以发现：

当市场预期收益率＞自身要求收益率时，投资者就很满意。

当市场预期收益率＜自身要求收益率时，投资者就不满意。

所以，如果要提高投资的满意度，那就要想方设法提高市场预期收益率和降低自身要求收益率。提高市场预期收益率有三种方法：其一，寻找低估值品种；其二，在市场低迷的时候入场；其三，要注意风险和收益是相伴相随的，低风险产品往往市场预期收益率低，高风险产品往往市场预期收益率高。

但这些方法，对于基金理财并不完全适用，因为股票有估值，但是基金没有估值。再则，基金市场冷淡的时候通常大家会赎回更多的基金，而不是逆势加仓；大家往往是在市场特别火热的时候入场。

降低自身要求收益率的关键是，要对理财产品有一个合理预期。2021年春节前，基金投资环境不错，很多媒体不停地在推送"炒股不如炒基金""××基金翻倍"等言论，往往都是在提高投资者的望值和自身要求

> **理财嘉网友**
> 薛定谔的基金：只要我没看，它就没跌；只要我不卖，我就没亏。

收益率。

但春节以后市场调整，不少基金净值都出现了下跌，于是大家开始不满。殊不知，2020年的基金大行情并不总会出现，2015年的那波深度回调，想必不少老基民应该还有印象，基金投资也是有风险的。

根据Wind数据，普通股票型基金指数（885000.WI）、偏股混合型基金指数（885001.WI）、偏债混合型基金指数（885003.WI）和中长期纯债券型基金金指数（885008.WI），从指数的基日2003年12月31日到2020年12月31日这17年中，平均年化收益率见表3-1。

表3-1　4类基金指数的平均年化收益率

序号	证券代码	证券简称	平均年化收益率（%）
1	885000.WI	普通股票型基金指数	17.949 3
2	885001.WI	偏股混合型基金指数	16.097 3
3	885008.WI	中长期纯债型基金指数	4.807 8
4	885003.WI	偏债混合型基金指数	9.455 2

资料来源：Wind，自基日2003年12月31日—2020年12月31日。

普通股票型基金指数的年化收益率接近18%，这已经是一个不低的收益率了。但是，这是17年这样一个相对较长的时间周期里取得的一个平均收益率。具体到每一个年份，我们会发现，普通股票型基金和偏股混合型基金每年的收益率表现都有很大的差别。

2004—2020年，不同年份之间的收益率差别比较明显，特别是在波动比较大的普通股票型基金和偏股混合型基金中，见图3-3。最明显的是在2007年，当年股市创出了历史最高点位，普通股票型基金和偏股混合型基金的年化收益率也超过了80%，而之后股市一路下行，在2008年两者的亏损都超过了60%，然后在2009年虽然大盘并没有太好的表现，但是因为2008年的基数很低，两者又都出现了较大的反弹。

如果我们仅仅是用1年或者3年的数据来判断股票型基金或偏股混合型基金的平均市场表现，并以此来锚定我们的要求回报率，那么就很容易得出极端的结论。所以，收益率一定要拉长周期来看，至少要经历一个完

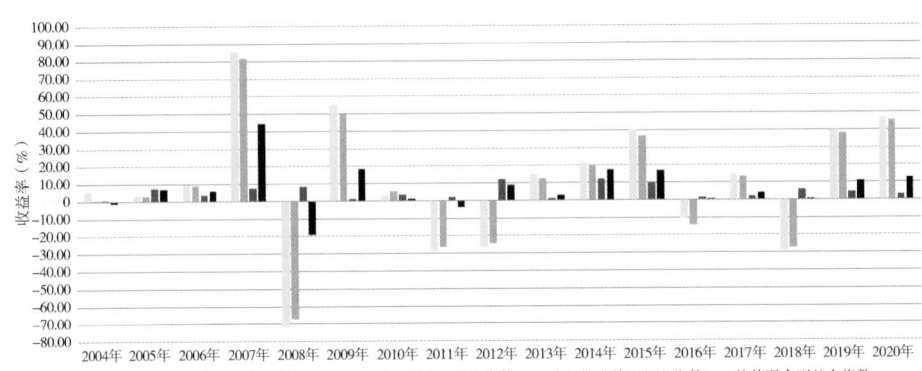

图 3-3　不同基金指数年度收益情况（2004 年 1 月 1 日—2020 年 12 月 31 日）

资料来源：Wind。

整的牛熊周期。

本金需要靠时间和劳动创造，持有期收益率我们又无法完全预测和控制，那么剩下的就只有时间了。与本金和持有期收益率相比，时间是我们最容易把握的，也是最难坚持的，它决定了我们理财收益的上限。

我们用两个例子来说明时间的重要性。第一个例子是投入同样的本金，获取同样的收益，只是因为理财开始的时间早晚不同，看看最后的结果能相差多大。

有三位女士，分别在 22 岁、27 岁和 32 岁开始定投，假设定投了一个年化收益率 8% 的指数基金产品，每个月投入 100 元，一直坚持到 60 岁退休。我们来计算一下三位女士最后的收益相差多少。

如图 3-4 所示，假如三位女士都坚持到了 60 岁，这时她们的理财总资产，第一位女士是 310 万元，第二位女士是 206 万元，第三位女士只有 135 万元。

我们发现，三位女士开始理财的时间其实只相差了 5 年，对于年轻人来说 5 年并不是一个很长的时间，有时候读一个研究生或生孩子在家，可能时间就这样过去了。然而，就是这 5 年时间，让三位女士的理财收益最多相差了 170 万元！

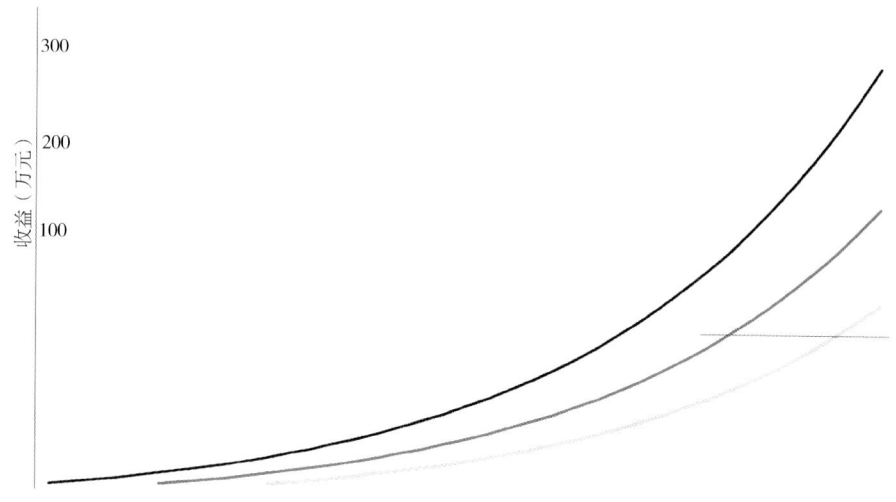

图 3-4 三位女士定投收益率为 8% 产品的收益

注：以上数据仅为模拟计算，不代表真实收益，不作为投资建议。投资有风险，入市需谨慎。

第二个例子是，我们在理财的时候，如果本金、收益率和时间分别减少了 50%，哪个对最终的理财结果影响大？

以本金 1 万元、年化收益率 10%、投资 30 年为基准假设，分别将三个指标减半来比较最终结果。如图 3-5 所示，可以明显看到，本金减半使得最终结果为基准情形的 50%，而收益率和时间减半仅为基准情形的 25% 和 24%。

由此可见，理财第一定律中三个维度的重要程度依次为：时间 > 收益率 > 本金。

第一个例子告诉我们，理财要尽可能早开始。很多年轻人刚毕业，收入非常有限，如果没有父母的赞助可能连存钱都是问题。但这并不是不理财的理由，我们完全可以用开源节流的方式来增加本金：开源就是不断地提高自己的能力，升职加薪；节流就是克制自己消费冲动和消费欲望，把消费的钱用作理财。对于年轻人来说，时间就是最大的财富。

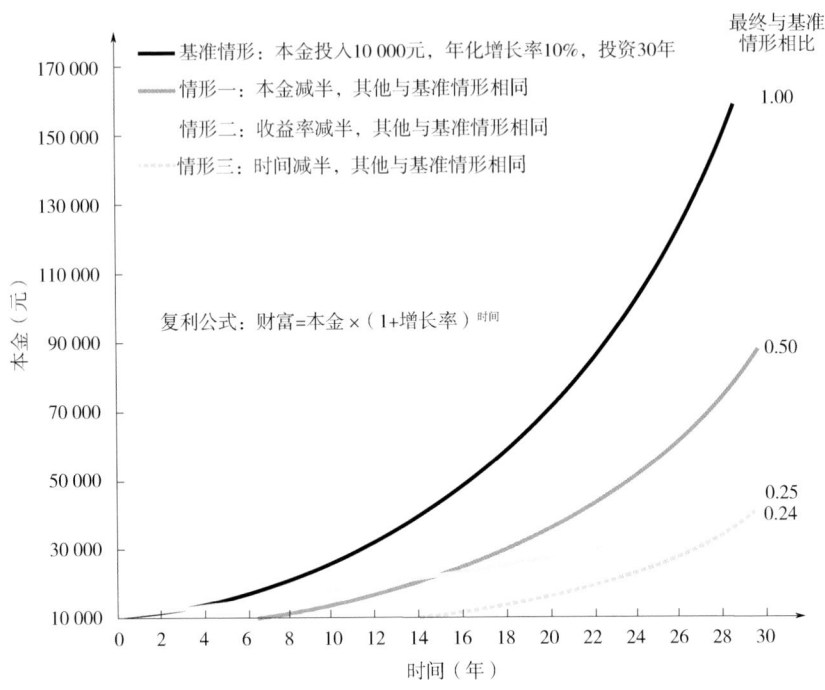

图 3-5　影响理财收益的三要素分别减半对理财结果的影响

第二个例子告诉我们,理财时间的长短是我们能够控制的,而且也是最有经济效益的。我们有时候面对风险不得不放弃一些高收益的理财方式,当我们需要钱的时候也不得不从理财资金中取出。但唯有时间,既是命运的馈赠,又是我们理财的最佳伙伴。所以,正在理财的你,一定要尽可能延长自己的理财周期。

人们常说,最长情的告白就是愿意花时间来相守,所以理财收益也是时间的伙伴,时间越长,越能获得收益。不要认为自己的本金不够多就没必要理财,就不能够理财。没有资本?时间就是最大的资本。

第二节　理财第二定律与长期持有

> 大盘价格波动肯定有其理由，但是大盘不会去管理由和原因，也不会花精神去解释。
>
> ——（美）杰西·利弗莫尔

我们在前面反复强调了两点：第一是理财要有目标，即建立目标理财观；第二是理财要长期持有，做长期主义者。

之所以强调理财要有目标，无目标不理财，是因为市场总是波动的，行情总是难以预测的。理财的收益曲线随着行情的变化而变化，如果我们没有一个明确可行、固定的理财目标，我们就很容易被市场牵着鼻子走，就容易焦虑恐慌和不当操作。

之所以强调理财要做长期主义者，是因为我们都希望能掌握择时能力，能在价格低的时候买入、在价格高的时候卖出，但这对于绝大多数人来说是不可能的。更重要的是，这是一种投资的逻辑而不是理财的逻辑，理财收益更多的是来源于大类资产配置和大类资产升值的钱，并非是大类资产内部交易的钱。

但是大类资产的升值是需要时间的，因为周期轮动不可能在短期之内完成，所以我们需要做长期主义者。即使是在大类资产内部，某类资产也有一个平均收益率，只是这个平均收益率要拉长来看。特别是对于权益类基金，因为波动较大，每年收益率都会有较大的出入，看短期收益理率容易出现偏差。

长期持有是获得历史平均收益率最便捷的方法

市场是在持续波动中的，特别是对于股票市场，风格会切换，热点会轮动，估值会调整。流动性作为市场的润滑剂，永远会寻找营利性最强的行业和个股。我们可以看到，2010—2020年在申万28个一级行业中，除了食品饮料连续5年都成为当年排名前三的行业，并没有哪个行业体现除了特别明显的行业优势。

与此同时，行业和个股也受到宏观环境等因素的影响，有时候股市会出现整体的低迷。比如2011年和2018年，大盘整体表现不佳，这两年所有的行业都在下跌，只是跌幅不同而已。当然，还是有一些表现突出的个股的。

整体来看，大盘既有如同2011年和2018年那样整体下跌的行情，也有如2014年、2015年、2019年和2020年那样整体上涨的行情。综合下来，几大指数自基日以来的年化收益率在10%～13%，见图3-6。

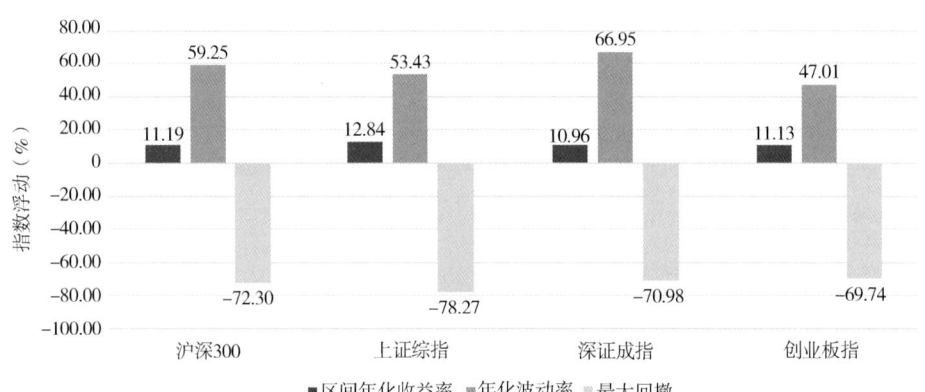

图3-6 四大指数自基日以来指数区间表现

资料来源：Wind。数据截至2020年12月31日。上证综指（000001.SH）的基日是1990年12月19日，深证成指（价格）（399001.SZ）的基日是1994年7月20日，创业板指（399006.SZ）的基日是2010年5月31日，沪深300（000300.SH）的基日是2004年12月31日。

从上图中还可以看到，4个指数的年波动率在50%上下。短期来看，这样的波动率中等偏高，意味着如果上一年的指数点位是100，那么下一年既有可能是50，也有可能是150。因此，如果持有时间短，投资者会比较难以把握行情的α收益，而要更多的通过择时来赚取交易的价差。股票

当下市场的主要矛盾是：人民群众拿着现金贬值和投出去就亏损之间的矛盾。

尚且可以通过分析K线、各种技术形态和指标来做波段交易，但是对于基金来说，这样的操作无疑难度极大。

面对这样的市场，基金理财怎么才能获取接近或超过历史平均水平的收益？答案很简单，那就是长期持有。

从统计学的角度来看，持有时间越长，我们获得历史平均收益率的概率越大，偏离度越小；持有时间越短，我们获得历史平均收益率的概率越小，偏离度越大。于是我们提出了理财第二定律：持有期平均收益率 x 的概率密度函数符合正态分布

$$f(x) = \frac{1}{\sqrt{2\pi}\sigma}\exp\left[-\frac{(x-\mu)^2}{2\sigma^2}\right]$$

式中，μ 代表某类资产或某个指数的历史平均收益率；σ 代表时间，但在这里是和时间成反比。

从图3-7可以看到，在正态分布中，历史平均收益率 μ 是固定的，我们每次理财的收益会围绕在 μ 的两侧随机分布。

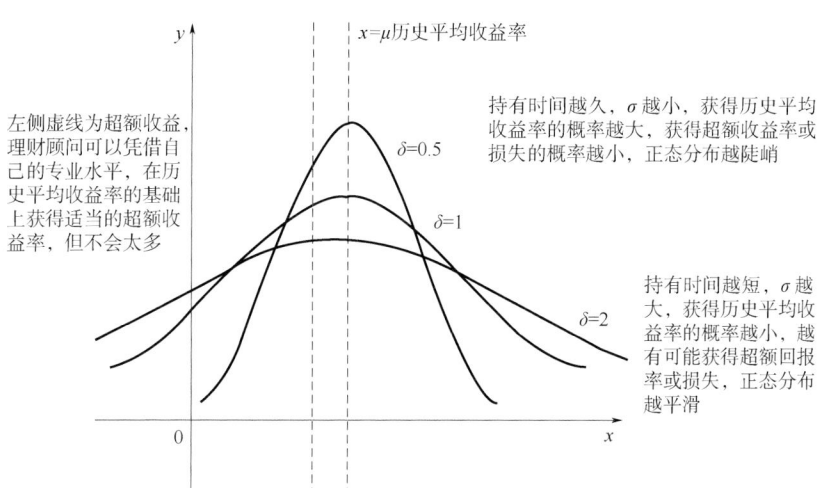

图3-7　理财顾问关注的超额收益

假设我们投资的某类型资产在过去若干年中平均年化收益率是10%，即 μ 等于10%。如果我们持有的时间越长，这里的 σ 就越小，那么这个正

态分布图形就越陡峭，我们获得 10% 收益率的概率就越大，获得极端收益率（损失）比如 30% 或 –10% 的概率就越小。

反之，如果我们持有的时间越短，这里的 σ 就越大，那么这个正态分布图形就越平滑，我们获得 10% 收益率的概率越小，获得极端收益率（损失）比如 30% 或 –10% 的概率越大。

这理解起来并不难。以 2014 年为例，普通股票型基金的收益率中位数是 18.50%，偏债混合型基金的收益率中位数是 20.79%，债券投资的收益率竟然高于股票投资，这样的情况显然不太多见。如果两个投资者 A 和 B 恰好这一年分别持有某普通股票型基金和某混合债券型基金金，那么追求稳健收益的投资者 B 可能比追求高风险高收益的投资者 A 获得更多的回报。这种情况会有但不会总有，毕竟不同大类的资产虽然会出现收益的倒挂，但不可能总倒挂。

理财第二定律用数学的可论证的方式告诉我们：对于投资者来说，长期投资不一定会让我们获得超额收益，但一定会让我们尽可能地获得和市场以及所持有的资产风险回报相当的收益。而这，是资产配置的最大意义所在。

我们在本书第二章对理财焦虑的来源做了归因分析，其中有一条就是选错了收益率的"锚"，进而形成了时间上的错配。

以公募基金为例，基金管理人在管理基金的过程中，是从投资角度出发并期望在整个产品存续期内带给所有持有人长期的回报，不会聚焦于单个客户或特定某段时间，体现的是整体宏观视角；而客户的理财周期是有时间限制的，期望在某个特定时间内获得确定收益，处于个体微观视角。

短期来看，个人持有基金的收益和整体基金收益存在背离可能性。两者在持有时间上越接近，个体越能分享基金管理过程中的整体收益，因此基金一直鼓励长期持有。

从大类资产配置和财富管理的角度来看，如果每类资产价格都以与自身行业发展速度相同的步伐前进，那么所有的投资者都会被迫成为价值投资者。但人类的天性注定了资产价格会被"炒来炒去",忽高忽低。

一类资产的价格发生明显上升,就会有其他类别资产的价格相对下降。因为资金如同水一样,这边多了,那边就少了。当然也有可能大水漫灌之后普遍上涨,但肯定不会是同步同时上涨。

退一步讲,就算人类的天性得到了极大的改善,所有人都成了价值投资者。不同行业、不同地区的发展速度也是不一样的,最终会导致有的行业、地区、资产种类的收益率高,有的有的行业、地区、资产种类的收益率低。这一点在股票市场体现得特别明显,只有极少数的时候才会出现所有板块大涨大跌的行情,多数时候都是热点切换和行业轮动。

每个行业都有自身的周期,从宏观上看起来,不同的资产种类收益率会在不同的时间段内此起彼伏,所以总有波动。既然有波动,那么只要把资产配置的范围扩大,资产池里总是有可以投资的。

我们都希望能从投资中获得超额收益。从长期来看,以权益类产品为例,优秀的主动管理的权益类产品是可以跑赢大盘指数的。见表3-2,我们统计了全市场的所有普通股票型基金和偏股混合型基金,其中有成立较早的3只普通股票型基金,2020年12月31日其中2只基金的基金复权单位净值不仅超过了2007年10月17日的高点,也超过了2015年6月12日的高点。

表3-2 三只普通股票型基金的复权单位净值

基金成立日	复权单位净值 [交易日期]2007-10-17 [单位]元	复权单位净值 [交易日期]2015-06-12 [单位]元	复权单位净值 [交易日期]2020-12-31 [单位]元
2004-08-27	5.145 543	6.691 559	6.139 065
2006-09-20	3.682 100	9.017 913	10.964 955
2006-12-01	2.295 012	3.907 028	4.535 584

资料来源:Wind。

因此,长期持有绝不仅仅是一句"正确的废话",而是一句能给我们带来宝藏的箴言。

我们常说真正的高手都是长期主义者，比如日本的寿司之神小野二郎做了一辈子寿司，比如投资之神沃伦·巴菲特做了一辈子投资，他们能在各自领域被封神，天赋、运气、时间缺一不可。

当然，这句话说起来简单，真正要做到并不容易。我们说理财是一场修行，财富是认知的变现。对于认知上已经接受了长期投资理念的人来说，时间会回馈他们应得的一切。

与此同时，我们统计了全市场所有的偏股混合型基金，见表3-3，截至2020年12月31日，在所有复权单位净值超过10元的49只基金中，有43只净值超过了2007年10月17日的高点，也超过了2015年6月12日的高点，比例为88%。其实公募基金理财很简单，找到市场上的优质基金，长期持有就可以了。

表3-3　全市场所有的偏股混合型基金成立以来的市场表现

基金成立日	复权单位净值 ［交易日期］2007-10-17 （单位：元）	复权单位净值 ［交易日期］2015-06-12 （单位：元）	复权单位净值 ［交易日期］2020-12-31 （单位：元）
2004-08-11	7.968 688	27.052 485	40.225 236
2003-07-09	5.989 144	18.433 176	29.164 434
2004-06-15	6.911 021	13.363 761	26.437 326
2004-06-25	6.932 292	13.429 700	26.376 079
2005-03-16	6.207 503	9.390 744	25.228 607
2005-11-16	4.786 192	13.233 465	21.551 349
2003-08-04	5.436 126	12.270 605	20.032 289
2005-01-06	6.174 312	13.040 379	19.876 193
2005-08-25	6.820 059	14.445 641	19.870 996
2005-04-05	4.604 960	10.312 498	19.048 994
2003-10-24	5.490 092	10.455 480	18.914 935
2003-07-15	5.247 761	12.413 522	16.990 531
2005-01-04	4.778 082	12.989 007	16.118 145
2005-11-17	6.377 546	13.213 902	15.595 924
2003-07-12	5.931 210	10.101 844	15.591 380

（续）

基金成立日	复权单位净值 ［交易日期］2007-10-17 （单位：元）	复权单位净值 ［交易日期］2015-06-12 （单位：元）	复权单位净值 ［交易日期］2020-12-31 （单位：元）
2005-02-02	6.428 947	10.053 493	14.876 777
2003-04-25	4.804 357	8.577 633	14.749 496
2003-12-05	5.610 283	8.757 810	14.664 076
2004-05-12	6.226 693	10.505 526	14.559 367
2005-09-27	6.306 132	13.180 151	13.967 173
2005-06-30	6.254 558	14.148 309	13.965 701
2005-09-29	5.532 740	7.185 100	13.931 798
2006-11-16	2.776 409	4.219 350	13.790 530
2003-04-25	5.638 668	10.247 367	13.604 190
2004-12-15	5.930 666	10.307 613	13.561 356
2004-07-09	6.482 848	11.059 368	13.515 271
2005-08-31	5.218 386	10.516 366	13.296 901
2005-09-27	6.627 017	13.209 794	13.295 964
2005-11-17	6.626 913	9.323 995	13.054 071
2003-04-25	4.804 365	17.001 644	12.940 358
2006-06-14	4.124 433	6.832 370	12.381 150
2006-10-11	3.300 000	6.502 302	12.229 139
2005-12-28	5.363 146	7.584 896	12.114 139
2002-09-18	4.894 645	10.058 690	11.926 325
2005-09-16	4.579 041	8.758 776	11.720 055
2006-11-15	2.564 043	7.269 074	11.623 723
2008-06-19		3.245 215	11.484 228
2004-04-01	4.933 295	11.475 348	11.035 224
2005-04-27	5.585 724	7.834 444	11.003 893
2005-07-15	3.403 690	3.903 155	10.983 109
2003-04-28	5.008 571	7.803 694	10.983 068
2004-04-09	4.130 525	7.688 802	10.761 437
2003-08-22	5.746 296	7.731 417	10.589 946

(续)

基金成立日	复权单位净值 [交易日期] 2007-10-17 (单位：元)	复权单位净值 [交易日期] 2015-06-12 (单位：元)	复权单位净值 [交易日期] 2020-12-31 (单位：元)
2005-11-17	5.387 272	11.095 713	10.569 200
2004-09-28	4.929 732	10.878 721	10.402 826
2004-09-15	7.806 985	9.661 512	10.402 403
2008-07-16	—	4.342 718	10.274 619
2004-06-18	4.917 548	5.512 554	10.171 427
2005-07-13	6.131 561	10.813 566	10.157 502

资料来源：Wind。

公募基金适合于绝大多数投资者用来做资产配置，我们也希望通过公募基金来获得长期的业绩回报，但是任何一种资产，其长期回报都是遵循该资产本身的增长模式的。短期来看，某一个年份的债券型基金会跑赢股票型基金，但观察的年份越长久，我们越会发现，资产的平均年化回报率就是我们应该从这种资产中获取的回报率，在某种程度上，这就是我们选择这种资产作为资产配置的收益的"锚"。

专业的理财管理团队，可以凭借自己的研究能力和投资能力，在这个"锚"的基础上获得一定的超额收益，但这样的超额收益首先幅度不会太大，其次要给管理团队以时间和耐心。

我们常说，财富是认知的变现。当我们的认知达到了一定的高度，理财的年限达到了一定的积累，我们会发现诸如长期主义、价值投资、耐心、延迟享受、合理预期、独立思考、敬畏市场、感恩市场、顺应市场等我们反复强调的理念，都不是一句空话，而是需要我们身体力行的。

理财之术，因人天赋不同，故对术的掌握也会不同。但理财之道，所有人都可以努力参悟，大道至简，高深的道理往往很简单，却容易让人忽视。

主动权益类基金收益率要看长不看短

主动权益类基金的收益率，除与基金经理个人因素有关外，也和市场

理财慧网友
突然就有点小感悟，觉得买基金和股票，既是在考验你的判断能力，考验你是不是挑了一个好的苗子，考验你是不是在市场的相对低点买进，更是考验人性，考验心态。

整体环境密切相关。很多时候，当基金经理的投资风格和市场行情匹配的时候，就会取得良好的业绩表现。比如，某一年以创业板指数为代表的成长类股票的表现特别好，那么成长风格的基金相应也会表现突出。

再比如，最近几年白酒、新能源汽车和医疗美容等细分领域诞生了一批业绩长牛股，那么涵盖这几个板块或行业的基金自然就会获得更多的超额收益。我们说权益类基金特别是主动管理的权益类基金的收益，要看长不看短。这是为什么呢？

首先，见表3-4，A股的行业轮动速度还是比较快的，每年排名前三和后三的行业基本都不相同，这就导致了很多行业主题型基金的业绩在不同年份之间波动很大。如果我们过于聚焦于短期的业绩，不仅会错失一些宝藏基金，也难以赚到行业长期向上的收益。

表3-4 行业主题型基金的业绩在不同年份间收益率（%）

行业主题型基金	2020年	2019年	2018年	2017年	2016年	2015年	2014年	2013年	2012年	2011年	2010年
综合（申万）	13.05	26.13	-39.30	-21.47	-12.89	71.18	45.60	12.36	-3.08	-27.11	16.01
有色金属（申万）	34.77	24.27	-41.04	15.39	-6.17	15.38	38.39	-29.64	13.64	-41.81	22.10
银行（申万）	-3.25	22.93	-14.67	13.28	-4.93	-1.36	63.18	-9.19	14.48	-4.85	-22.50
医药生物（申万）	51.10	36.85	-27.67	3.56	-13.46	56.68	16.02	36.56	8.47	-30.89	29.69
休闲服务（申万）	99.38	27.92	-10.61	-4.17	-21.19	78.45	37.24	19.47	5.24	-24.25	8.51
通信（申万）	-8.33	19.96	-31.32	-3.05	-15.95	72.69	41.00	34.71	-24.83	-28.50	-9.77
食品饮料（申万）	84.97	72.87	-21.95	53.85	7.43	26.58	16.03	-7.36	-0.74	-10.37	20.81
商业贸易（申万）	-0.22	8.80	-32.70	-13.60	-13.47	45.51	32.82	13.23	-11.83	-33.30	4.45

(续)

行业主题型基金	2020年	2019年	2018年	2017年	2016年	2015年	2014年	2013年	2012年	2011年	2010年
轻工制造（申万）	15.76	19.27	-36.62	-12.62	-14.36	89.86	28.83	21.48	-2.57	-30.85	1.79
汽车（申万）	45.85	14.60	-34.34	-0.52	-9.53	46.90	38.43	12.62	5.01	-34.34	-10.50
农林牧渔（申万）	18.29	45.45	-22.44	-12.62	-8.58	66.77	16.27	17.29	-5.05	-31.18	21.06
交通运输（申万）	0.24	17.28	-30.17	6.53	-22.60	32.56	64.76	5.27	-4.23	-32.72	-11.51
建筑装饰（申万）	-7.92	-2.12	-29.27	-6.26	-0.44	14.08	83.31	-12.27	18.54	-32.03	5.82
建筑材料（申万）	23.74	51.03	-30.30	6.05	0.03	26.85	42.95	-8.36	4.32	-32.71	14.43
家用电器（申万）	31.08	56.99	-31.40	43.03	-1.87	42.73	21.28	39.33	15.84	-24.76	-0.02
计算机（申万）	9.75	48.05	-24.53	-11.26	-30.32	100.29	40.31	66.95	-4.52	-34.46	26.44
机械设备（申万）	31.06	23.92	-35.11	-10.19	-16.84	46.77	41.87	9.60	-5.57	-36.28	28.11
化工（申万）	34.98	24.22	-31.72	-3.81	-7.13	55.01	27.39	6.54	0.28	-31.06	-22.40
国防军工（申万）	57.98	27.19	-31.04	-16.65	-18.58	28.50	53.89	33.35	-5.66	-33.09	18.38
公用事业（申万）	0.98	5.12	-29.72	-7.05	-17.69	22.90	55.68	10.78	5.69	-22.72	-12.14
钢铁（申万）	4.90	-2.09	-29.62	19.74	-8.13	1.80	78.34	-17.27	-4.78	-28.24	-28.32
非银金融（申万）	6.11	45.51	-25.37	17.30	-14.69	-16.90	121.16	-4.80	28.10	-31.92	-24.89
纺织服装（申万）	-7.08	7.09	-34.33	-23.85	-13.56	89.17	33.27	8.16	-10.15	-25.52	7.51

(续)

行业主题型基金	2020年	2019年	2018年	2017年	2016年	2015年	2014年	2013年	2012年	2011年	2010年
房地产（申万）	-10.85	22.75	-28.79	0.80	-17.69	44.85	65.28	-11.94	31.73	-22.00	-24.16
电子（申万）	36.05	73.77	-42.37	13.47	-12.70	71.97	18.56	42.78	-0.74	-41.38	39.39
电气设备（申万）	94.71	24.37	-34.95	-8.46	-17.18	60.47	31.55	32.24	-18.68	-42.53	20.22
传媒（申万）	7.86	21.20	-39.58	-23.10	-32.39	76.74	17.53	107.02	-5.39	-22.36	-2.72
采掘（申万）	-1.34	9.07	-32.71	-0.01	-5.76	-0.43	24.10	-31.18	-4.50	-27.86	-5.86

资料来源：Wind。

其次，当年的绩优基金不意味着第二年业绩继续领先，因为每年的市场风格都会更换。如图3-8所示，我们统计了2010—2020年排名前10的基金，发现每年都会有一些调整（在此隐去基金名称，A/C份额只统计A类份额）。

市值-风格属性（2020年报）	2020年单年度回报率（%）	市值-风格属性（2019年报）	2019年单年度回报率（%）
大盘平衡风格型基金	134.409 882	大盘成长风格型基金	106.582 948
大盘价值风格型基金	133.828 602	中盘成长风格型基金	94.112 700
大盘成长风格型基金	132.164 081	大盘成长风格型基金	87.844 478
大盘成长风格型基金	128.807 947	大盘成长风格型基金	82.950 644
大盘平衡风格型基金	128.649 221	大盘成长风格型基金	82.248 996
	125.662 459	中盘成长风格型基金	81.603 376
大盘成长风格型基金	122.512 438	中盘成长风格型基金	81.466 131
大盘平衡风格型基金	120.653 061		80.631 912
大盘成长风格型基金	116.683 992	大盘成长风格型基金	80.010 901
大盘成长风格型基金	114.657 715	大盘成长风格型基金	79.549 249

图3-8 2010—2020年排名前10的基金

市值-风格属性（2018 年报）	2018 年单年度回报率（%）	市值-风格属性（2017 年报）	2017 年单年度回报率（%）
中盘平衡风格型基金	4.021 237	大盘价值风格型基金	64.968 153
大盘平衡风格型基金	-0.687 885	大盘平衡风格型基金	61.953 932
大盘平衡风格型基金	-0.798 757		51.431 049
大盘成长风格型基金	-4.337 900		49.793 814
大盘成长风格型基金	-8.634 124		49.606 581
大盘成长风格型基金	-9.025 620	大盘平衡风格型基金	49.266 609
大盘价值风格型基金	-9.682 621	大盘平衡风格型基金	47.089 167
大盘平衡风格型基金	-10.162 602	大盘平衡风格型基金	46.911 066
大盘平衡风格型基金	-10.334 381	大盘价值风格型基金	45.130 553
		大盘平衡风格型基金	44.720 497

市值-风格属性（2016 年报）	2016 年单年度回报率（%）	市值-风格属性（2015 年报）	2015 年单年度回报率（%）
大盘平衡风格型基金	17.961 165	中盘平衡风格型基金	104.584 527
大盘价值风格型基金	16.500 000	中盘平衡风格型基金	94.354 839
大盘价值风格型基金	15.715 716	中盘价值风格型基金	87.481 591
大盘价值风格型基金	15.033 452	大盘平衡风格型基金	82.704 403
大盘平衡风格型基金	12.413 793	大盘平衡风格型基金	81.902 552
大盘价值风格型基金	11.341 223	大盘成长风格型基金	80.140 757
大盘价值风格型基金	8.487 654	中盘成长风格型基金	75.624 462
大盘价值风格型基金	8.050 436	大盘平衡风格型基金	70.019 920
大盘价值风格型基金	7.207 891	中盘平衡风格型基金	69.774 670
大盘价值风格型基金	7.177 033	中盘成长风格型基金	66.606 335

市值-风格属性（2014 年报）	2014 年单年度回报率（%）	市值-风格属性（2013 年报）	2013 年单年度回报率（%）
大盘价值风格型基金	60.252 168	大盘成长风格型基金	48.667 100
大盘价值风格型基金	40.936 255	大盘成长风格型基金	41.415 698
大盘价值风格型基金	39.960 435	大盘成长风格型基金	28.800 989
大盘平衡风格型基金	38.086 792	中盘平衡风格型基金	28.242 424
大盘价值风格型基金	32.331 606	大盘成长风格型基金	27.963 176
小盘平衡风格型基金	28.355 388	大盘成长风格型基金	18.255 955
大盘平衡风格型基金	21.440 765		17.434 921
大盘成长风格型基金	21.026 654	大盘平衡风格型基金	17.401 961
中盘成长风格型基金	20.019 627	大盘成长风格型基金	15.580 156
大盘价值风格型基金	18.500 654	大盘平衡风格型基金	13.067 313

图 3-8　2010—2020 年排名前 10 的基金（续）

市值-风格属性（2012年报）	2012年单年度回报率（％）	市值-风格属性（2011年报）	2011年单年度回报率（％）
大盘成长风格型基金	24.970 273	中盘平衡风格型基金	-13.890 769
大盘价值风格型基金	8.312 621	大盘成长风格型基金	-15.055 951
大盘成长风格型基金	6.167 979	大盘成长风格型基金	-17.647 651
小盘平衡风格型基金	5.633 803	大盘成长风格型基金	-18.190 661
大盘成长风格型基金	5.138 430	大盘平衡风格型基金	-19.393 636
大盘平衡风格型基金	4.994 301	大盘价值风格型基金	-21.068 120
大盘平衡风格型基金	4.523 241	大盘成长风格型基金	-21.694 018
大盘成长风格型基金	4.276 208	大盘平衡风格型基金	-24.027 916
大盘平衡风格型基金	3.970 678	大盘成长风格型基金	-24.087 657
大盘价值风格型基金	1.441 841	大盘平衡风格型基金	-33.563 600

图 3-8　2010—2020 年排名前 10 的基金（续）

资料来源：Wind。

如图 3-9 所示，对比近 11 年普通股票型基金排名前 10 的产品我们发现：首先，每年基本上都不是同样的面孔；其次，我们之所以说看业绩要看长期，就是因为在一些特别的年份，受到大盘的影响，股票型基金的绝对收益也难以让人满意。特别是 2018 年和 2011 年，排名靠前的基金竟然都是负收益，因为这两年沪深 300 指数的年跌幅分别是 -25.01% 和

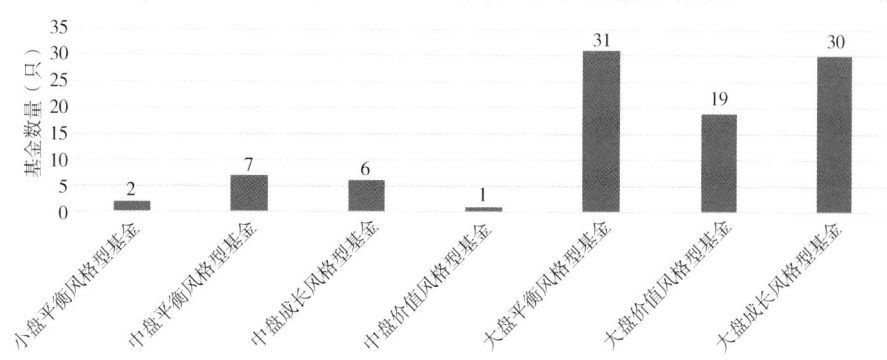

图 3-9　近 11 年年度排名前 10 的普通股票型基金市值-风格统计

（2010 年 1 月 1 日—2020 年 12 月 31 日）

资料来源：Wind。

-25.31%，大盘表现如此，那么基金表现也就可以理解了，况且这些基金基本上都跑赢了当年的沪深300指数。

此外，还有一个现象值得大家关注，那就是大盘平衡风格型基金和大盘成长风格型基金，在年度前10名基金的占比遥遥领先其他基金。

> 理财嘉网友
> 买了基金以后每天都盯着大盘看，周六、周日休市也会想着看两眼，期待着周一快点到来。

理财嘉交流园地

客户来信

那些金牛基金，为什么一到我手上就不牛了

老师您好：

我是从2018年开始买基金的，之前一直都在股市。

2019年以来，我的基金账户收益率明显比股票账户的收益率高，虽然还是在股市里放的钱更多，但是现在也开始逐步往基金里转。

2020年基金市场挺火热的，我持有的基金都给我赚了钱。但是我发现我跟着大家一起买的市场上的爆款基金，业绩并没有比我之前买的基金好多少。

特别是对于我这样的普通基民，对基金经理和基金公司没有特别深入的了解，专业能力也有限。我看到很多家公司或者平台的宣传都是"××金牛基金经理""××座金牛奖基金""大满贯好基"等，就跟着买进去了。

我的想法很简单，获过奖的基金总体上应该比没获过奖的基金要好，获过奖的基金经理肯定有他们的过人之处，否则也不会拿这些奖。

但是，2021年年初我买的一些金牛基金经理发行的基金，收益远不及我的预期。市场上的金牛基金很多，每次我看到推荐的产品买进去，就发现这些产品不"香"了。比如某个产品去年涨了100%，结果我从年初买到现在结果还是负的。

是因为这些基金经理江郎才尽了？还是市场风格切换了他们不适应？还是因为大盘要向下调整今年不适合买基金了？

期待得到您的解答。

天天基金网　基民＊＊

回 信

为什么鼓励大家长期持有？因为时间会熨平波动

基民＊＊：

您好。感谢您对嘉实基金的关心和支持。

我们知道，金牛基金奖、金基金奖和明星基金奖都是由业内权威的投顾机构、头部券商、严肃媒体等机构评出，其权威性和公信力是毋庸置疑的，否则也不会有那么多基金经理会以获得这些大奖为殊荣了。

但是，为什么会出现一买了金牛基金，这些基金就不再"牛"的情况呢？这其实并不单单发生在您身上，我们的很多客户都遇到过这样的问题。之所以会这样，我们认为主要有以下三方面原因：

第一，任何奖项都只代表过去的辉煌，但很难预测以后的业绩。所有的基金宣传材料也都会写"过往业绩不代表未来"，但是我们很多时候本能地认为过去业绩好，未来业绩也不会差，特别是获过奖的，所以愿意跟着获奖名单或排行榜买。这就是导致您说的"牛基买入后不牛"的根本原因。

第二，持有时间太短。不管是基金公司还是销售平台，可以说都是鼓励大家长期持有基金的。我们的理财两大定律也反复论证了时间对于理财的重要性。之所以基金鼓励长期持有，是因为基金是一揽子股票的组合，基金的涨跌幅速度都是落后于股票的，要想享受到基金理财的收益，没有一个相对较长的时间是难以做到的。

还有一点就是之前提到的两个错配，特别是个人投资者持有基金的时间和基金经理管理基金的时间之间的错配。个人投资者持有基金往往是以月甚至天为单位，而基金经理管理基金一般都是以年为单位。这就导致我们对于基金净值波动的敏感性远大于基金经理。

比如某位基金经理管理了某个产品5年，并且在过去5年里获得了超过200%的回报率，那么对于他来说有几个月的时间净值不涨甚至回撤是完全可以接受的，而且这本身也不是基金经理能够完全决定的。但是对个人投资者来说，如果持有的某个产品连续1个月都在横盘甚至阴跌，那么大概率是要赎回的。

这个问题怎么解决？尽可能地长期持有。持有的时间越久，不仅越能熨平波动带来的风险，而且越能够和基金经理的视角一致，越能够分享这个基金产品长期的收益。

第三，选错了产品。我们说的另一个错配就是投资者、理财目标和基金的错配。比如您是一位偏保守的投资者，却希望获得超过20%的年化投资收益率，进而选择了股票型基金。股票型基金的收益虽然高于纯债券型基金金或二级债券型基金，但是风险和波动也同样较高。一旦遇到市场的震荡或者回调，很容易让投资者心里没底，进而拿不住手头的基金。而我们知道，基金净值的涨涨跌跌是再正常不过的事情，但是怎么看待这种涨跌却不是一件简单的事。

最后，您提到了2019年买入基金给您带来不菲的收益，但是2021年买入的基金却没有。我们不提倡或者不建议大家做择时，但也必须要承认买入的时间对于我们投资业绩和回报是有较大影响的。比如在市场底部或者某一板块估值较低的时候买入，相对会更好一点。

从市场环境来看，无疑2018年、2019年的市场要比2020年和2021年更利于买入。不建议大家过度关注买入时点，不是它不重要，而是这个时点很难把握，究竟什么是市场底部，主观性太强，不好判断。

您还提到了收益预期。我国权益类基金的平均年化收益率为15%~20%，和一些翻倍基相比确实低了点，但是翻倍基常有而能持有到基金翻倍的投资者不多，这就是大家经常诟病的基金挣钱但基民不挣钱。因为很多时候，我们持有的时间太短，在这么短的时间内根本没有办法享受到基金经理专业选股和赚取α收益能力的优势。

另外，您对基金收益不满意，除了持有时间可能也和理财目标和定位有关。我们反复强调一个"锚"的概念，就是理财收益要有一个参照。您购买的不知道是固收类基金，是"固收+"基金，还是权益类基金，不同的基金品种，其风险收益和波动都是有较大区别的。

　　理财是一件充满不确定性的事。我们要做的就是尽可能将不确定性降到最低，只有这样，我们才能更好地管理风险，赚取收益。

　　理财是一件专业性很强的事。我们可以通过学习提高认知，也可以寻求专业的理财顾问帮助我们更好地处理理财过程中的一些问题。

　　在理财中有三点可以确定：第一，耐心持有，时间会带给我们应得的回报，这是对我们耐心的奖励；第二，正确认识产品，这个世间不存在同时满足安全性、流动性和收益性的理财产品；第三，理财是向内寻，产品的过往业绩有一定的参考意义，但是和产品未来走势没有直接关系。

　　希望这些可以帮助到您。

　　祝好。

理财嘉油站

第四章

理财第一原则：保住本金

> 不论什么样的理财产品，保住本金才是第一位。只要本金还在，那未来早晚会有挣钱的时候，但如果连本金都没有了，还谈什么赚取收益呢？在投资理财中，我们应该做的是通过资产组合配置尽可能地保住本金，在此基础上才能合理追求高的总收益率。

第一节　保住本金才能谈收益

> 我的三大投资原则：第一保住本金；第二保住本金；第三谨记第一条和第二条。
>
> ——（美）沃伦·巴菲特

古人云：兼听则明，偏信则暗。生活在纷繁复杂的世界，碎片化的信息实在太多，人们常常"无知者无畏"。

2020年，上海的陈先生迎娶张女士。婚前考察男方有房有车，证件齐全，标准的好丈夫，婚后张女士却发现丈夫生意场上早已负债累累，于是追悔莫及。因为只知其一，不知其二，张女士无辜陷于被动。

其实，投资者也常常容易"一叶障目，不见泰山"。2021年，在嘉实基金给某银行客户的培训会上，顾问老师问："在座的各位去年投资基金收益率如何？"一名客户举手说："86%！"其他的客户纷纷投来羡慕的目光。顾问老师接着问："您买了多少？"该客户一脸自豪地回答道："买了5000元，持有了308天，昨天刚赎回！"顾问老师说："308天赚到了86%，也就是4000多元钱，差不多每天赚15元。"为了这15元，客户每天刷新闻，看净值，四处逛论坛，去分析、研究是否要赎回，真的很累。还不如直接投入10万元，买一个收益率为4%的理财产品，什么都不用操心，一年也有4000元。

这个真实案例告诉我们：理财投资不能只看收益率，抛开本金谈收益率不过是自娱自乐罢了。

不看本金谈收益率，就是自欺欺人

理财的终极目标是要实现财务自由，所以最终能获取多少收益才代表

> 理财嘉网友
> 自从买了基金，就不太喜欢过周末了。

你的实际购买力,而收益=本金×收益率,只谈收益率不谈本金的理财是自欺欺人。

风险和收益率成正比,这是理财投资存在的一个普遍规律,但如果进一步讲,风险和本金常常成反比。风险越大,本金投入往往越少;风险越小,本金投入往往越多。如图4-1所示,我们统计了四类基金的总体规模。

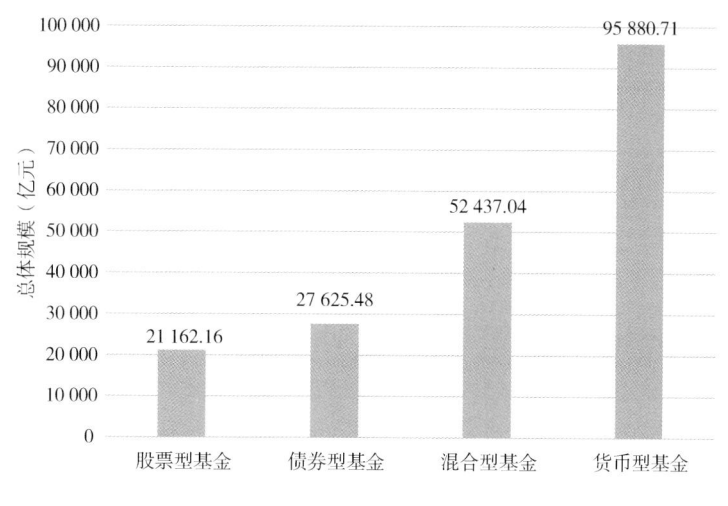

图 4-1 四类基金的总体规模

资料来源:中国证监会。数据截至2021年4月30日,基金数量统计不含已向证监会报送清盘的基金。

数据显示,按照规模排名,货币型基金的总体规模最大,为95 880.71亿元,其后是混合型基金的52 437.04亿元、债券型基金的27 625.48亿元,最少的则是股票型基金的21 162.16亿元。

可能会有人产生疑问:股票型基金收益那么高,为什么投资者不愿多投一点本金进去呢?说到这里,就涉及一个核心问题:基金赚钱,买基金的投资者就一定赚钱吗?

给大家看一组数据:2020年年初蚂蚁金服和《中国基金报》等联合发布《权益类基金个人投资者调研白皮书》,其中的调查结果显示,有近39%的受访者称最近1年陷入亏损。亏损投资者中,半数亏损在10%以内，半数则超过 10%。这与近 1 年权益类基金的整体收益情况存在较大差距，要知道 2019 年可是中国基金史上收益最好的年份之一，普通股票型基金指数涨幅达到 38.70%。

产品的赚钱效应与投资者的获利体验之间存在着巨大的落差，问题究竟出在哪里？概括起来主要有两个方面的原因：第一个原因是，并不是每一种产品都能有非常好的表现，投资者可能没有买到好产品；第二个原因可能更关键，那就是即便买到了好产品，也可能拿不住。这是由资产各自的风险收益属性决定的，见图 4-2。

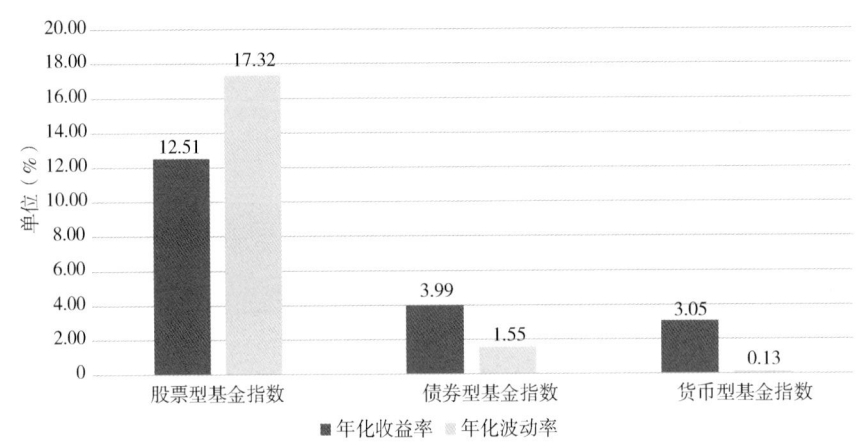

图 4-2　主要资产的风险收益属性（2016 年 6 月 4 日—2019 年 6 月 3 日）

资料来源：Wind。

从上图可知：股票的年化收益率最高，但是其波动率也最大；相反，产品收益率越低，其波动率也更小，因而拿着也更安心。所以，风险大小常常是投资者最终决定投入本金多少的关键因素，靠牺牲安全性换取收益率不是大多数投资者的选择。

总之，只有收益率没有足够本金保障的理财，由于保证不了收益，所以是不靠谱的。

关注资产的总体收益,而不是单个产品

有了资产组合配置,投资者理财的总收益率就是全部各类资产收益率的总和,所以我们不能用局部收益率衡量整体收益率。

比如,投资者在 2020 年做了如下理财配置方案:20 万元的股票类基金,年化收益率是 45%,该部分获得收益 9 万元;30 万元的混合型基金,年化收益率是 35%,该部分获得收益 10.5 万元;50 万元的债权型基金,年化收益率是 5%,该部分获得收益 2.5 万元;30 万元的货币基金,年化收益率是 2%,该部分获得收益 6000 元。综合计算,一共投入了 130 万元本金,全部收益为 22.6 万元,于是总体收益率是 17.38%。

以嘉实基金为例,投资者可以挑选适合自己的资产,包括股票型基金、混合型基金、债券型基金、货币基金等,然后进行打包组合配置。

嘉实基金旗下的投顾业务,汇聚投研精英团队的集体智慧,为理财人士提供五大增值服务,分别是:α 大类资产配置、α 股票小类配置、α 债券小类配置、α 股票型基金研究、α 债券型基金研究。

以智盈慧投投顾服务为例,从 2016 年 5 月 10 日起开始运作,截至 2020 年 12 月 11 日,共上线运作 119 期,期中 107 期顺利止盈。止盈的 107 期,平均运作时间 180 天,年化收益率 7.5%,大幅跑赢同期银行理财产品,见图 4-3。

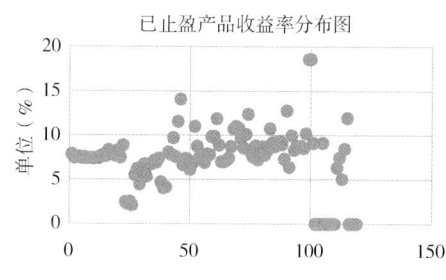

图 4-3 智盈慧投已止盈产品的收益情况

资料来源:嘉实基金、Wind。

另外，嘉实投顾推出的 FOF 基金，通过基金组合的方式实现资产配置方案，典型的基金组合如嘉实养老 2040。如图 4-4 所示，2019 年 3 月—2020 年 9 月，嘉实养老 2040 组合取得近 40% 的收益率，在同类排名中处于第一位。

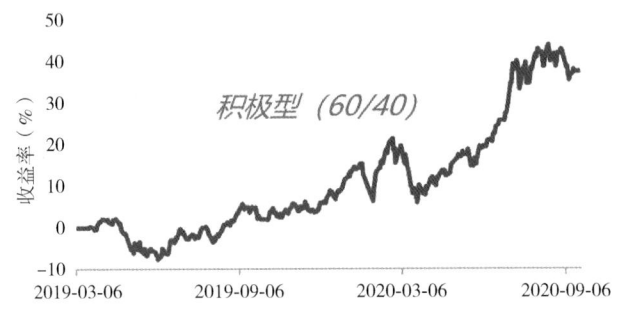

图 4-4　嘉实投顾推出的嘉实养老 2040

资料来源：嘉实基金、Wind。

不过，根据各季度披露的前十大配置基金来看，有的基金持有期间收益率较高，有的基金持有期间收益率较低，见表 4-1。

表 4-1　嘉实养老 2040 组合的前十大配置基金

序号	基金代码	持有期间涨跌幅（%）
1	512660.OF	33.08
2	110008.OF	3.38
3	485111.OF	-1.26
4	166001.OF	8.67
5	002168.OF	145.36
6	001938.OF	23.67

资料来源：Wind，以季度为起始和截至日计算。

所以，通过这一案例可知，单个基金产品的收益率并不能代表整体资产的收益率情况。所以，如果你打算做专业的资产配置，建议多关注整体产品的总收益率，而不是单个产品的收益率。

第二节　聪明人管理本金，永远会留有余地

> 冒险可以，但当你冒险时，不要孤注一掷。
>
> ——乔治·索罗斯

我们为什么要理财？

有人说理财是为了变得富有，有人说理财是为了供孩子上学，还有人说理财是为了给自己养老……理财的目的，决定你的幸福指数。

把发财当成目的，往往会被金钱绑架。只有把理财当成工具，助你提升生活品质，你才是主人。通过理财，你可以告别无休止的加班，换一份更喜欢的工作，来一场说走就走的旅行；通过理财，你可以给孩子更好的读书环境，给爱人、父母更好的生活条件；通过理财，你还能开创一份属于自己的事业，用激情点燃梦想，实现自我价值。

理性地讲，"理财就是理生活"，是为了追求一种平衡，现在与未来、工作与家庭等的平衡。

不要重仓，拒绝"All in"

奥斯卡经典影片《当幸福来敲门》里面有一个片段让人记忆非常深刻。主人公克里斯把所有积蓄都投在了医疗器械上，由于销售情况非常不理想，导致家庭财务陷入危机，先是妻子离开了他，接着他被房东赶了出来。克里斯和儿子不得不夜宿在地铁站的卫生间里。狭窄的卫生间里，克里斯的儿子睡得很香。晚上一阵阵急促的敲门声，让克里斯惶恐不安，他用手捂住儿子的耳朵，用脚抵住卫生间的门，生怕外来的干扰影响了儿子的美梦……

每次看到这里,都让人有一种揪心的痛,因为财务危机,连给孩子一张睡觉的床都是奢望。

很多人总喜欢抱着"发财梦"去理财,习惯用"线性思维"去思考未来。一些投资者觉得,之前投2万元都赚了50%,要是再投200万元,岂不是能赚100万元?他们觉得今年已经赚了50%了,明年再赚个50%,后年再赚个50%,钱来得就很快了。

其实,哪有这么容易的事情。如图4-5所示,根据Wind开放式基金分类,过去10年中,在有数据统计的全部股票型基金中,年化收益率超过20%的基金为0只,年化收益率超过15%的基金也只有4只,占全部107只股票型基金的比例只有2.80%。混合型基金样本一共有410只,年化收益率超过20%的只有9只,占比为2.20%;年化收益率超过15%的基金只有98只,占比为23.90%。所以,长期来说,想要持续获得高收益困难极大、概率极低。

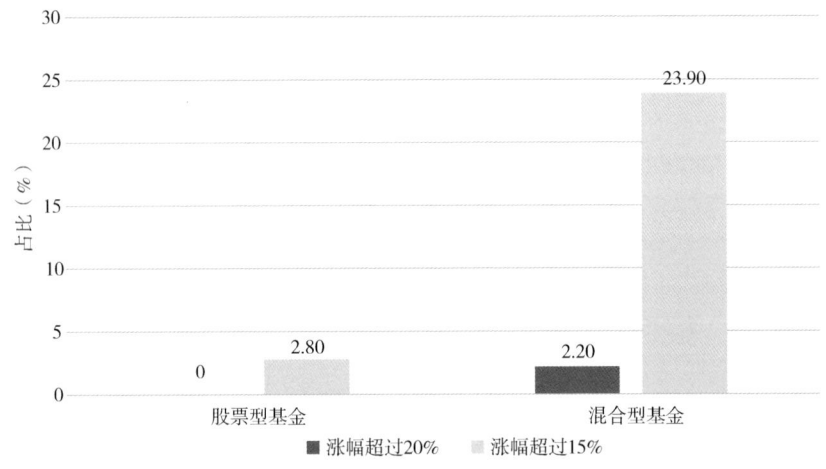

图4-5 股票型基金和混合型基金持续获得高收益的概率

(2011年6月7日—2021年6月6日)

资料来源:Wind。

有人反问,基金经理不是经常讲复利的威力吗?以10为起始数字,然后按照不同的百分比复利,每次交易盈利5%,30次下来便能达到43.22,

---

理财嘉网友

上星期一同事前一句说他太无聊在看"陈情令",问我是不是还抵制肖战,后一句就抱怨买了蚂蚁基金,估计退不了。我真的是唯物主义者啊。

翻了4.322倍；每次盈利10%，30次下来便能达到174.49，翻了17.449倍。次数越多，百分比越高，产生的数字越大。复利曲线走势见图4-6。

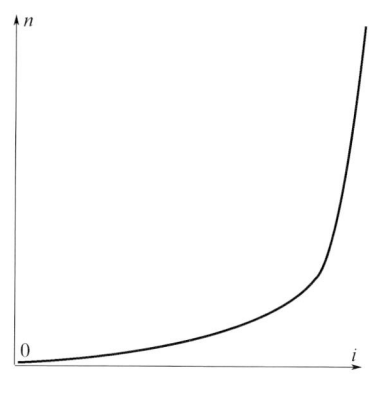

图4-6　复利曲线走势示意

但是复利有一个前提，就是得找到一个可以持续增值的标的。有一个投资者，本金100万元，2020年炒股最高峰赚了180万元，觉得自己很有炒股的天分，于是把工作辞了全职炒股。接下来就是每天早上9点就坐在电脑前等开盘，一直到收盘之后才联系得上。经过时间的"复利"，几个月反而亏掉了150万元。

做好资产配置

下面，让我们一起来回答两个问题。

问题一：当你手握1万元去理财的时候，你最在乎什么？

最常见的答案：当然是收益率了。因为本金太少，所以配置高收益的理财产品才更有意义。

问题二：当你手握1000万元去理财的时候，你最在乎的又是什么？

最常见的答案：当然是本金的安全性了。这么多本金，随便波动1个点就可能是10万元的损失。

所以，理财远不止获得收益那么简单，本金的多少常常决定了你的思维。关键时刻，除了收益率，本金的安全性、赎回的便利性也很重要。

拿本金的安全性来说，波动大就很考验投资者的忍耐力。想象一下，如果你有1000万元本金投资股票型基金，股票的日内波动随随便便就是几个百分点，可能对应几十万元的损失，你的心脏受得了吗？要降低波动，可以通过配置稳健的固定收益类基金来实现，让你拿得住、睡得香。

有句话叫"一分钱难倒英雄汉"，所以本金赎回的便利性也很重要。假如你是一位经营者，每个月不但要给员工发几千万元的薪水，还要为公司稳定经营储备充足的现金流，那就必须做到未雨绸缪，做到活钱随取随用。还有我们生活中常见的大额消费，比如准备买房、买车、结婚、开店等，都需要准备一笔活钱应急备用。这部分资金怎么解决呢？可以配置现金管理类基金。

一般情况下，常见的四类理财资产的波动性和流动性呈现如图4-7所示的关系。

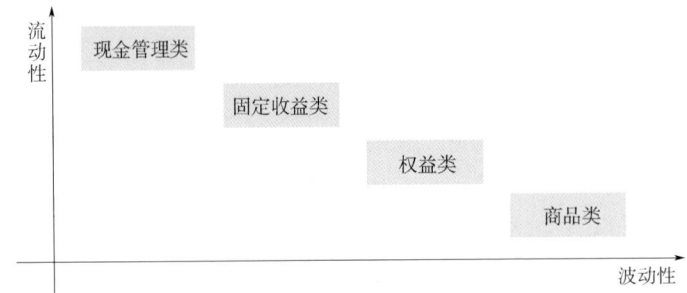

图4-7 常见的四类理财资产的波动性和流动性

可见，不同资产的收益性、安全性和赎回便利性大不相同，所以真正的高级理财往往涉及多项需求，最终都绕不开一个核心话题——资产配置。

什么是资产配置？简单来说，就是"资产+配置"。资产按照投资品种分为权益类、固收类、现金管理类和商品类，按照地域分为国内和国外，按照投资期限分为短期、长期，等等。配置就是把手中的钱按照一定的比例或者标准分别投给这些资产，通常是将资产在低风险、低收益证券与高风险、高收益证券之间进行分配，以满足投资者的多样化需求。

先锋领航（Vanguard）发布的《中国智能投顾白皮书》显示，资产配置是投资收益的决定性因素，收益贡献占比超过 80%，且该比例仍有上升趋势。所以，理财产品不要太在乎单个产品的收益率，而要关注所有理财产品总的收益率。

然而，资产配置是一项复杂而专业的工作，绝非一蹴而就之功可成。下面介绍一种常规的资产配置方案，它根据投资者的风险偏好和所投资产的过往特性进行匹配。

第一步，将投资者和所投产品进行分类并匹配。

金融机构会根据投资者对风险的态度和承受能力将其分成 C1～C5 五种类型（风险偏好由低到高），就是我们平常常说的保守型、稳健型、平衡型、成长型和进取型投资者，也会将所投资产组合所形成的产品分成 R1～R5 五种类型（组合风险由低到高），然后进行匹配。比如，C5 进取型的投资者可以不受限制，投资 R1～R5 五种类型的产品；而被界定成 C1 保守型的投资者往往只能投资 R1、R2、R3 等风险相对较低的产品类型。当然，在实际操作中也会有差异，比如虽然是保守型投资者，但也可以配置一部分风险系数高的产品类型，只是在比例上要进行严格限制。我们将在第五章第三节进行具体介绍。

第二步，根据投资者分类匹配不同的权益类资产的投资比例。

针对保守型投资者，配置权益类资产也就是股票类资产的基础比例一般为 20%。相应地，稳健型投资者为 30%，平衡型投资者为 40%，成长型投资者为 50%，进取型投资者为 60%。当然在实际投资过程中，投顾机构可以根据环境的变化和对投资机会与风险的判断，在此基础上进行超配或低配的微调。既然是微调，就决定了这个调整的比例不能超过 20%。

有了这些匹配过程，投顾就可以做资产配置了。如图 4-8 所示，在实际执行过程中，资产配置通常会分成四大步骤：一是根据投资者与资产类别匹配程度所做的战略资产配置；二是根据宏观环境变化微调投资比例的战术资产配置；三是从资产到产品落地的产品配置；四是动态再平衡。

经过资产配置方案组合后的资产，其风险收益特征就会大不相同。以

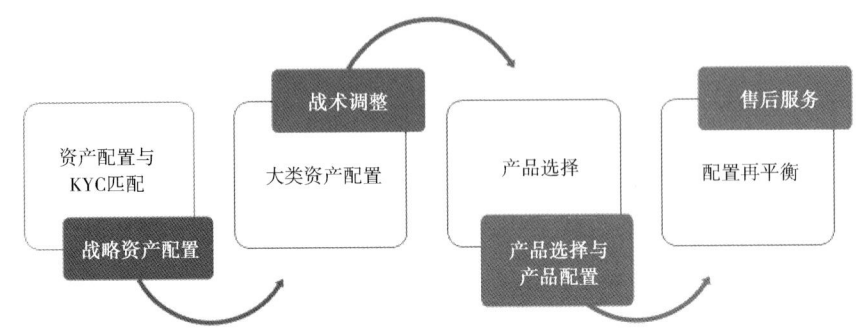

图 4-8 财富管理端的资产配置方法论

混合型基金为例,其同时配置有股票和债券,根据不同的股债配置比例,可以细分为三类:偏债混合型基金、灵活配置型基金和偏股混合型基金。根据 Wind 数据,2016—2020 年,以上三类资产的风险收益率特征见图 4-9。

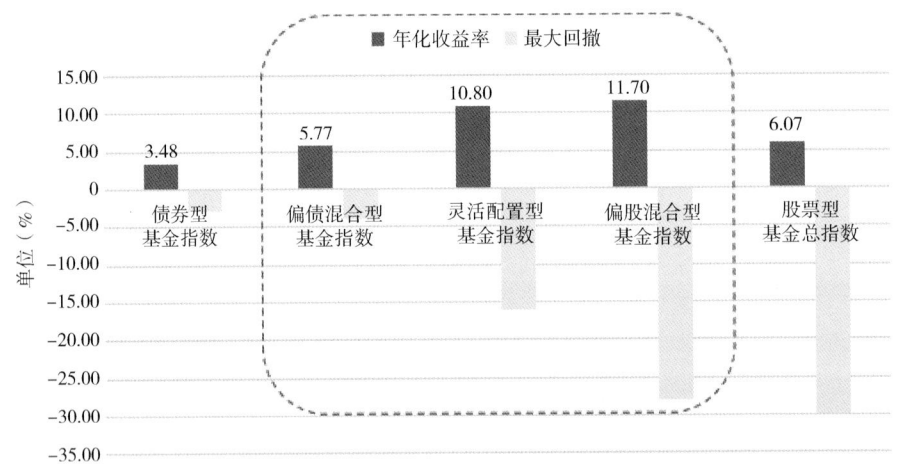

图 4-9 三类混合型基金的风险收益率特征(2016 年 1 月 1 日—2020 年 12 月 31 日)

资料来源:Wind。

从上图中还可以看出,混合型基金的收益率、风险特征基本介于债券型基金和股票型基金之间,其配置股票资产越多,收益率相对越高,波动也会加大。于是,通过资产配置更容易找到适合投资者个性需求的组合资产。

理财嘉网友

若不是为了斗气,从去年后期起用 8 万元买基金也能赚 12 万元了,手机、电视机能自己买了。现在买基金不亏 8 万元就算好了。

理财嘉交流园地

客户来信

面对市场风险,大资金保值增值难度大

老师您好:

我现在手里有一笔钱,准备买咱们公司的产品,想请嘉实投顾帮我分析一下。

我是做服装生意的,自己有工厂,但这些年生意难做,想必你们也有所了解。我们这行市场已经饱和,加上人力成本上升太快,好多同行都坚持不住了,有转行的,有搬到国外的,还有的干脆把工厂卖了。我之所以还坚持着,是因为我是一个很谨慎的人,之前银行贷款一直控制得比较好,所以在成本上还有点优势,可以继续撑着。

不过,2020年以来新冠肺炎疫情肆虐全球,短期看很难清除。我暂时也不打算扩大规模,所以准备抽出300万元买点适合长期投资的理财产品,2~3年期限的都可以考虑。我也问过身边的朋友,不少人建议我买股票类基金,理由是既有政策方面的鼓励,也有居民储蓄搬家的利好,观点都有些道理。

实话说,最近两年股市行情确实还不错,公募基金的整体回报率比我们做实业的高多了!不过,我还真不羡慕,因为内心里还是不放心。我想知道,实业那么难做,企业赚钱那么难,股市上涨的逻辑是什么?不会又是泡沫行情吧?脱离实体经济的股市繁荣能持久吗?

跑了多年的实业江湖,我知道投机取巧不是长久之计。股票投资没有做实业稳当,好一年坏一年的,冲动不得。我看了一下,2021年以来股票

型基金回报参差不齐，内部分化越来越大，相比2020年差了好多。我个人还是倾向于买点债券型基金，心里比较踏实，就是收益率不高，要知道我从银行抵押贷款的利率至少都要6%呢！

展望未来，股市已经让投资者赚了两年的钱，接下来入场风险大不大？我这300万元也是一笔不小的数目，持有2~3年，如何获得一份稳健的收益？

请问老师，您怎么看待当前的市场？

理财嘉客户 ＊＊先生

回　信

面对风险，做好资产配置，盯住本金的总体收益率

＊＊先生：

您好！首先非常感谢您一直以来对理财嘉的信任。作为一家老牌基金公司，我们拥有一支高素质的专业团队，我们真诚地愿意为客户分忧解难，与客户一起成长。

认真阅读完您的来信后，我们对您的情况有了一个基本的认识，也认真梳理了您的理财需求，总结起来您可能存在以下三方面的顾虑：

第一个顾虑，股市经过连续两年的上涨后，您认为当前的风险不容忽视。关于股市风险的问题，目前市场对后续行情走势确实有分歧，各机构对多空的争辩也很激烈。其中大家聚焦最多的点就是极端的结构性抱团行情带来个别板块的估值风险，比如2019年以来涨势较好的热门赛道，如食品饮料、电子、电气设备、医药生物等板块。

如图4-10所示，根据统计数据，2019年1月1日—2021年6月25日，白酒板块涨幅最大超过2倍，板块市盈率处于81.36%，这是一个比较高的位置；电子板块在同期有近1.5倍的上涨，主要受益于数字化经济拓展、5G以及国产替代的利好，半导体细分领域利润增速很高，所以目前电子板

块的整体市盈率只处在45.76%，没有超过历史中位数，仍然处于相对合理区间。另外，应用在光伏、锂电池领域的电气设备，疫苗领域的生物医药都是当下热门产业，板块涨幅也很好，中长期仍然值得期待。

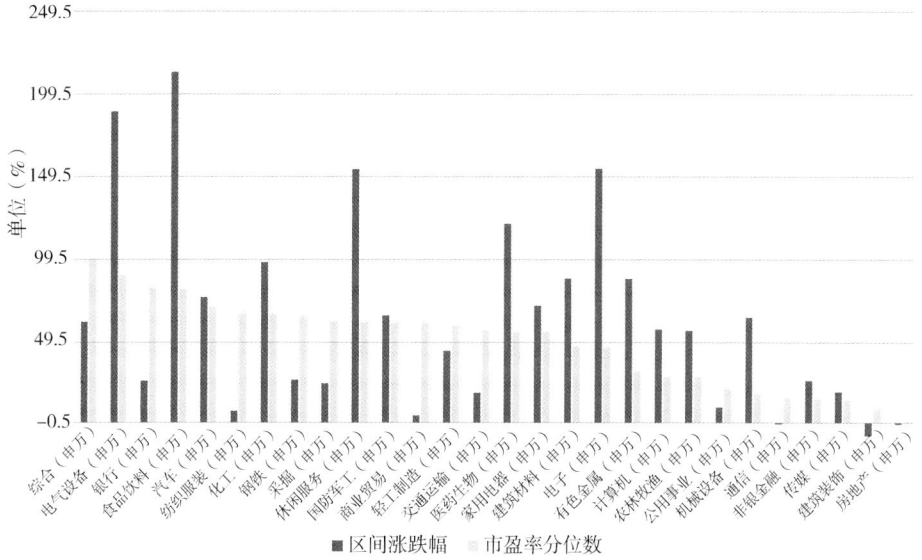

图4-10 申万一级行业涨跌幅与市盈率分位数统计

资料来源：Wind，涨跌幅数据区间2019年1月1日—2021年7月2日，市盈率分位数取2021年6月25日。

您在信中说，服装行业生意难做，在上面的数据中确实有体现，比如申万纺织服装行业2019年以来的涨幅只有7.07%，表现是很靠后的。

对比研究全部28个行业涨跌幅数据，除了以上热门赛道以外，其他多数板块的累计涨幅并不大，有很多板块市盈率处于中位数以下。所以，从估值的角度来看，目前的市场是分化的，结构性的风险和机会并存，整体风险处于可控范围。

您的第二个顾虑，2021年以来公募基金业绩出现分化，您的本金300万元投资股票风险大。2021年以来，公募基金业绩分化确实是事实，根据Wind数据，截至2021年7月5日，在有数据统计的566只普通股票型基金中，收益率为负的基金为179只，占比31.63%；收益率超过5%的基金有225只，占比只有39.75%；收益率超过10%的基金只有116只，占比20.49%。看得出，年内大部分股票型基金的收益率都不是很理想。

通常，本金多的投资者对资金的安全性要求会更高，这点许多投资者跟您一样，我们不能抛开本金谈收益率。在权益投资分化加大的背景下，如何规避大资金的风险确实很重要。我们的观点很明确：本金多了，要做资产配置。根据您个性化的理财需求，嘉实投顾建议：不要为了收益率去孤注一掷投资权益类资产，应该做好风险预案，通过建立资产组合来降低风险。

您的第三个顾虑，站在当下，您偏向于稳健型的债券投资，不过因为债券型基金产品的收益率比较低，目前实现保值增值的难度大。作为一位稳健的实业家，您考虑稳健型投资是很有道理的，毕竟您的本金是300万元，如果少收益2个百分点，那就是6万元，确实是一笔不小的数目。如果全部本金都用于债券型基金投资，将来的收益率很可能不高。根据Wind数据，2018—2020年，中长期纯债型基金的平均年化收益率只有4.48%，远低于您从银行获取的抵押贷款的利息6%。所以，您可以接受的预期收益率应该定在8%。

这个收益率目标仅靠持有债券型基金很难实现，还需要结合收益率更高的权益类资产。根据Wind数据，2018—2020年，普通股票型基金的年化收益率为21.11%，同期偏债混合型基金的年化收益率也有8.20%，远远高于债券型基金的收益率水平。另外，考虑到您的这笔资金投资周期是2~3年，对资产流动性和短期的波动要求也不用很高，配置一定比例的权益类资产是很合适的。

您不用在意债券资产的收益率过低，或者股票资产的风险过大的问题。您最终资产的风险收益特征由股票型基金和债券型基金两部分共同决定，即在中长期收益率相比债券型基金更高，而风险波动率相比股票型基金更小。

希望这些建议可以帮到您。祝您投资愉快。

理财嘉油站

第五章

做时间的朋友，理财要有长期投资理念

> 理财目标的实现，不能靠一夜暴富，而是靠日积月累。从现在开始，放弃"买了就涨马上赚钱"的幻想，储蓄时间，把理财作为资金的终点站而非中转站。

第一节　理财是资金的终点站而非中转站

> 钱在这里从活跃的投资者流向有耐心的投资者,许多"精力旺盛"的投资者财富渐渐消失。
>
> ——(美)沃伦·巴菲特

2018年以来,随着注册制的深入实施,资本市场发挥优胜劣汰的定价功能逐渐被加强,由此带动资产管理行业进入一个比专业、比风控的全新发展阶段。这个阶段为专业化机构的崛起提供了契机,但对大多数散户而言却迎来生死考验。

以近3年的资本市场为例,一边是蓝筹股的强者恒强,一边是大量中小盘股的"跌跌"不休。图5-1显示了4128只A股在2018—2020年的累计涨幅区间分布。

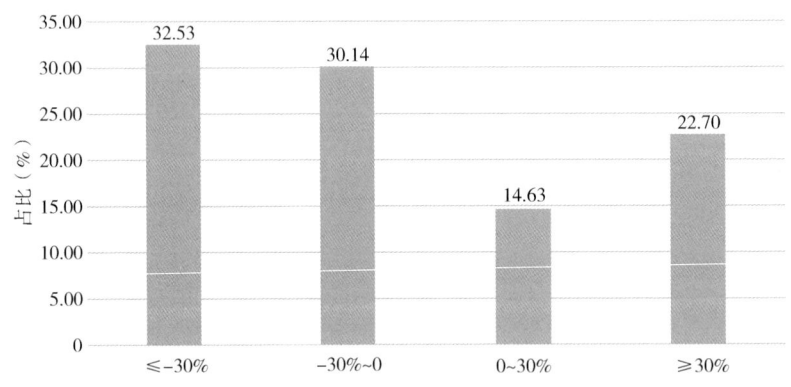

图5-1　2018—2020年个股涨跌幅区间分布

资料来源:Wind。

这样的剧烈分化行情,大幅增加了偏好择时的散户投资者交易的难度,根据中国证券投资者保护基金有限责任公司发布的《2019年度全国股票市场投资者状况调查报告》，2018年度盈利超过10%的自然人只占14.10%，2019年度也只占38.60%，见图5-2。

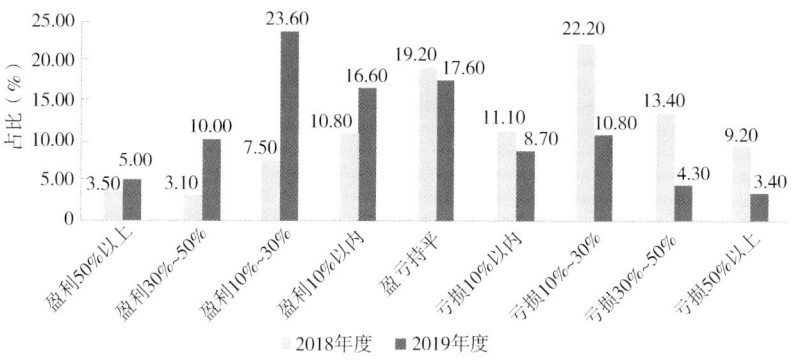

图5-2 2018和2019年度散户投资者盈亏情况

资料来源：中国证券投资者保护基金有限责任公司《2019年度全国股票市场投资者状况调查报告》。

即便是在2020年火热的股市行情下，根据腾讯新闻、腾讯证券、易观千帆和财联社联合发布的《中国股民行为报告》，仍然有超过40%的股民没有赚到钱，见图5-3。

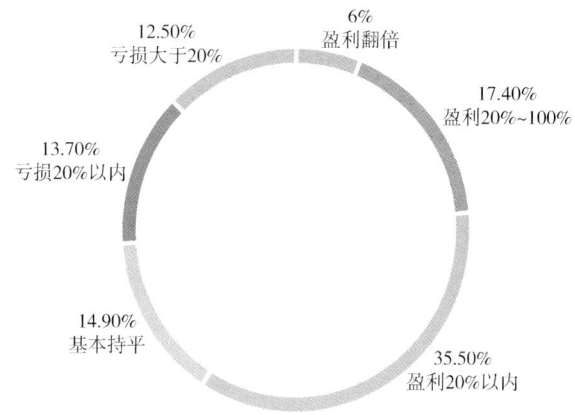

图5-3 2020年股民盈亏分布图

资料来源：腾讯、易观千帆、财联社《中国股民行为报告》。

公募基金却依靠稳定而专业的投资理念在市场中异军突起。根据 Wind 相关数据，过去 3 年间公募股票类基金（成立于 2018 年前）的平均加权净值增长率为 23.20%，年化净值增长率超过 10% 的数量占比近 75.88%。

个人和机构投资者业绩表现差距巨大的背后，究竟隐藏着哪些秘密？

长期持有有助于平滑波动风险

2020 年，根据蚂蚁财富、《中国基金报》、景顺长城基金联合发布的《公募权益类基金个人投资者调研白皮书》可知，个人投资者盈亏和投资的期限有很大的关系，见图 5-4。

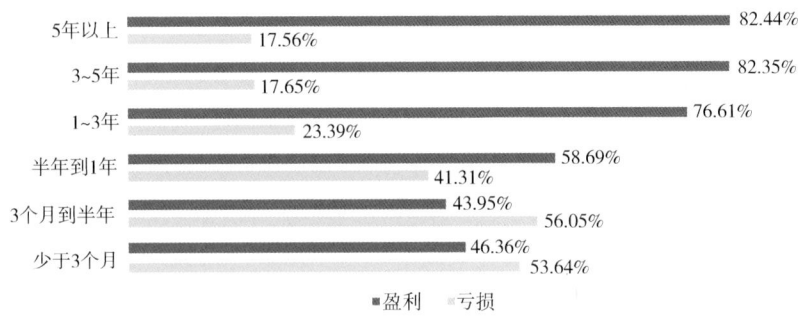

图 5-4　个人投资者实际盈亏与单只基金平均持有时间的关系

资料来源：蚂蚁财富、《中国基金报》、景顺长城基金联合会《公募权益类基金个人投资者调研白皮书》。

数据显示，个人投资者在单只基金上的平均持有时间越长，其盈利的概率越大；持有时间越短，亏损的概率越小。

个人投资者总喜欢做短线，频繁地快进快出，这导致他们踏错市场涨跌节奏的概率大大增加。那么，择时到底有多难呢？

著名金融经济学家、诺贝尔奖获得者威廉·夏普在其经典论文 *Likely Gains from Market Timing* 中曾尝试回答这个问题。他以年为回测频率，将标准普尔复合指数作为股市指标，把美国短期债券利率视为货币市场收益，并观察了 44 年（1929—1972 年）的美国市场状况。其结论是：如果投资

> 想冲动消费买个新手机，还好把钱买了基金。

者以年为周期进行市场预测，那么要战胜在股市中买入并持有的策略，需要达到74%的预测准确率。

74%的预测准确率意味着什么？按照威廉·夏普的统计，当时美国知名的股票预测专家中，没有一个人能够达到74%的准确率；华尔街有史以来最优秀的预测专家肯·费舍尔的准确率是66%，与74%仍然有接近10%的差距。

于是，华尔街流传一句经典语录："要在市场中准确地踩点入市，比在空中接住一把飞刀更难"，很大程度上此言非虚。

如果我们选择做长期投资，那么多长时间比较合适呢？通过对历史数据的统计，客户持有2年以上的盈利情况是会大幅改善的，见表5-1。

表5-1 客户持有2年以上盈利情况大幅改善

不同点位	持有满1年		持有满2年		持有满3年	
	平均回报率（%）	正收益比例（%）	平均回报率（%）	正收益比例（%）	平均回报率（%）	正收益比例（%）
3000~4000点	1.23	60.49	4.68	65.10	11.00	71.46
3000点以下	24.73	80.16	41.53	83.13	56.93	82.02
4000点以上	-7.76	50.34	-3.17	57.24	1.60	61.03

资料来源：Wind、贝书咨询，数据截至2019年12月31日。

对于一般投资者，建议做好持有1年以上的准备，如果能放2~3年当然更好。

近年来，很多基金公司都在增加发行封闭期在2年或3年的产品，也是出于长线投资的考虑。

从长远来讲，只要社会在进步、通货膨胀存在，股市就一直会上涨。在投资的路上，请相信"无为"的力量，做一名坚定的长期主义者。

通常来说，波动带来的回撤一共可以分为两种：一种是永久性的，说明公司出现了问题，不能再持有；另一种是阶段性的，如果是好公司，那么股价早晚会涨回来。很多优秀公司都经历过60%~70%的下跌，实际上这样的下跌是最好的买入点。比如，2008年次贷危机期间，微软、苹果等美股的股价都经历了巨幅下跌，区间振幅皆超过 50%（统计区间：2008 年 1 月 1 日—2009 年 3 月 31 日）。

在 A 股市场也有类似的结论。根据 Wind 数据，筛选过去 1 年、3 年、5 年、8 年中年化回报率最好的股票型基金前 20 名，分别计算其年化波动率同类排名均值，结果见图 5-5。

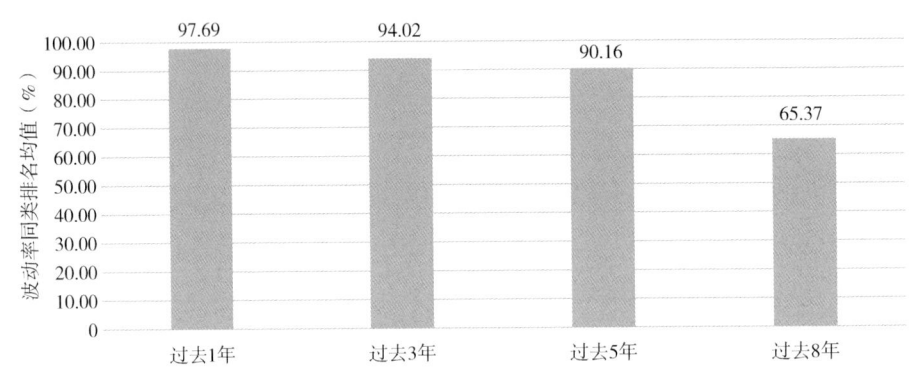

图 5-5　前 20 名股票型基金波动率同类排名均值统计

（2013 年 6 月 16 日—2021 年 6 月 15 日）

资料来源：Wind。

根据最终数据，这些股票在这 4 个时间段的波动率同类排名均值均大于 60%，即波动率排名处于 3/5 以外。所以，不管是短期、中期还是长期投资基金，投资者要获得更高的收益率，必然要面对更大的波动率，所以投资者要做好经受短期大幅回撤的准备。对于适合长期持有的好基金，每一次回撤都是一次低位加仓的好时机，不妨把握难得的"牛回头"机会。

这些类型的基金适合长期持有

既然长期投资比较好，那么是否所有的基金都适合做长期投资呢？请看一组案例：

2011 年 2 月，投资者 A 买入沪深 300ETF（510300），在长期持有 5 年后，到 2015 年 5 月，他的累计收益率高达 60%；2015 年 6 月，投资者 B

购买××"互联网+"基金,也持有近5年,目前仍然亏损50%以上。

为什么两个人的收益回报会有如此大的差别?沃伦·巴菲特说:"投资就是找到很湿的雪和很长的坡,很长的坡就是通过长期投资带来复利效应,最终享受时间的玫瑰。"所以,坚持长期投资的前提就是要找到"很湿的雪",也就是好的投资标的,否则,时间越久,你的亏损可能越大。下列三种类型的基金适合投资者长期持有:

一是大消费类基金。根据Wind数据,我们统计了2011—2020年10年间28个行业(申万一级分类)的年化涨跌幅数据,见图5-6。

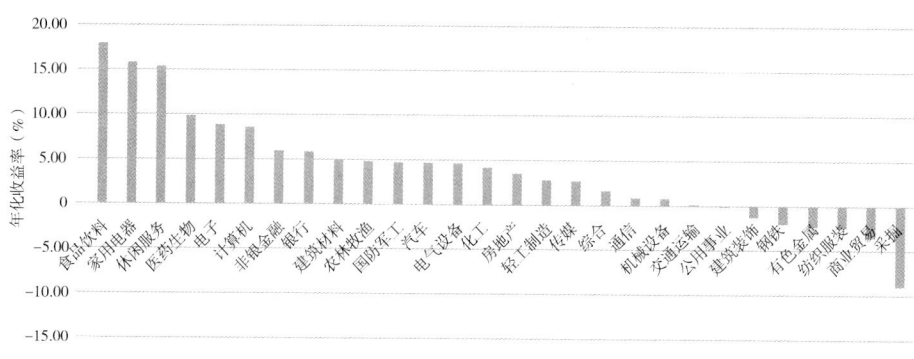

图5-6 2011—2020年申万一级行业年化收益率排名

资料来源:Wind。按照申万一级行业分类。

可以看出,过去10年间,申万一级行业中涨幅排在前5名的行业分别是食品饮料、家用电器、休闲服务、医药生物和电子。它们有一个共同的特点,都属于大消费领域。消费伴随人的一生,只要活着就必须吃喝、生病了就必须医治,这些行业是人们赖以生存的基础,所以相关行业往往可以经久不衰,表现出很强的穿越周期的能力。

好的投资标的通常和人的衣食住行密不可分,所以在过去10年中这些行业都给投资者带来了丰厚的回报。因而,与这些行业相关的ETF基金、行业指数、主题基金都属于很好的投资标的。

二是宽基指数基金。宽基指数基金也是很好的投资标的。比较典型的宽基指数,如上证50、沪深300等都涵盖多个行业,成分股都是各行业的代表性企业且会定期更新代谢,长期回报也很可观,见图 5-7。

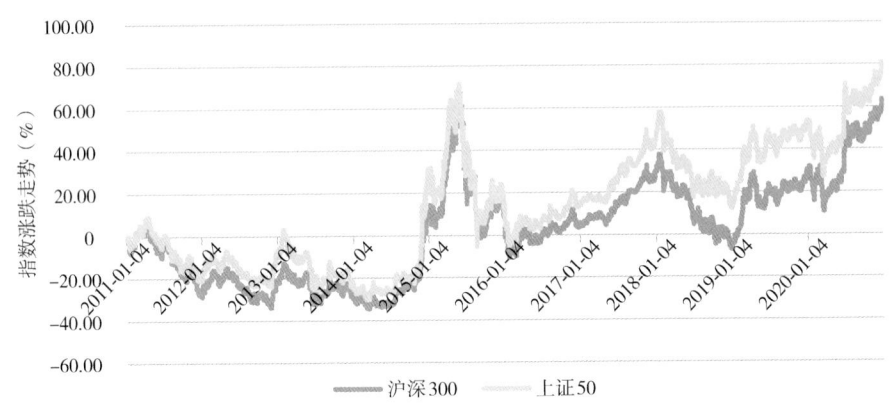

图 5-7　上证 50 和沪深 300 指数涨跌走势（2011 年 1 月 4 日—2020 年 1 月 4 日）

资料来源：Wind。

根据 Wind 数据,2011—2020 年,沪深 300 的年化回报率为 5.38%,上证 50 的年化回报率为 6.47%,基本上跑赢了同期的房贷利率,也是比较好的保值增值投资品种。

三是 FOF 基金。FOF 基金采用基金组合配置的方式来开发一些稳健型的理财产品。比如,嘉实养老 FOF 基金,它通过同时配置金融、消费、成长、改革等主题实现了多分散化配置,兼顾了成长和防御两方面的因素,非常适合准备长期投资的稳健型投资者。

长期持有,并没有想象中那么难

有一定经验的投资者基本上都知道长期投资的好处,但很多人还是坚持不下去,主要原因有以下两个方面。

第一,没有做好资产配置,收益波动太大。

市场总是难以预测的,没有人能够准确地知道市场将如何发展,所以当我们在没有做好充分预案和准备的情况下去贸然投资,一旦面临巨亏的风险就会心慌意乱。

第二，无法克服情绪的波动。

经常有投资者咨询我们："上周买的基金，小赚了一点，今天看估值基金已经跌了不少，要不要赎回？"首先，持有不到1周，基金要收高额的手续费。其次，还没有到收盘，怎么知道你的基金一定是亏的？最后，基金怎么能当股票炒呢？其实，这也反映了投资者的一个心态，既贪婪，又恐惧。

针对以上两个问题，我们提出以下五种解决方案。

一是坚决做好资产配置，降低波动。降低风险、预防波动的最好方式是分散投资，最好是配置多个品种，兼顾防御和进攻。这里就涉及品种的选择、权重的确定以及后续的"动态再调整"。很多时候，银行的理财经理和财富管理机构理财顾问的作用就在于此。因为分散投资，我们可以分享市场大涨带来的收益，也可以避免因大跌而遭遇的巨额损失。即使我们预测错误，遇到最差的情况也有一个安全垫，所以不用心急如焚。公募基金市场上提供的优质资产配置产品有很多，比如嘉实养老目标、FOF基金、二级债、"固收+"等。

二是必须克服情绪的波动。很多投资者看到别人家的股票和基金净值屡创新高，心里痒痒；也有很多投资者心如止水，不管市场怎么波动，内心都非常淡定。人比人，气死人，所以千万不要和别人比较，务必管好自己的手，要相信市场总是热点切换、轮流转换的。指数基金之父约翰·博格说过，投资如四季，我们会经历春季和夏季（牛市），也会经历秋季和冬季（熊市）。不必对季节的变化吃惊，因为它一如既往、变化如斯，在长期投资的道路上我们要放平心态。

三是提高投资的体验感。时刻给自己一个提醒，理财要坚持长期主义，短期的亏损只是浮亏，只要我们找准理财标的，拿紧手中的份额，我们的本金就不会变成永久性亏损。一旦减仓，你的投资体验就会完全不一样。

如图5-8所示，如果你进行减仓操作，减仓之后的持有成本就会上升。如果你再想盈利，一方面基金净值需要涨得更高，这会加大你回本的难度；

另一方面,你还要花更长的时间才能实现这个目标。这种体验是非常差的,无形中增加了你的心理负担。

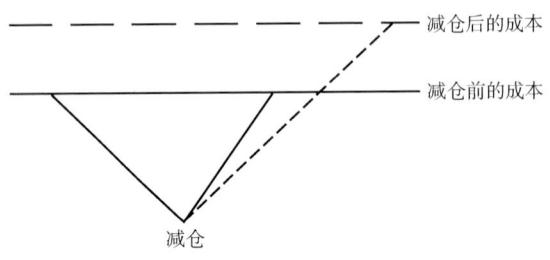

图 5-8　亏损后减仓,持有成本随之上升

如果我们盈利了,当生活需要使用一笔钱,不妨在盈利的部分中取出来一些使用,这又会带来不一样的体验。

如图 5-9 所示,减仓之后你的持有成本就会下降,即使将来基金净值出现下跌,依然有希望保持账户处于盈利的状态。除此之外,你还用钱在生活中实现了一份愿望,可以说一举两得。

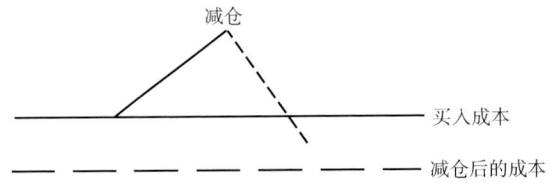

图 5-9　盈利后减仓,持有成本下降

四是养成定投的好习惯。定投的核心是能克服人性,以自动扣款代替手动买入。试想一下,当市场在下跌的时候,当你的账户浮亏的时候,当你不断听到利空的消息的时候,你敢去加仓吗?这些场景下,我们多数人是不敢加仓的,这是人性使然。所以,让账户自动定投就是避免情绪的干扰,让长期投资真正落实在制度上。

下面,我们选取嘉实新兴产业股票(000751)作为定投基金,采用 Wind 定投模拟计算器进行模拟,见图 5-10。

理财嘉网友

真的尽量少跟风买彩妆。别人适合的,我们不一定适合。幸亏我只买了小样,省下来的钱又可以买基金了。

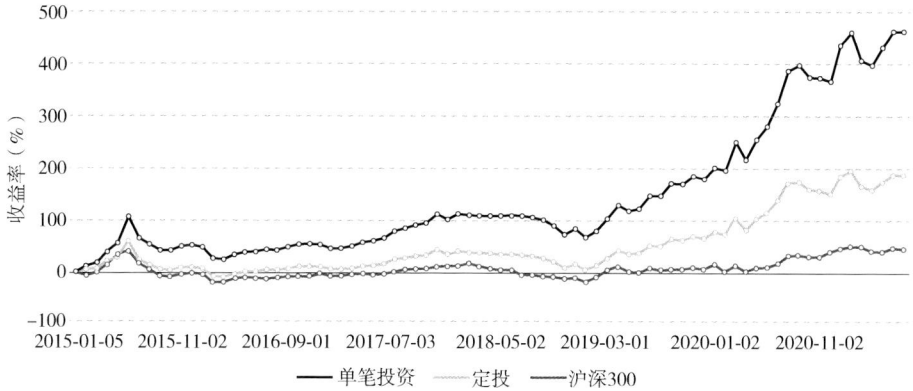

图 5-10 采用 Wind 定投模拟计算器对嘉实新兴产业股票进行模拟

资料来源：Wind 定投计算器，每月定投一次，1 日为定投日，节假日延后。采用红利再投，申购费率 0.15%，定投周期：2015 年 1 月 1 日—2021 年 6 月 11 日。由于定投周期短，不代表真实收益，仅供参考。

可以看出，定投的收益波动率低于单笔投资，这是因为定投的资金分批入场，持仓成本是多批次的平均值。经过定投模拟计算的最终结果见表 5-2。

表 5-2 定投模拟结果

指标	总期数	总投入（元）	总资产（元）	总收益（元）	总收益率（%）	年化收益率（%）
定投	78	78 000	223 802.53	145 802.53	186.93	32.76
单笔投资	1	78 000	439 592.07	361 592.07	463.58	30.82

资料来源：Wind 定投计算器。

定投的年化收益率高于单笔投资的年化收益率，可以看得出定投的优势还是很明显的。

五是锚定自己的收益目标。理财没有目标就如同船没有方向，很容易随波逐流。在《小狗钱钱》一书中，钱钱告诉吉娅要做一个"梦想储蓄罐"和"梦想相册"，这都是在加强内心的自我承诺。其实成年人需要给自己一个"梦想账户"，专户专用。

给每笔投资设定一个目标，当遇到市场大幅波动的时候，你要想想距离最初的目标还有多远。如果达到了，就止盈；如果没达到，就继续持有。当然，理财目标也不是随意制定的，需要建立在专业的基础上，建议你找基金投顾来协助制定。

第二节　理财就是要做时间的朋友

极少有人真正理解时间的价值。

——高瓴资本　张磊

有一项调查显示，如果你能从18岁开始每个月存200元钱在成长性较高的投资品种中，若以12%的年化收益率计算，直到65岁，长达47年的时间会积累多少财富呢？答案是接近550万元！

再比如，从20岁开始每个月省下100元，一直存到60岁，是63.78万元；从30岁开始是22万元；从40岁开始是7万元；从50岁开始最后只有2万元。所以，"百米赛跑式"的理财认知不可取，理财靠的是持之以恒的坚持。正所谓，流水不争先，而是滔滔不绝。

很多投资者，今天做了一份理财，期待短期马上能有收益。真正的投资都是关注未来的，用时间赚取长期的价值。长期来看，今天涨得多的品种不代表明天也涨得多，今天跌得多的品种也不代表明天继续跌，需要让时间给投资发酵。

时间是我们最能把握和最有价值的因素

业内流传一个说法，复利是世界上第八大奇迹，它的威力甚至超过了原子弹。在金融圈，业内人士因为深刻地理解时间的复利价值，所以都主张长期制胜的理念。

我们在第三章第一节已经通过两个例子说明了持有时间的重要性。现在请回忆一下当时的结论，财富第一定律中三个维度的重要程度依次为：时间＞收益率＞本金。同时我们也明确得知，理财持有时间的长短是我们能够控制的，也是最有经济效益的。所以，建议正在理财的你，一定要尽可能延长自己的理财周期；如果你还没有理财，更应尽早开始理财。

请尽早告别"月光族"

随着生活水平的提高，越来越多的年轻人在衣食无忧中长大，他们对未来收入增长的预期往往更加乐观，喜好"月光"、超前消费。近几年，各种信用卡、花呗、借呗等充斥于我们的生活，年轻人的债务负担已经越来越重，甚至出现"以贷还贷"和"以卡养卡"的现象。

2019 年，尼尔森发布的《2019 中国年轻人负债状况报告》显示，86.6% 的年轻人（18～29 岁）都在使用信贷产品，很大一部分年轻人将其作为支付工具。年轻人平均债务收入比为 41.75%，消费类信贷是占比最高的信贷类型，其中互联网分期消费占月收入的 16.9%，信用卡消费占 13.7%。

国家统计局数据显示，2019 年全国年轻人的平均负债已超过 13 万元，其中"80 后"的平均负债更是已超过 20 万元。截至 2020 年 6 月 30 日，全国信用卡逾期半年未偿信贷总额已飙升至 854 亿元，而 10 年前这一数据仅为 76.89 亿元。

超前消费的习惯让年轻人在面临未来不确定性的时候往往比较被动。比如，王先生最初通过网贷借了 1500 元，但由于利滚利，只能不断借新还旧，3 个月过去，他的欠款金额竟然滚到了 55 万元的惊人数字。他被催债电话打爆手机，家人也频频被骚扰。

大学生 B 接触网贷 3 年，欠款 17 万元。B 曾经被父母看作最孝顺、最懂事的孩子，谁曾想竟然背着父母借了 17 万元的网贷。对于生活在小城市的父母来说，这简直是天文数字。妈妈对 B 说："我砸锅卖铁也给你还，但请你以后不要再这样了，我和你爸赔不起了。"后来 B 的爸爸安慰他："别哭，别上火。把房子卖了，房子还值点钱。"

当然，大多数人还保持着理智，不会轻易尝试高利贷、网贷，但最终也躲不了花呗、借呗、白条、信用卡等的诱惑消费，每年疯狂的"剁手节"不知让多少人无法自拔。

与其过度消费，不如适当节约，通过理财实现延期满足。人们常说，老来难，难在哪？难在没有收入！年轻的时候，我们还可以靠一份工作养家糊口、改善生活，但退休之后大部分人都将失去稳定的收入，单靠基本养老金，生活品质必然会大幅下降。所以，不如趁着年轻，每月适当留点钱理财，通过延期消费来满足老年的生活需要，这也是一种智慧。

培养财商思维要趁早

很多人有这样的理财思想：我工资少，每个月都花完了，哪有多余的钱来理财？等以后有钱了再说吧！

如果你在理财路上有过这样的情形，归结起来就一个字：懒。正所谓，你不理财，财不理你。

国外的一项调查表明，几乎所有的人，在没有得到专业人员的指导和咨询时，一生中会损失20%～100%的个人财产。其实，财富流失在我们身边确实常有发生。比如，2017年，在雄安新区游走的炒房客，拿着银行5%的资金成本，去市场上收着不到2%的租金回报。从资产现金流回报率的角度，这不是一笔划算的买卖。但是，投资客因为下注未来房子还要涨价，于是忽视了房子本身的内在价值。这是典型的投机主导下的交易行为，结果只能大吐血。再比如，2020年来流行的"盲盒"经济，本质上和买彩票是相似的逻辑，但是仍然有很多人乐此不疲。因此，作为一个现代人，如果不具备一定的理财知识，其财产损失是不可避免的。

很多人渴望财务自由，希望早些过上轻松的生活，但是在获得财务自由之前你的付出足够多吗？理财是一个循序渐进的过程，哪能一口吃个大胖子？越早接触理财知识，你的理财观念就越早形成，也就能更早积累财富。

美国投资大师沃伦·巴菲特在他11岁那年将自己和姐姐的零花钱投入

股市，随后出现连续亏损的状况；他在 20 岁时就读大学，其他同学都在到处游玩，他却每日去图书馆学习各种金融知识。彼得·林奇从 11 岁开始在高尔夫球场做球童，从小接触社会上的头面人物，听到了很多公司投资股票的信息。他读中学、大学的费用就是做球童赚的。

不只是投资大师，任何人对投资的理解都需要一个循序渐进的过程。拿理财来说，投资者在不同的年龄段，其理财周期会从短期逐步走向长期持有，收益率也会更高。根据嘉实基金的客户数据，我们统计了各年龄段的理财行为数据，见图 5-11。

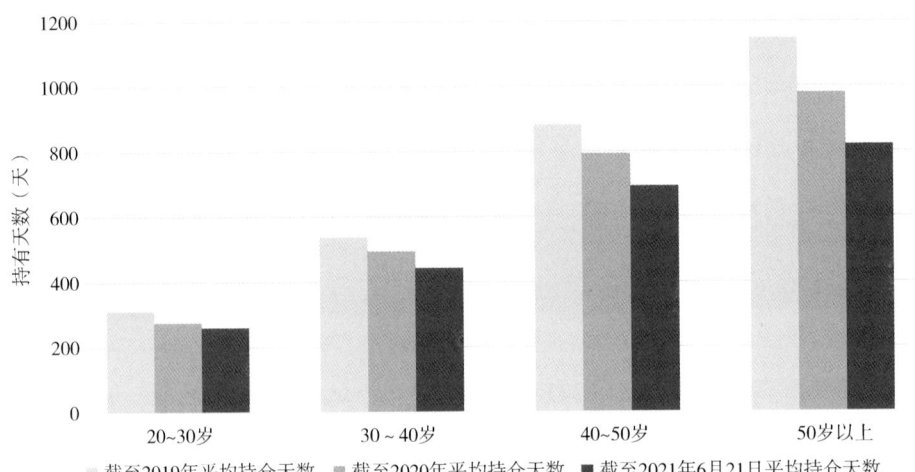

图 5-11　各年龄段基金持有天数统计

资料来源：嘉实基金，数据截至 2021 年 6 月 21 日。

可以看出，年龄段越大的投资者，其持有天数越多，越倾向于长期投资。另外，年龄段越大的投资者，其持有基金的收益率越高，盈利能力也越强，见图 5-12。

总之，投资需要时间磨炼，经验也要慢慢积累。你接触理财的时间越久，你的交易行为就越规范，也越趋向理性。另外，投资这条路上险象环生，谁都不可能一帆风顺，所以越早尝试，试错成本越低，别等你将来有钱的时候临时抱佛脚，所以尽早接触理财是很重要的。

理财嘉网友
我妈看我去国金了，以为我去买项链了，殊不知我已经把钱都买了各种理财和基金。

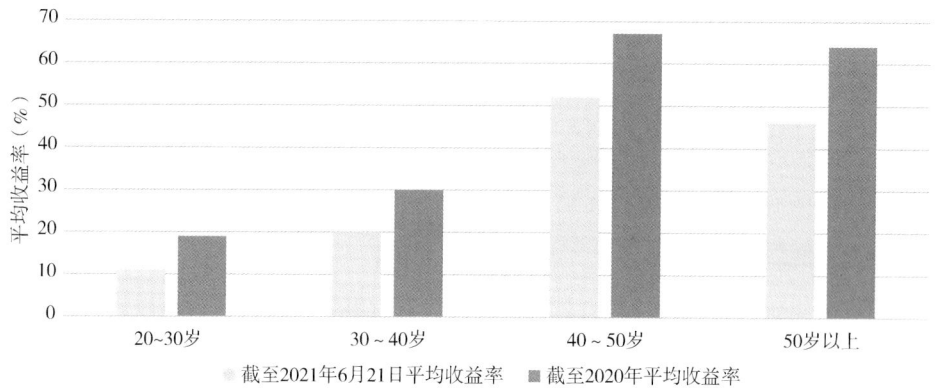

图 5-12 各年龄段平均收益率统计

资料来源：嘉实基金，数据截至 2021 年 6 月 21 日。

从"美国人不存钱"谈起

如果在金融领域把美国人和中国人做个对比，问及对美国人最直观的印象，许多人恐怕会脱口而出：美国人不存钱。事情好像很简单：一边是美国人寅吃卯粮的超前消费，一边是中国人精打细算的攒钱存钱。这么一对比，中国人的金钱观似乎比美国人"正"很多。然而，真实情况是否如此呢？

我们先要明白储蓄率的概念。所谓储蓄率是指个人可支配收入总额中储蓄所占的百分比，是反映一个国家（或地区）储蓄发展水平的重要指标。它指储蓄存款的增加额占城乡居民、单位职工货币收入的百分比，可借以分析和研究一个地区城乡居民或一个单位职工在一定时期内参加储蓄的意愿和趋势，是制订储蓄计划的一项重要依据。

中国的国民储蓄率从 20 世纪 70 年代至今一直居世界前三，并且长期位列第一。2005 年，中国平均储蓄率高达 51%，而全球平均储蓄率仅 19.7%。近 10 年来受房地产行业的影响，2019 年，中国的储蓄率占 GDP 中的比重降到 44.6%，在世界的排名有所下降，但仍然远高于全球平均水平。

换个方式可以简单地理解为：中国人把收入中接近一半的钱都存到银行了。

根据此前央行公布的数据来看，2019年住户存款的余额达到了82万亿元左右，按照我国14亿的人口来计算，人均存款超过了58 000元。这个存款相比其他国家来说确实很高，要知道美国人均存款不到1000美元（约相当于人民币7000元），从中也看出中国人近年来确实富裕了很多。

就在2019年11月12日的《财经》年会2020上，中国人民银行前行长周小川称，中国10年前储蓄率达到50%，现在是45%，依然是全球最高的。

反观美国，2000—2020年，只在2000年、2014年和2015年的储蓄率超过了20%。而在2008年次贷危机之前，美国人的储蓄率只有13.98%（中美两国的国民总储蓄率对比情况见图5-13），钱都拿去消费了，比如买奢侈品、汽车、别墅以及旅游等。

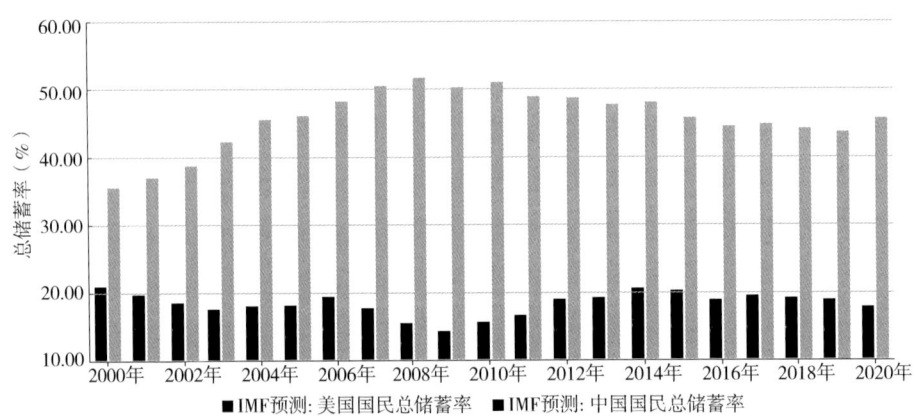

图5-13　中国和美国国民总储蓄率对比（2000年1月1日—2020年12月31日）

资料来源：Wind。

可以看出来，美国人民的确不太喜欢把钱放在银行，也不喜欢把钱拿在身上或直接放在银行。这两个"钱"，指的都是现金（cash）。

美国知名理财网站GoBankingRates对5000多名美国人进行了抽样调查，发现有34%的人账户上一分钱都没有，生活中主要依靠信用卡支付。

有60%以上的人储蓄账户金额不超过1000美元。2015年,《人民日报》就曾发表过文章《近30%美国人无储蓄为5年来最高比例》。

2015年,美国人的储蓄率超过了20%,达到了20.14%,尚且有34%的人账户上没有一分钱,2019年美国人的储蓄率只有18.6%,情况更不容乐观。所以,美国人不存现金,这句话是没问题的。

虽然货币币值不同,但是可以直观地看出,中国居民的储蓄金额一直在攀升。2020年,中国居民储蓄金额为3.69万亿元,美国私人储蓄金额为1700亿美元,按照当时汇率8.3,约等于当年人民币1.41万亿元。2019年,中国居民储蓄金额为44.18万亿元,美国为4654亿美元,按照当时的人民币兑美元汇率6.8计算,约等于人民币3.16万亿元。

如图5-14所示,2000—2019年的20年间,中国居民储蓄总额增长了12倍,美国只增长了2.73倍。但是,如果我们把全世界其他发达经济体的储蓄率也一同纳入做一个参考,发现比美国人还不爱存钱的国家还不少。

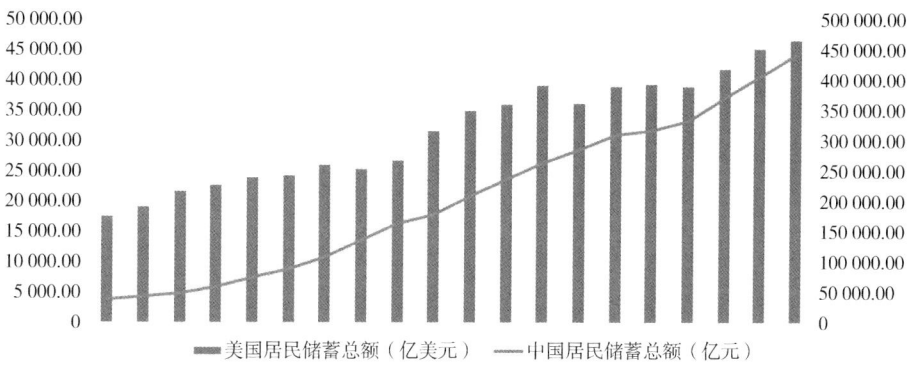

图5-14　2000—2019年中美居民储蓄增长金额

资料来源:Wind。

从图5-15可以看出,韩国和德国的国民总储蓄率在35%左右,而英国的国民总储蓄率甚至比美国还要低,意大利、法国和加拿大的国民总储蓄率也很低。

可以说,中国人不是比美国人爱存钱,而是比全世界绝大多数国家的

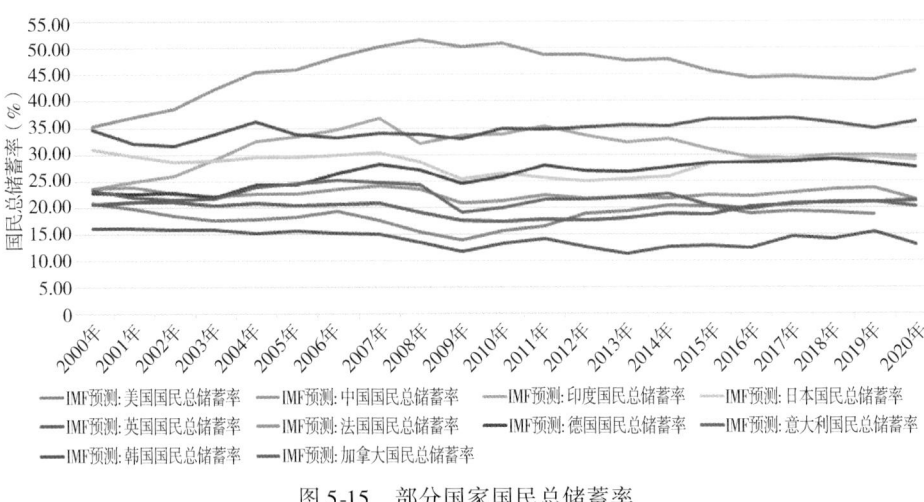

图 5-15 部分国家国民总储蓄率

资料来源：Wind。

人都爱存钱。

美国人的消费观念确实和我们不一样，但美国人的收入不低，那么美国人的钱没有存银行，都去哪儿了呢？我们这里说的"储蓄"是指广义的 saving，是与"消费"（spending）相对应的概念。

并不是说只有放在银行定期或者活期存款账户 saving account 里的钱才算是储蓄。只要这些钱没有买成消费品，而是出于储蓄的目的留了起来，这都算是存钱。

如果我们换个角度，使得储蓄的概念不限于现金，而使用广义储蓄的概念，即储蓄金额 = 税后收入 − 所有的消费支出，那么就会发现，美国人除了在活期或者定期存款账户里有部分现金存款外，更把大量资金投入到了各类理财、保险、投资账户里，或者买成了 FAANG[一]的股票或先锋领航、富达的基金。这些钱都是将来需要的时候可以拿出来用的钱，因此都是储蓄。

[一] FAANG 是美国市场上五大最受欢迎和表现最佳的科技股的首字母缩写，即社交网络巨头 Facebook（NASDAQ：FB）、苹果（NASDAQ：AAPL）、在线零售巨头亚马逊（NASDAQ：AMZN）、流媒体视频服务巨头奈飞（Netflix，NASDAQ：NFLX）和谷歌母公司 Alphabet（NASDAQ：GOOG）。

事实上，美国人最爱的理财方式里，股票排第一，购房排第二，储蓄竟然只排第三。当然，这里的储蓄是广义上的储蓄。

2020年6月末，美国互联网金融知名企业Bankrate的调查显示，股票是美国人最喜爱的投资方式，有近28%的受访者青睐股票。紧随其后的是房地产，26%的美国人认为房地产是他们最重要的长期投资，该比例较2019年的31%有所下降，见图5-16。

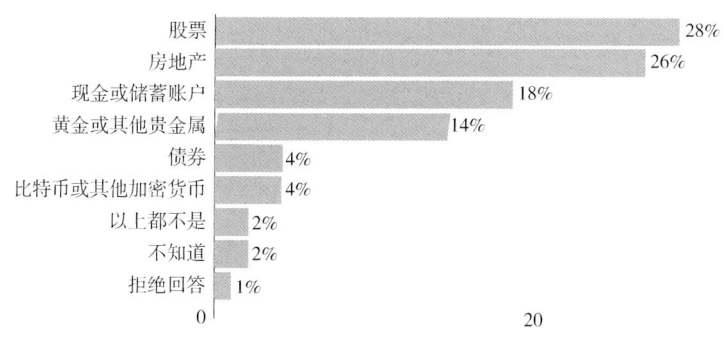

图5-16　股票和房地产是美国人长期投资的首选

资料来源：金十数据，统计区间2020年6月29日—2020年7月5日。

如图5-17所示，美国不同年龄结构的人口，对于房地产和股票的喜爱程度截然不同。例如，年轻的千禧一代（24～30岁）最不可能喜欢股票市场作为长期投资，而更喜欢房地产（30%）。相比之下，年龄较大的千禧一代（31～40岁）最喜欢股市（33%），最不喜欢房地产（19%）。

这一差距被沉默的一代（1920—1940年出生）打破，他们最喜欢股市（43%），最不喜欢房地产（17%）。在各个年龄段中，X一代（1966—1980年出生，22%）最喜欢把现金作为长期投资，但总体而言，26%的人更喜欢股票和房地产。

如果单独是以现金为标准，美国人确实不太喜欢存钱，但是如果以广义的"钱"定义，美国人是会存钱的，甚至比我们更会存钱。为什么这么说？因为美国人除了和我们一样有银行存款储蓄账户之外，还有一些专门的账户。

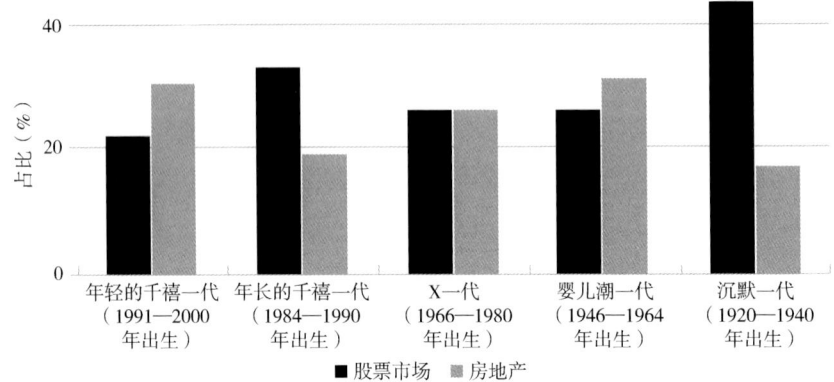

图 5-17 美国人对股票和房地产的偏好

资料来源：金十数据。

税收优惠账户（Tax Advance Account）

寻常的美国人只要有一份正经的工作一般都会成立一个 401K 账户。这是一种有税收优惠的退休储蓄账户，个人是无法单独开设 401K 的，必须有雇主支持。这种账户是符合税法第 401 条 K 款的税收减免条件，故而也称作 401K。

原理很简单，你存进这个账户的钱是免税的，只要你在法定的退休年限之前不从这个账户里拿钱，就没有罚金（penalties）。之后你每年从账户里取的钱都按照当年的个人所得税的累进税率来缴纳。这其实是一种推迟课税的账户（tax deferred），就是现在不收税，等以后开始拿钱了再收税，这其中产生的投资收益（capital gain）都是免税的。

比如你每个月的工资是 5000 美元，其中的 10% 存入 401 账户，那你每个月的应税收入就是 4500 美元而不是 5000 美元，这里就帮你节省了 500 美元。虽然说到 401K 账户里的钱等要取的时候还是要被课税的，但是你的税率在退休之后和你现在比要低（收入减少），而且资本收益免税。

你可以类比国内，比如某人一个月的收入是 10 000 元，五险一金是 2000 元，那么他实际的应税收入是 8000 元而不是 10 000 元。

> 理财嘉网友
>
> 自开春以来，股票涨涨跌跌，基金却都是跌的，被套着了。

个人退休金账户（IRA）

Induvial Retirement Account——IRA（个人退休金账户）是自己能开的类似于401K的账户。这种账户不需要雇主的支持，自己就能设立。一般又分为两种：Traditional IRA 和 Roth IRA。

当你存钱进去的时候，Traditional IRA 与 401K 一样，存进去的那部分是不参与税收计算的（免税）；当你拿出来的时候按照当时的个人所得税的税率缴纳。而 Roth IRA 正好相反，你存钱进去的时候不享受任何税收减免，但是你取钱的时候也不用交税（因为这部分已经缴过了）。这两种 IRA 账户在 59.5 岁之前取钱都有惩罚条款。

529 高校存款方案（529 College Savings Plans）

529 高校存款方案是一种"多种多样资产配置"存款账户方案，一切在此账户内所获得的盈利均不必付州或邦联税，但个人所得须用于文化教育主要用途。

健康储蓄账户（Health Savings Account，HSA）

设立 HSA 付款医疗费者可获免税政策特惠。HSA 是高自付额健保方案，经营者能够根据对 HSA 的供款降税。可用税前资金支付合格的医疗费用，比如医师就诊和处方药。该账户类似我国的医保。

延展性消费账户（Flexible Spending Accounts，FSA）

这一账户被称为"灵活支出账户"或"灵活支出安排"，也享有税收优惠，通常从税前薪资取款存入，从中提款用以报销合格的医疗费。任职员工 2019 年的 FSA 账户最高存入额为 2700 元，与 HSA 的重大差别是，FSA "不用就失去"，到年底或宽限期届满时没有用完余额就失去税收优惠，而且换工作时不能随身带走账户。这一账户除了可用于去医院及看牙科医生，也能用来选购生活用品（如纱布、怀孕测试用具、手动吸奶器和中医针灸等）。

以上只是美国除了个人银行账户以外经常被提到的账户。之所以在这里做一个简单的说明，就是因为在美国纳税和避税是一个正常人工作以后就要面临的问题。而普通银行储蓄虽然可以解决现金的安全问题，但是对于消费至上和有强烈避税需求的美国人来说，管理好这些账户才是更加重要的需求。

如果按照我们的一般理解，一个年收入 50 000 美元的美国人，他银行账户（bank account）里的现金存款可能只有 1000 美元，但他可能在消费的同时把其他的钱分别存到了养老金 401K 账户、健康消费 HAS/FSA 账户、教育储蓄 529 账户等。

要以理财思维代替储蓄思维，从储蓄现金到储蓄理财资产

虽然美国人的超前消费和过度消费并不可取，但美国现在许多领先的地方某种程度上代表了我们的未来。美国人和我们一样，也有住房焦虑、健康焦虑、教育焦虑和养老焦虑，而上述具有理财性质的账户就有针对性地缓解了这些焦虑。这些账户的设立，相当于让美国人强制储蓄，为美国人制定了特定的理财目标。钱看似没有存到银行账户，却更有意义。

有特定目标的理财，可以用理财思维去对待。不断地往里面投入，到了某一时刻取出来。在这一过程中，看似要承担波动的风险，短期甚至会面对一些浮亏，但是长久来看，多数情况下是对获得更多长期投资收益有利的。

美国人的储蓄率为什么低？一个重要原因是不划算。如图 5-18 所示，2000—2008 年美国 CPI 指数和美国联邦目标利率有涨有跌，但是随着 2008 年量化宽松政策的推出，美国的联邦目标利率接近 0，即使 2016 年特朗普上台扬言多次加息，到现在也没有突破 2% 的水平，长时间跑输了 CPI 指数。

可以说如果以通货膨胀或 CPI 作为一个"锚"，在美国把钱存入银行是非常不划算的，虽然安全，但是放一天就贬值一天。在这种情况下，钱不拿来消费或投资就意味着损失。这也是造成美国人超前消费和过度消费盛行的一个原因。

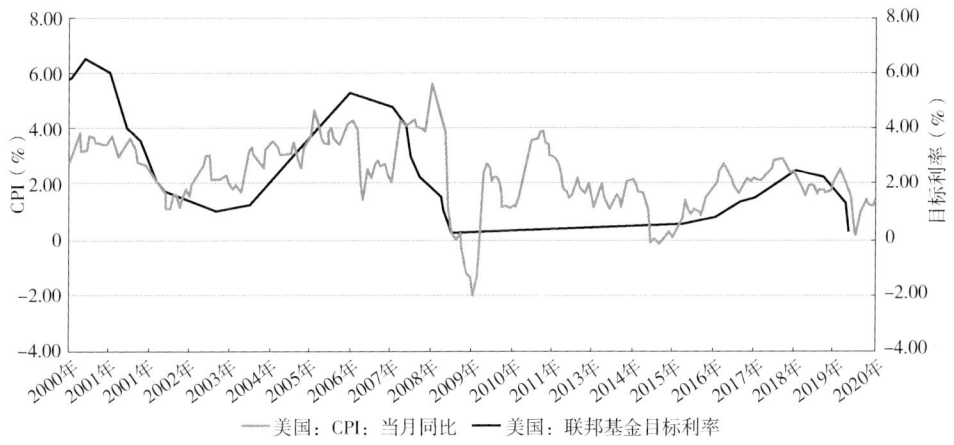

——美国：CPI：当月同比　——美国：联邦基金目标利率

图 5-18　美国 CPI 总体高于联邦基金目标利率（2000 年 1 月 1 日—2020 年 12 月 31 日）

资料来源：Wind。

很多美国人都很有钱但不去存钱，说明他们对未来有信心，因为上述投资理财性质的账户能够为他们提供保障。

以 401K 账户为例，它是依据 401K 计划发起的。401K 计划又称 401K 条款，始于 20 世纪 80 年代初，是一种由雇员和雇主共同缴费建立起来的完全基金式的养老保险制度。

依据 401K 计划，大众不但可以把税前的收入预提到投资账户中先用于投资，而且这部分钱是不扣税的。比如某人的月收入为 10 000 美元，他可以先存 1000 美元，一年下来大概为 12 000 美元，真正扣税时按照 12 000 美元来计算。401K 账户将来产生的收益要在退休以后才可以使用，等真正用这笔资金的时候只需要交 1000 美元对应的税。经历了通货膨胀、投资产生的收益，真正需要交的钱其实不多。

用现在暂时不用的钱，去买一份比股票更安全、比活期、定期存款收益更高、能避税，甚至能克制冲动消费的理财产品，一举四得，何乐而不为呢？

从 401K 账户可以看出美国人的理财观，那就是理财和储蓄并不是彼此对立的二选一关系，而是一种互相补充、互相转换的关系。

在年轻的时候，把不用的钱存到401K账户里，一方面，让这些钱有了安全的去处且能避税，起到"储蓄+税收调节"的作用（在我国银行存款无法避税，还要缴利息税）；另一方面，退休以后可以取出来的时候，这部分钱的升值相当于赚到了理财的钱，因此从这个角度来说这又是一个资产管理和财富增值的过程。

从图5-19可以看到，在2008年次贷危机前夕，美国银行账户和养老金账户的钱都出现了剧烈下跌，大家都拿去消费，主要是买房。之后泡沫破灭，大家又开始存钱。到了2020年，面对史无前例的新冠肺炎疫情，美国人存钱的金额一度超过了养老金。

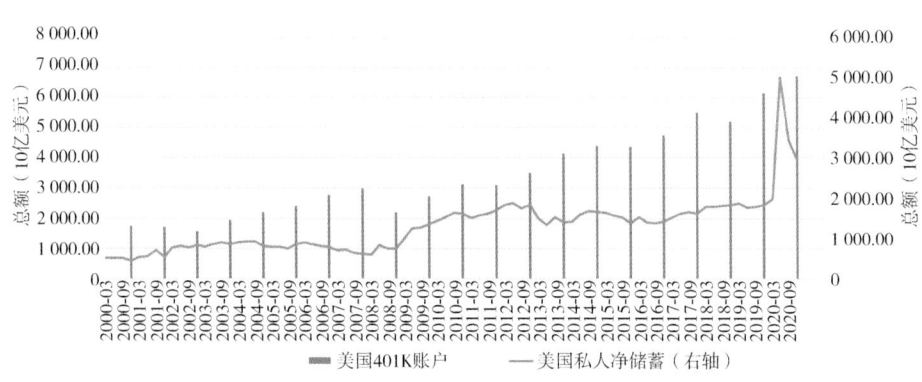

图5-19　美国401K账户总额与私人净储蓄总额（2000年3月—2020年9月）

资料来源：Wind。

各国国情差异较大，对待消费、储蓄、家庭、财富等层面的理解也有很大出入，但是对于财富的保值增值，全世界的投资者都应该是相同的。大家理财也好，储蓄也罢，没有人希望钱变少，都希望钱能够生钱，只是具体的配置和方法不同。

理财嘉交流园地

客户来信

基金长期投入容易，何时止盈很难

老师您好：

我持有嘉实增长混合基金有 4 年时间了，已经累计获得翻倍的收益，在此要感谢归老师的辛勤付出。自从开始买基金，我的家庭生活幸福指数都提高了。2019 年，我利用基金赚取的收益给七旬的老爸买了一台智动按摩椅安放在家中，他很开心。以前，为了放松筋骨，他都是趁商家搞活动去按摩店蹭福利，我其实挺不放心的。

这几年，身边很多亲戚朋友也知道我理财赚钱了，都说我有福气。其实，我理财赚到钱完全是个意外，因为我的工作很忙，早出晚归，没有双休日，真正空闲的时间极少，偶尔休息一天基本上都用在接送孩子上下学或者整理家务上，实在没空管理基金账户。我这个人还有一个毛病，天生不好动，身边人称我"慢三拍"。

我在基金账户上投入的资金不多，没想过靠理财发大财，所以始终把主要精力放在工作和生活上，从来没尝试过高抛低吸。我不喜欢钻研，什么经济学、技术分析统统看不懂。这几年，在理财上面我真的是没做过什么，但获得的收益率竟然比身边的亲戚朋友都高，我自己也不明白为什么，可能就是运气好吧。我有个堂弟，硕士毕业，金融行业从业人员，常常给我分析股市行情，听起来一套一套的。不过，据私下聊天得知，他的理财收益率还没我高，虽然听起来不可思议，但真实情况就是这样的。

美中不足的是，虽然长期投资对我来讲不是难题，但我很想知道哪些基金适合长期持有。因为靠运气赚的钱不靠谱，人可以走运一时，但不会永远走运，万一我今后不小心错拿一只不涨的基金，也很麻烦。请问老师，市场上真有适合永远持有的基金吗？

还有，基金净值涨跌波动本是常有的事情，但当我经历一只基金涨幅2倍后再跌去30%的情况，还是会觉得挺可惜的。很想问问老师，有没有什么办法可以预测一只基金中长期的拐点。

理财嘉 App　蓝色＊＊

回　信

长期持有就是"躺赢"，择时难度太大

蓝色＊＊：

您好！首先非常感谢您和大家分享生活中的点滴故事，能感觉到您是一个很谦虚、很务实、很有爱心的人。您说在理财上没有太多付出，不明白为什么会获得如此高的收益率回报。其实您是有付出的，您付出的是最宝贵的时间，而这恰恰是决定理财收益率最关键的因素。

您用鲜活的例子告诉我们，长期主义的威力真的很大。什么是长期主义？简单来说就是一直持有好基金，什么也不做，"躺赢"。相反，如果整天在股市里面进进出出，反而很难赚到钱，因为大量时间用在选股、交易、思考、等待上，而不是用在持有基金上。

我们知道，根据理财第一定律，影响理财最终受益的有三个要素是本金、时间和收益率。我们也通过案例直接对比证明了这三个要素的重要程度依次为：时间＞收益率＞本金。

"躺赢"说起来不难，但很少有人能够做到。核心原因在于持有的过程很难说得上精彩，往往是无趣、无聊甚至是无望的。比如，基金涨了你是否有减持的冲动？基金跌了你是否有赎回的冲动？你可以买入基金后一年两年不看吗？大部分人的答案是不能！从某种程度上讲，这个长期主义的过程其实是不符合人性的，甚至是跟人的本性较劲的！

理财嘉网友

突然想起基金了打开看了一下，开门绿！我好难受，难受的我又买了两只基金。

现实世界能够耐得住性子的人真的不多，像您这样从性格上匹配长期投资的人就很有优势。您在信中说现在可以动用理财的钱不多，这也不是大问题，你完全可以采用定投的方式，以后每月拿出一部分钱买入基金，相信10年或20年后一定会收获一笔不小的财富，说不定到那时您就真的赚到了大钱，实现财务自由了。理财致富不是不可能，只是说不用刻意强求。

您在信中还提到，希望知道哪些基金适合长期持有。这个问题问得好，因为时间的价值的的确确在于选择可以长期增值的好基金，否则时间就没有价值了，在此，我们特别列举三类适合长期持有的好基金：

一是大消费类基金。消费伴随人的一生，只要活着就必须吃喝，生病了就必须医治，这些行业是人们赖以生存的基础，所以相关行业往往可以经久不衰，表现出很强的穿越周期的能力，比如最近几年一直涨势很好的食品饮料、家用电器、医药服务等都属于大消费的范畴。

二是宽基指数基金。由于宽基基金涵盖的行业比较广泛，并且有一套新陈代谢的编制方法，所以可以长期代表市场的整体结构。可以说，只有交易所不关闭，经济活动还在运行，长期来看宽基指数都是向上走的，所以适合长期投资。

三是FOF基金。FOF基金和宽基指数类似，也可以通过行业广覆盖和持续的主动管理实现永续成长发展。

您在信中提到的最后一个问题是如何把握长期基金的拐点。还是那句话，长期投资的精髓就是持有不动。假如您持有的基金出现大涨，您因为害怕它将来回调而选择卖出，其实就掉入了择时的陷阱。所以，既然选择做长期投资，就不要有任何择时的想法，否则最终还是会把自己陷进去。

当然，长期投资不是说不能减持。如果您生活上确实需要用钱，就像您要给爸爸买一个按摩椅，随时可以赎回部分基金用于改善生活，等有闲钱的时候再买入就是了。

希望这些建议可以帮到您。祝您投资愉快。

理财嘉油站

第六章

看待理财收益率，请建立"锚"的概念

从长期来看，每一种大类资产的收益率都会有一个相对确定的区间，这个区间可以作为理财收益率的"锚"。我们在选择理财产品和管理理财产品的时候，都要围绕这个"锚"展开。做理财，通过长期持有获取平均收益，比短期快进快出用重仓的方式"赌"超额收益，更值得鼓励。

第一节 理财收益的心理预期——"锚"

> 始终遵守你自己的投资计划的规则,这将加强良好的自我控制!
>
> ——(英)伯妮斯·科恩

前些年,美国人查理斯·卡尔森的著作《成为百万富翁的八个步骤》一度风靡全球。书中讲的八个步骤的第一步是让人从当下开始理财,第二步是一定要定好目标。前者说明了你不理财财不理你,后者强调无目标不理财。

为什么理财目标如此重要?请看两个理财案例。

【案例一】 张先生刚发了一笔年终奖金,这天他恰好看到某平台广告宣传"××产品可以做到10%的年化收益率"(当然这样的年化收益率如果是理财产品的预期收益,想不发生风险都难),一时心动了起来,心想:这笔钱既然闲着也是闲着,不如买个理财产品吧。

【案例二】 A投资者因看好××基金,决定买入持有,不料购买的基金出现了亏损,他决定暂不赎回基金份额。过了一段时间,行情开始回暖,账户的亏损情况好转,净值损失也逐步抹平。苦等后终于迎来解套,A投资者毫不犹豫地进行了赎回操作,转投了下一只新基金。

上述两个理财案例中的投资者,一个压根儿没有目标,盲目入场;一个虽然有目标却总变来变去,根本没想清楚自己要什么。这样的理财更像是随机游走,没有树立目标,赚钱凭运气,最终往往是赔钱交学费。

对于所有准备理财和正在理财的投资者,我们衷心发出一句劝告:理财一定要先有目标,无目标不理财。理财有了目标,你才不会迷茫,才能坚定前进的方向，才不会轻易被外界干扰。

理财中的锚定效应

什么是锚定效应？简单来说就是当需要对某个事件做定量估测时，我们的头脑会通过第一印象或第一信息产生一个主观判断，会将某些已知数值作为"起始值"，而这个"起始值"会像"锚"一样制约着"估测值"。

锚定效应存在于生活中的很多方面。比如，某手机原价1万元，"剁手节"降到了9000元，虽然还很贵，但不少人一定会买，因为我们心理的锚点是1万元，降到了9000元我们会觉得自己"赚"了1000元。再比如，某酒店很少赠送早餐，某个旅游淡季房费没降但是一下子赠送了早餐，我们也会去预订，因为我们觉得免费获得了早餐。这些，都是锚定效应在实际生活中的应用。

同样，在买基金的时候，投资者往往也会将产品历史净值、基金经理其他产品业绩、同类产品业绩、自己投入的资金以及持有时间等因素作为投资的"锚"或者说参照物。这里的参照物和基金的"业绩比较基准"看上去类似但本质不同：业绩比较基准是基金固定的比较参照物，具有客观性且对所有投资者都相同，而投资者所定参照物更具有主观性。

下面，以历史净值为参照物举个例子。两位投资者都买入基金，同样是持有半年。某只基金的净值在2元的时候先是回撤到了1.5元，之后又涨回2元。另一只基金的净值先是涨到2.5元，然后又跌回2元。虽然从数字上看，二者都没有赚到钱，但投资者的体验是完全不同的：前者可能会庆幸甚至感谢基金经理没有让自己的本金损失，而后者可能会不停地抱怨。

这种参照物的主观性强，所以容易飘忽不定，说变就变。比如，我们的基金买入就亏损，过了半年才回本，请问我们还要继续拿着吗？未来谁也不知道是亏损还是盈利，面对不确定性，多数投资者会选择赎回。根本原因就是我们将理财的参照物从之前的"盈利"迁移了现在的"保本"，从根本上是改变了目标"锚"。

确定理财目标前，先认清自己

既然说无目标不理财，那么怎么定目标呢？

首先，要认清自己。很多投资者理财收益不高是因为没有定好目标，而根本原因出在没有认清自己，包括自己的需求、能力、发展轨迹，这些是制定、匹配理财目标的基础。具体来说，需要从以下几点出发：

第一，明确自身财务状况。

理财通常是在不影响日常消费支出的前提下，使用闲置资金来进行的。因此，在设定理财目标前需要先明确自身的财务状况，包括存款有多少、每月资金结余有多少、固定支出有哪些等。同时，可将支出部分列成明细，列出每项支出对应的支出金额、支出频率以及支付方式等。

第二，制定理财目标。

按照投资期限的长短，理财目标可分为长期目标、中期目标和短期目标。对于普通工薪族而言，养老是常见的长期理财目标，中期理财目标则包括子女教育费、买房、医疗费等。短期理财目标比较多，以一些消费性的需求为主，比如买车、旅游、购物等。

理财目标能否达成取决于目标设定是否合理，以及是否具备达成目标的坚定决心。具备富人思维方式的投资者，通常能充分发掘自己的资源，通过目标分解和层层落实逐步实现最终的财富自由，而不会将没有资本或没有资源作为贫穷的理由。

第三，测试风险承受能力。

市面上不同理财产品的风险等级是不同的，并不是所有理财产品都适合投资。个人投资者只有根据自己的风险承受能力，选择风险等级相当或更低的产品参与投资，才能保证本金的安全。个人理财，保本是最重要的。

第四，确定理财方式。

明确理财目标和风险承受能力后，投资者即可考虑具体的投资方式。

理财嘉网友

今天基金可是大跌啊！我要是买了多好。

在资金量较少的情况下，可通过单一方式实现理财目标，即选择某一产品的单一品种进行投资。在资金较为充足的情况下，也可同时选择多个品种进行组合投资，比如短线产品搭配长线产品。

认清自己后，锚定理财收益率

我们买入理财产品后，都希望自己的资产能随着时间稳步增长，走出一条漂亮的理财收益曲线。但这种情况一般只存在于脑海里，即使是买货币基金，每天的收益也是不一样的，更别提波动性强的股票型基金了。理想状态和实际状态的理财收益曲线如图6-1所示。

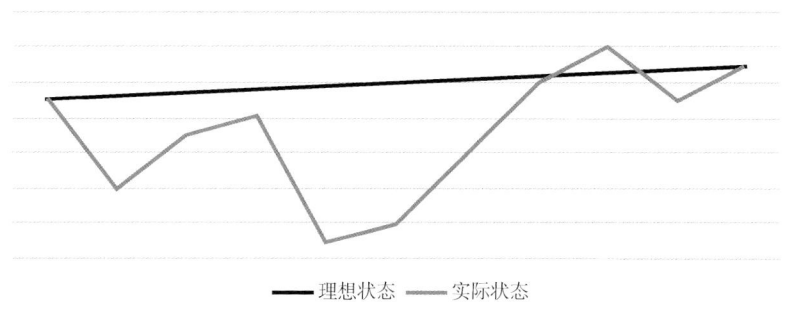

图6-1 理财收益曲线

实际上，我们的理财收益曲线很有可能如图6-1所示的那样，波动剧烈，经常在亏损与盈利的状态中切换。如果没有理财目标，我们就很难在市场波动时做出理性的决策。面对市场的波动，很多投资者会习惯性地追涨杀跌，在赔钱时抱怨，在赚钱时后悔买少了、赎早了，频繁地买进卖出，这些都是我们所说的错误的投资行为。

之所以会犯这些错误，表面上看是因为情绪使然，深层次原因就是没有锁定目标。我们关注的重点不是跟着理财目标走，而是跟着市场涨跌走，以市场的涨跌作为自己收益的"锚"，见图6-2。

在高点不舍得赎回，因为我们期待能有新高，结果往往是遇到高点就回调；在底部不敢加仓或者恐慌离场，因为我们担心会有新低，结果可能

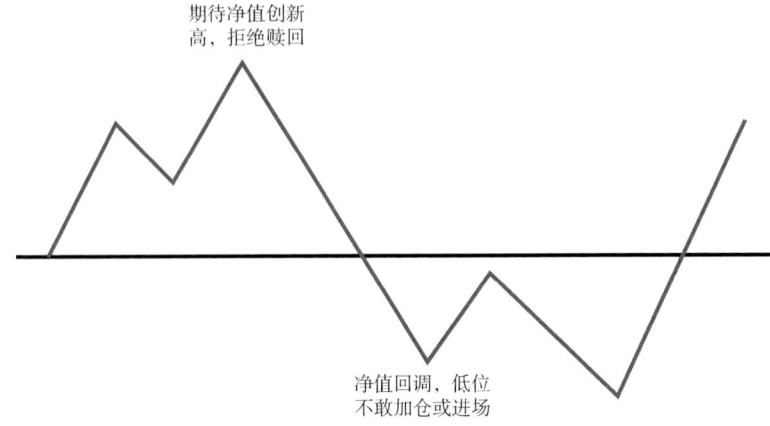

图 6-2　投资者错误地以市场的涨跌作为自己收益的"锚"

是第二天市场就开始反弹。

　　和主动投资不同，理财是向内寻的过程，即一旦确立了理财目标，我们关注的就不再是本金的盈亏状态，而是能否达到目标。虽然我们无法预测市场，但是我们有理财目标，这个理财目标就是我们理财中的"锚"，是我们行为的指导方向。

第二节　不要过度迷信理财产品的历史收益率

> 今天的投资者不是从昨天的增长中获利的。
> ——（美）沃伦·巴菲特

在哲学中，唯心论有个著名的观点叫"我思故我在"，大意是因为思考所以存在。

在理财市场，这句话也颇具警醒意义。很多投资者很容易陷入一个怪圈：为了追求收益最大化，他们冲动地把各类收益排行榜中的明星基金视为争投的对象。这些明星基金身披耀眼的历史收益，经受过市场过去的检验，因此更容易获得投资者的认同。

然而，理财产品在宣传过往业绩的同时，却也不得不在免责声明中备注：过往业绩不能代表未来投资表现。前后看似矛盾的表述，其实反映了一个严肃的理财话题：过度迷信理财产品历史收益率，这种方式选择理财产品靠谱吗？未来基金业绩还能延续吗？

一个有趣的实验：连续10年分别买入排名第一和倒数第一的基金

买基金，大家最爱看的就是排行榜；卖基金，各家公司最爱宣传的也是排行榜。每当进行年度或半年度总结，"冠军基金"总会成为基民口中那个绕不开的话题，每年业绩靠前的那几个基金代码仿佛就是投资者一直追寻的"财富密码"。

那么，是否跟着排行榜买基金就一定能挣钱？反过来说，如果每年买排行榜最后的基金，是否就一定不挣钱呢？

我们选取2020年前成立的397只普通股票型基金作为样本，以2011—

2020年为区间，分别选取上一年的冠军基金和垫底基金买入。具体操作是在2011年年初买入2010年的冠军基金，持有1年，然后在2012年年初重新将基金转换成2011年的冠军基金，依次滚动10年。同时，在2011年年初买入2010年的垫底基金，持有1年，在2012年年初重新将基金转换成2011年的垫底基金，同样依次滚动10年。结果见表6-1和图6-3。

表6-1　2011—2020年连续10年买入冠军基金和垫底基金的收益情况

	买入冠军基金策略	买入垫底基金策略	当年沪深300回报
2011年收益率（%）	-33.56	-21.69	-25.01
2012年收益率（%）	4.52	1.44	7.55
2013年收益率（%）	-8.18	17.40	-7.65
2014年收益率（%）	4.62	32.33	51.66
2015年收益率（%）	35.18	16.74	5.58
2016年收益率（%）	-11.87	-16.79	-11.28
2017年收益率（%）	24.53	-11.15	21.78
2018年收益率（%）	-23.47	-29.36	-25.31
2019年收益率（%）	62.40	58.61	36.07
2020年收益率（%）	63.46	56.99	27.21
累计涨幅（%）	101.40	87.37	66.59
年化收益率（%）	7.23	6.48	4.33
收益标准差	0.321	0.299	0.246

注：冠军基金、垫底基金分别为年度收益排名第一与倒数第一的基金。

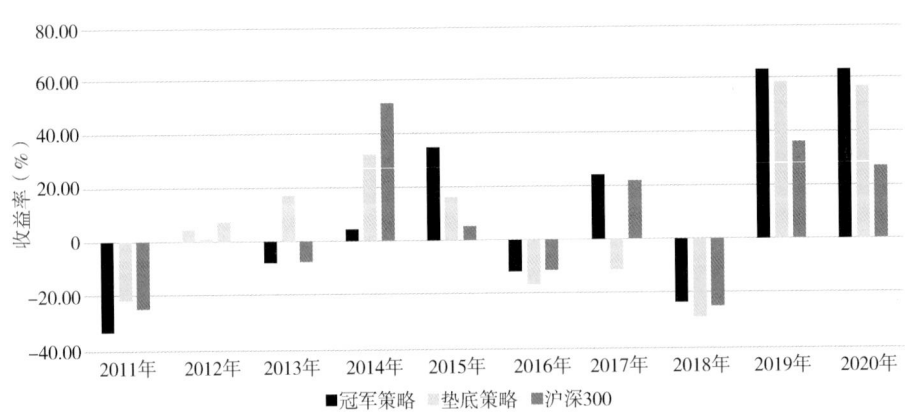

图6-3　2011—2020年冠军策略VS垫底策略年度表现

我们发现了几个有趣的现象：

第一，不管是总回报还是年化平均回报，连续 10 年买入冠军基金，总体来说比买入垫底基金的回报要高。

第二，在这 10 年里，主动管理型基金的业绩要好于市场平均（以沪深 300 指数作为对比），即使是垫底基金也是如此。

第三，年与年之间收益差距较大，时间越短波动越大。在冠军策略中，2018 年的收益与 2017 年的收益相比跌幅达 48%；在垫底策略中，2019 年的收益比 2018 年的收益涨幅达 87.97%。

第四，垫底策略的收益标准差竟然小于冠军策略，这表明垫底策略的波动更小。

为什么会出现这些现象呢？

首先，冠军策略和垫底策略长期来看并没有太大区别，说明两类基金本质上可能都倾向集中押注单一板块或同一风格的资产。可能是当年冠军基金踩对了风口，从而业绩爆发，但是未来复制相同表现的概率较小。而垫底的基金经理也并非实力不济，只是重仓的板块不在市场风格上。

其次，在风格切换的市场中，押注单一赛道的策略显然波动巨大，短期业绩靠前的基金存在"反转效应"，持续性不强。海通证券之前有一个统计，业绩处于第一梯队的基金，仅有 18.55% 在下一年能保持第一梯队，却有 24.13% 的基金跌入第五梯队。

诺贝尔经济学奖得主理查德·塞勒，曾经对行为经济学中的一个有趣现象"赢家的诅咒"进行了研究。"赢家的诅咒"指的是在拍卖场中竞拍的赢家最后往往会亏损，因为赢家付出的价格往往高于拍品的真实价值。也就是说，一项资产在受到市场追捧后，它的价格容易被高估，而当你以一个极高的估值买入后，长期回报率就会变得平庸甚至亏钱。

这又和我们反复提到的"锚"这个概念有了关联。我们不管是买入龙头股票还是冠军基金，都希望在买入以后能够业绩继续走强，比如去年涨了 50%，我们希望今年能涨 70%，但在现实生活中却常常是去年涨了

50%，我们看到过去的业绩好果断买入，结果一买入就跌或者只涨了30%。于是，我们内心极度不满然后抛售，又去寻找新的冠军基金，周而复始。这样怎么能挣到钱？

查德·塞勒还在《"错误"的行为》一书中做过一项实验，他把纽约交易所3~5年表现最好的前35只股票和表现最差的后35只股票，分别做了一个投资组合，并对它们未来的走势进行了对比。结果发现，当时间拉到一定阶段，比如3年后，输家组合就会战胜赢家组合。在5年后，两者的表现分化更加明显，输家组合的收益高出大盘约30%，而赢家组合跑输大盘约10%。

为什么基金营销材料中要反复强调"基金过往业绩不代表未来表现"？相比单薄的收益数字，投资者可能需要更加关注基金经理在取得收益的背后冒了多大的风险、未来的收益是否可持续等。而这其实也是一种投入产出比的"锚"概念，比如，A基金的历史最大回撤率是80%，年化波动率有20%，但是年化收益率是25%；B基金的历史最大回撤率是40%，年化波动率是15%，年化收益率是15%。我相信可能更多的投资者会倾向于B基金。

我们强调，优秀的基金经理会通过深入研究，更多的是通过选股来享受企业成长的红利，而不是通过频繁交易来参与市场博弈。这些基金经理通常都有一套成熟的投资体系来复制过往的成功，因为理财或投资本身就是追求确定性，并且放大这种确定性，进而复制这种确定性。

我们认为盈利始终是长期投资中的"地心引力"，股价受短期投资者的情绪影响，大起大落不易把握，但长期来看，盈利将是股价上涨中的重要支撑。所以我们在投资中更倾向于左侧布局，并根据产业链的景气程度变化、估值情况，前瞻性地捕捉产业链上下游的机会。

理财的本质就是在接受波动带来的风险的同时，享受波动产生的收益。而股票无疑就是最有代表性的高波动大类资产，它的风险收益特征注定了投资收益的分布区间是非线性的、不均匀的。它就像一趟没有出发时刻表

> 理财嘉网友
>
> 就算基金亏了，今天也是开心的一天。

的列车，投资者只有明确此行的终点，才能在市场停滞不前时，不会因失去耐心而提前下车。

所以，理财第二定律才坚定地认为，通过长期持有可以熨平波动带来的风险。对于股票市场是如此，对于股票型基金也是如此。

过去表现好未来就表现好？不一定

可能有人会问，理财产品的过往收益率是否代表产品未来收益能力呢？假设二者是正相关的，那就意味着过去收益率表现好的产品，未来的业绩表现应该也会比较好，真实情况是怎样的呢？

根据 Wind 数据，我们随机统计 2010 年 6 月 1 日—2013 年 5 月 31 日期间市场中的所有公募基金（一共 615 只），并筛选出年化收益率排名靠前的 50 只基金，统计它们接下来 3 年、5 年和 8 年的收益排名情况。如图 6-4 所示，研究发现，排名能继续保持在前 50 名的基金数量逐年下降。

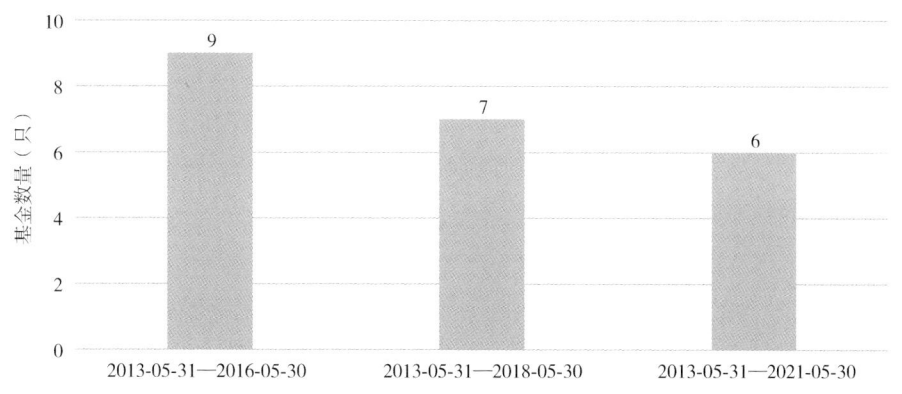

图 6-4　各时间段符合条件的权益类基金数量统计

资料来源：Wind。

根据以上数据，在接下来 3 年、5 年和 8 年中能继续保持在前 50 名的基金占比分别为 18%、14% 和 12%。可见，过去业绩优秀的基金要想在未来继续长期保持较高收益率的概率较低。

接着，我们对市场所有股票型基金进行整体统计后也发现了同样的规律，即基金成立时间越久，其年化收益率整体也是呈现逐年下降的趋势，见图6-5。

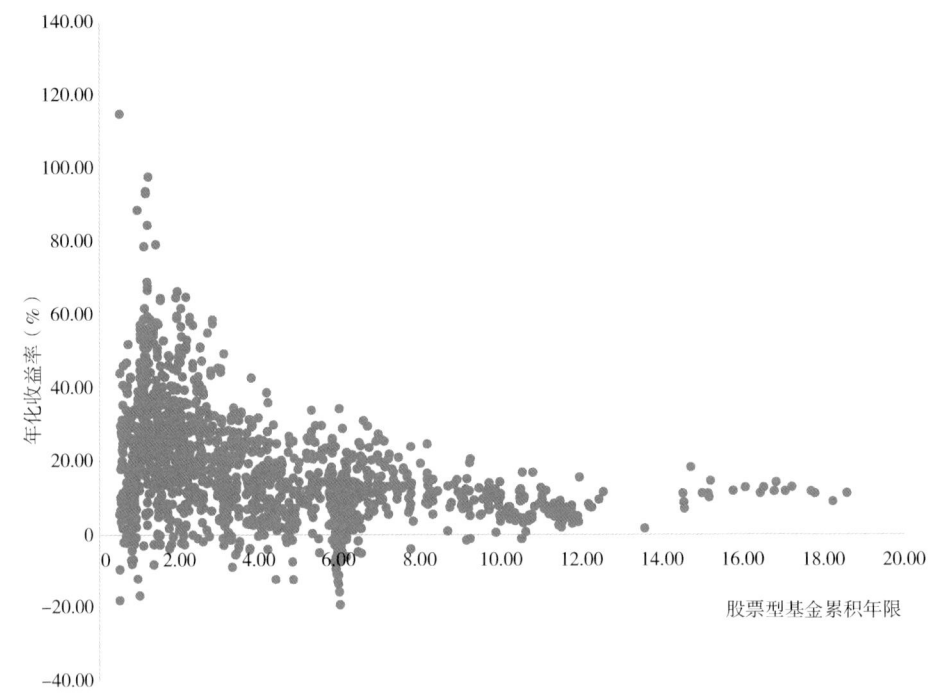

图6-5 基金成立时间越久，其年化收益率整体呈现逐年下降趋势

资料来源：Wind，数据截至2021年5月31日。其中去除成立不到1年的股票型基金。

如何解释这一现象呢？

一种观点认为：长期来看，基金经理本身没有 α，即基金经理无法依靠自身能力获取超额收益。理由是，每个基金经理的认知都是有一定限制的，不可能是行行精通，而市场热点、板块总在轮动，风格总在切换，有些年份价值风格表现好，有些年份成长风格表现好，所以时间拉长很多基金的收益率就是一个 β，即接近市场的平均水平。

投资之神沃伦·巴菲特在2014年《致股东的信》中写道："我的建议是将10%的现金投入到短期国债中，另外90%则介入低成本的标普500指数基金。我相信长期来看，这个投资组合将跑赢大多数市场参与者。"

另一种观点认为：明星基金成立时间越长，其资金规模往往越大，所以为了控制风险就必须加强资产配置。由于资产配置覆盖行业、公司较多，所以收益率只能是整体资产的平均值，于是后面的收益率就被摊薄了。

与收益率相比，我国基民更看重稳健

理财的终极目标是要实现财务自由，所以最终能获取多少收益才是决定投资者购买力的关键，而收益 = 本金 × 收益率，所以只谈历史收益率而不谈本金是自欺欺人。

现实中，收益率和本金往往是一对矛盾体。通常来说，投资理财的风险和收益率成正比，收益率高，风险就大，投资者就不敢放太多本金；反之，收益率低，风险就小，投资者就会投入更多本金。

根据 Wind 数据，我们统计了 2015—2021 年四类公募基金产品额规模数据，见图 6-6。

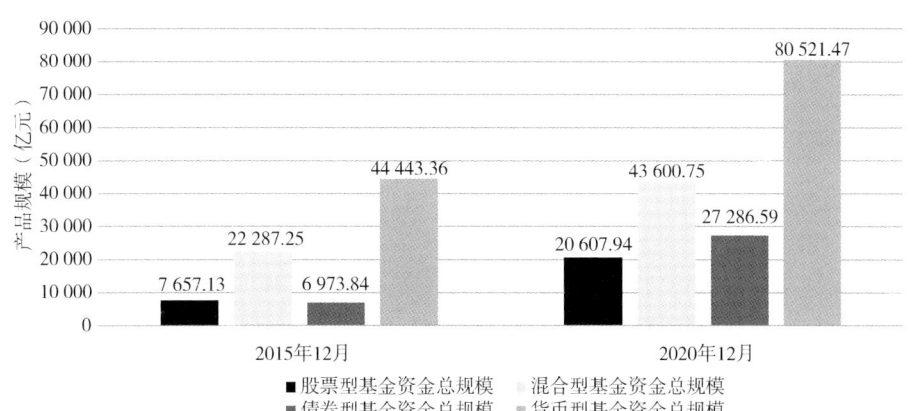

图 6-6　四类公募基金产品规模（2015 年 12 月—2020 年 12 月）

资料来源：中国证监会。

从资金的绝对变化量来看，货币性基金规模净增量最大，为 36 078.11 亿元，其后是混合型基金 21 313.5 亿元、债券型基金 20 312.75 亿元，而股票型基金资金净总量最小，为 12 950.81 亿元。很明显，在过去 5 年中，收益越是稳健的资产，越能够吸纳增量资金。

所以，过度迷信理财产品的历史收益率没有实际意义，结合多方面因素来看产品是否适合自己才是正道。

排除基金排行榜中非投资因素的干扰

自2019年以来，公募基金火爆带动了发行量的骤增，行业环境越来越复杂，很多非投资性因素扰乱了一些基金的真实收益水平，常见因素如下。

一是赎回费致使基金净值暴涨。根据公募基金的相关规定，投资者的赎回费要有25%归入基金资产，所以对于小规模的基金来说，赎回费常常会导致基金净值暴涨。所以，我们在看基金收益排行榜的时候，要注意确认榜单中基金的规模是否足够大，否则也很容易被误导。

二是分类粗糙致使排名失效。基金排名讲究的是同类比较，但基金分类是一项很复杂的工作，有些基金的排行榜把没有可比性的基金放在一起排名，结果往往容易失准。以混合型基金为例，偏股、偏债、平衡和灵活配置基金投资范围不同，但市场上常常把它们放在一起比较。即使同样是灵活配置基金，其背后的策略也不完全相同，既有股票多头策略，也有绝对收益策略、量化对冲策略、打新策略等。

三是短期排名漏掉好基。很多投资者喜欢看短期收益排名，这和权益类基金的长期投资属性背道而驰，但媒体常常投其所好按照近一年的排名来招惹眼球。如此一来，一些长期表现优秀的基金却被遗漏，这对广大的投资者来说无疑是一种遗憾。

四是打新收益增厚业绩。打新收益在小基金中同样可能会引发业绩的大幅波动。比如，2019年首批科创板上市后涨幅巨大，打新收益可观，有的小基金就因此明显增厚了业绩。

五是基金挂名泛滥。有些基金同时挂名好几位基金经理，实际上由谁管理单凭公开信息很难判断，功劳最终是谁的也说不清楚。这让投资者很困惑。

对于广大投资者来说，有没有可操作性的选择基金的方法呢？我们在这里给大家一个实操步骤：

第一步，先了解自己的风险偏好、计划理财周期和理财目标。一般来说风险偏好越高、理财周期越久、理财目标预期越高，越可以选择权益类投资占比较高的基金；反之，就选择债券资产占比较高的基金。

第二步，以股票型基金为例，要看产品的年化回报，而不是单年度回报。这就涉及一个问题：是否成立时间越久的基金越好呢？成立时间长短和基金的表现没有必然联系，但是如果某只基金自成立以来每年都能排在市场前1/4分位，那么证明这只基金的业绩是有保证的，且可持续性较强。

第三节　聊聊各类公募基金收益率的"锚"

> 股价永远不会等于公司的实际价值，否则就不会有证券交易所了。
>
> ——（德）安德烈·科斯托拉尼

公募基金管理需要严格执行《证券期货投资者适当性管理办法》的相关规定。投资者在购买理财产品的时候，基金公司需要对其进行风险测评，根据资金的用途和个人的风险承受能力选择适合投资者的不同风险等级的产品，由此也决定了投资者理财收益的"锚"有所不同。

根据不同的资产和配置比例，理财产品被给出不同的风险等级。一般来说，理财产品可以划分为 5 个风险等级：低风险、中低风险、中风险、中高风险和高风险，一般用 R1、R2、R3、R4、R5 表示；对应的投资者的风险承受能力分为最低风险型、保守型、稳健型、平衡型、增长型和积极型 6 种，见表 6-2。

表 6-2　理财产品的风险等级与投资者的风险承受能力匹配

产品风险等级 \ 投资人风险承受能力	A 最低风险	B 保守型	C 稳健型	D 平衡型	E 增长型	F 积极型
低风险 R1	√	√	√	√	√	√
中低风险 R2	—	—	√	√	√	√
中风险 R3	—	—	—	√	√	√
中高风险 R4	—	—	—	—	√	√
高风险 R5	—	—	—	—	—	√

5 类风险等级的评级说明如下：

理财嘉网友

完全不懂经济和理财，刚才午睡睡醒突发奇想去买了半导体和航天装备板块的基金，各买了 10 块钱，一共 20 块钱。

R1：属于低风险等级，本金损失的概率极低，预期收益不能实现的概率极低。

R2：属于中低风险等级，本金亏损的概率极低，预期收益不能实现的概率较低。

R3：属于中等风险等级，本金亏损的概率较低，预期收益实现存在一定不确定性。

R4：属于中高风险等级，本金亏损的概率较高，预期收益实现的不确定性较大。

R5：属于高风险等级，本金亏损的概率高，预期收益实现的不确定性较大。

不同的投资者可以根据自己的损失厌恶程度选择适合的产品。如果要投资 R4 中高风险等级基金，比如股票型基金，投资者的风险承受能力要达到增长型或积极型。如果某位投资者的风险测试为稳健型，那么就只能购买 R1 和 R2 两类产品，这些产品主要是货币基金或者是债券型基金。

业绩比较基准和收益的"锚"，都要关注

选好了产品，下面来谈谈如何确定投资者收益的"锚"。通常，理财投资有两大目的：保值、增值。收益率达到多少属于保值？收益率达到多少属于增值？

作为投资者，你是否注意过一个细节：在购买理财产品的时候，产品说明书中都标注有业绩比较基准，这是否就是理财收益率的"锚"呢？

举一个保值的例子。在很多人看来，保值最重要的标准就是要跑赢通货膨胀，即 CPI 涨幅。按照国家统计局公布的 CPI 数据，只要每年都拿到 3% 以上的收益率便可以妥妥地跑赢通货膨胀了，而实际上我们的感觉并不是这样。为什么呢？

其实，经济学上有一个公式

$$通货膨胀率 = M2 增长率 - GDP 增长率$$

M2：广义货币，是指流通于银行体系之外的现金加上所有的存款，包括一切可能成为现实购买力的货币形式。有人把 M2 的增速比喻为央行的"印钞速度"。当 M2 的增长率超过 GDP 增长率时，即货币超发了，从而引起通货膨胀。正因如此，"M2 增长率减去 GDP 增长率的差值"常常被当作"真实通货膨胀率"使用。

按照这个公式计算，根据国家统计局公布的 M2 和 GDP 数据：截至 2020 年，在过去的 20 年里，"M2 增长率 – GDP 增长率"的累计涨幅为 241.81%，折合成年化增长为 6.3%。

也就是说：如果你的钱产生的收益率低于每年 6.3%，就意味着通货膨胀在慢慢侵蚀你的劳动果实，你的钱正在像沙漏一样悄悄流逝，并且长期不会停止。

再举一个增值的例子。我们选取预期收益率最高的股票型基金作为研究对象，根据 Wind 数据，我们统计了过去 5 年有数据统计的所有该类基金的整体回报表现，见图 6-7。

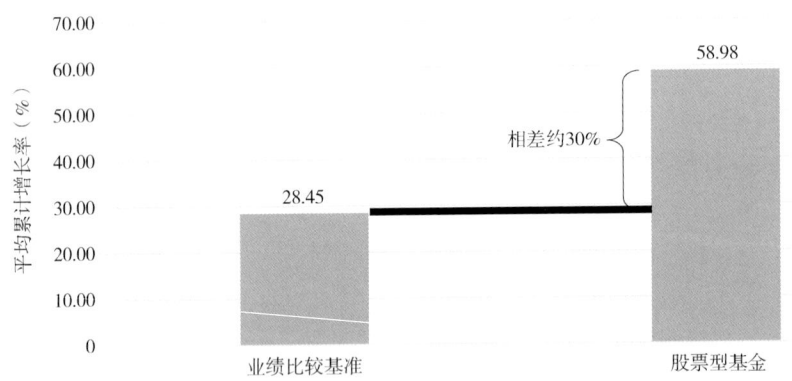

图 6-7　2016—2020 年股票型基金的累计回报率
资料来源：Wind。平均累计增长率采用算术平均法计算。

可以看出，在过去 5 年中，股票型基金的平均累计回报率比业绩比较基准的平均增长率高了近 30%。所以，如果我们把业绩比较基准作为理财产品的"锚"，那么很多时候并不能反映市场真实可以给到的回报水平。

事实上，基金的业绩比较基准是用于考察基金经理的投资表现，这里涉及基金公司如何定位自身发展的问题：有的基金公司比较重视资金的回撤安全性，有的更重视收益率，还有的重视客户留存率等。

所以，投资者还是要选择一个合理的收益率的"锚"才行。

债券类基金要参照房贷利率

债券类基金作为一种稳健型理财产品，其持仓结构中债券资产占比不得低于80%，其业绩比较基准往往是各类债券指数收益率，或者是银行存款利率等。

作为投资者，你知道怎样的收益率才是债券类基金合理的参照收益基准吗？

不妨先想一下以下的生活场景：

假设你要还房贷，每个月的收入到手以后，会拿出一部分还房贷，然后拿出一部分作为零花钱，剩下的去做理财。

如果当下的房贷利率是5%，那么我们选择固收类基金的时候，收益是要超过5%的。如果我们的理财收益低于房贷的利率，这相当于我们从银行以5%的利率"借"钱去做低于5%收益率的理财，那么我们的理财实际上是负收益。这种情况下，你就应该尽可能每个月多还房贷，以早点结束给银行打工的日子。

如果固收类基金的收益高于房贷利率，就相当于你以5%的利率从银行"借"来钱去做了收益率高于5%的理财，显然这样的理财周期越长越好。

当然，有些投资者可能有自己的看法。因为当我们买了债券型基金，实际情况是其每年的收益都是波动的，同一只产品有些年份的收益率可能会超过20%，而另一些年份的收益率甚至可能为负。另外，购买不同的债券型基金，其收益特性也不尽相同。

不过，债券类基金收益跑赢房贷利率不是一个可望而不可即的目标，根据 Wind 数据，我们筛选出明星级二级债券型基金（海通证券 5 年期评级为 5 星级的债券型基金），计算其加权平均年化收益率数据，见图 6-8。

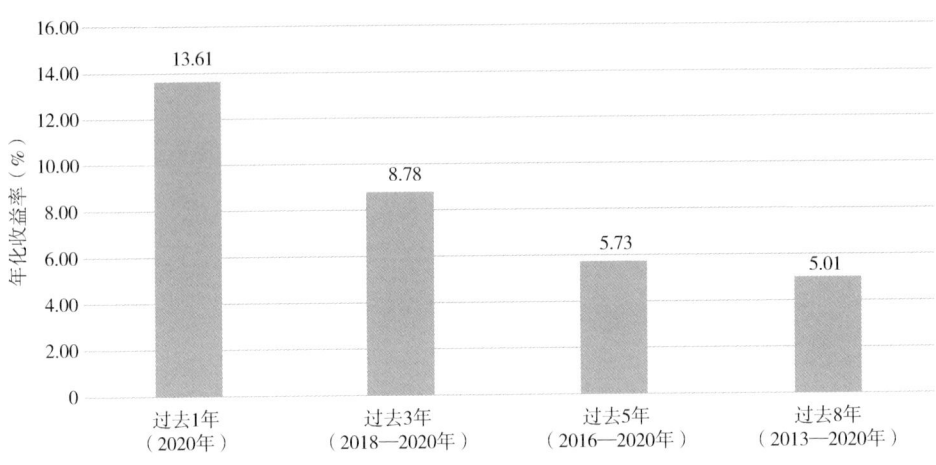

图 6-8　二级债债券型基金过去各时间段年化收益率

资料来源：Wind，数据截至 2021 年 6 月 9 日。样本为海通证券 5 年期评级为 5 星级的二级债券型基金债券型基金。

可以看出，过去 1 年、3 年、5 年，样本二级债券型基金的年化收益率都明显跑赢了房贷利率；过去 8 年，其年化收益率也与房贷利率基本持平。根据过去的经验，选择明星级二级债券型基金跑赢房贷利率是一种比较好的选择。

当然，要实现跑赢真实通货膨胀率水平的目标，难度不低，但要实现一个相对较高的收益率，确实有标准可以去尝试。

总之，这里只是想让大家明白如何设置债券型基金收益率的"锚"，这也是理财的重要魅力所在。

权益类基金收益率之"锚"——同类基金产品的平均回报率

对于没有房贷或者房贷很少的投资者来说，在资产配置比例中适当提高股票类基金就显得很有必要，毕竟对于股票型基金来说，战胜 6.3% 的通货膨胀率要远比债券型基金容易。

股票类基金的持仓结构，按照规定，股票型资产在 50%~95%，其中股票型基金最高，偏股混合型基金和平衡混合型基金低一些。这类型基金的业绩比较基准往往是沪深 300、上证 50、中证 500 等宽基指数，或者是中证消费、国证医药等行业指数，当然因为持仓的原因，混合型基金业绩比较基准还会加入一定比例的债券指数。

我们建议以同类产品的平均回报率即沪深 300、中证 500、上证 50 等宽基指数的年化回报率作为权益类基金收益率的"锚"。可能有投资者会问：行业主题基金或者是红利低波动这样有特定投资策略的基金，有自己的指数作为业绩比较基准，被动指数基金更是要密切跟踪自己的标的指数，如果统一用这些宽基指数的年化回报率来作为收益率的"锚"，是否会失真？

这个问题问得很好。之所以我们说偏股基金建议选择宽基指数的年化回报率作为收益率的"锚"，是建立有效数据分析的基础上的。表 6-3 显示了部分主要宽基指数自指数成立以来的收益情况。

表 6-3 部分主要宽基指数的年化收益率

序号	指数名称	年化收益率（%）
1	沪深 300	10.84
2	上证综指	12.87
3	深证成指	10.60
4	创业板指	10.16
5	中小板指	15.33
6	中证 500	12.34

资料来源：Wind，数据截至 2021 年 3 月 30 日。

可以看出，股票市场的年化收益率在 10%~15%。当然，部分行业（如医药、消费、白酒等板块）可能最近几年因为上市公司业绩、机构抱团、大资金涌入等因素，会表现出超出市场平均水平的年化收益率，但是绝大多数全市场配置的主动管理型产品能获得 12% 的年化收益率就已经是很好的业绩了。

根据Wind数据，2011—2020年的10年中，股票类基金年化收益率大于等于12%的比例为26.80%，见图6-9。

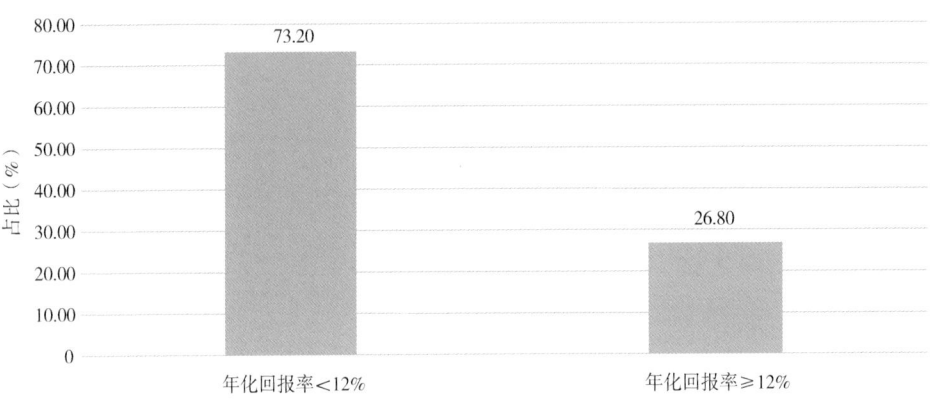

图6-9 股票类基金年化收益率区间分布（2011年1月1日—2020年12月31日）

资料来源：Wind。

我们做权益类理财，更适合偏长期的资产配置，而不是短期的投资，因此从长期来看，能保持15%的年化收益率会对基金投资者带来丰富的回报。

要知道，从复利的角度来看，连续6年获得12%的收益率，本金就可以翻倍了。当然，股票市场的波动远高于债券市场，一年收益超过50%，第二年收益再回撤50%也不是不会出现。这也是我们为什么鼓励长期持有的原因，只有持有的时间足够长，才能平缓短期的股市波动，才更容易享受到权益类基金理财带来的回报。

理财嘉网友

每次我把基金卖了就开始大涨，我买了就开始跌好几个月。

理财嘉交流园地

客户来信

理财投资把握买卖点很难，见好就收难赚钱

老师您好：

我买理财产品已经有5年了，这期间我废寝忘食，但是总体算下来不仅没有赚到钱，还亏了一些本金。

其实，我是一个很勤奋的人，自认为天赋一般但是勤能补拙。我在工作中是受领导认可的，因为业绩做得还不错，所以每年都有加薪的机会。

我出生在农村，家里没有积蓄，属于白手起家。2015年我25岁，面对高房价和天价彩礼，突然意识到指望工资收入来谋划人生幸福不太现实，开源节流势在必行。我知道要成为成功人士要么创业，要么投资，只有这样才能更快地实现财富的积累，人生从此飞跃。因此，我下定决心努力学习理财，相信5年时间应该会小有成果。

我从2015年3月开始购买公募基金，购买的第一只基金就是嘉实增长混合基金。正好那年股市特别火爆，仅仅到了5月我就获得了70%多的收益，当时我非常激动，于是追加了一些投资。不料，6月行情突变，随后A股上演罕见的股灾，个股连续跌停。因为没有经验，我一直期待反弹，迟迟下不了决心减仓，可是到7月也不见行情好转，我的账户竟倒亏20%多。那时，我的心态都快崩了，晚上睡不好觉，总担心账户继续亏损，最后还是没熬住，赎回了基金。

这是一次深刻的教训。整个2015下半年，我没有再买基金，想静下心反思一下自己。我觉得是自己的贪婪造成了悲剧，股市没有只涨不跌的，

应该见好就收。选择买卖点很关键,于是我又买了一些书,学习了一些股票交易的方法,心里踏实很多。

2016年年初,股市因为"熔断"再次大跌,我庆幸自己早早选择了离场。到了下半年,市场开始稳定一些,我又尝试买基金。这次我胆子小很多,严格执行止盈止损,只要能赚10个点我就卖,亏损超过5个点我也卖。反反复复下来,2016年和2017年我倒是赚了20多个点的收益。这段时间,我觉得自己是有进步的,所以投资回报也好了起来。

然而到了2018年,我这套交易方法又开始失灵了。这一年市场一直处于熊市,不管我买什么基金都亏损,止损之后再买入下一只,还是会亏。整个2018年,算下来我一共亏损了20多个点。

5年时间,经历倒是有了,但总体来说,我没有赚到钱。看来股市投资没有我想象得那么容易,甚至比我的工作更难。我想请理财嘉的老师帮我分析一下,我的问题到底出在哪里,应该怎么提高。

**天空

回信

锚定预期收益率,不冲动不贪婪

**天空:

您好!首先非常感谢您的来信,因为您的反馈我们才有机会更好地了解彼此。嘉实投顾拥有高素质的专业团队,我们真诚愿意与客户分忧解难,一起成长。

在认真阅读完您的来信后,我能感受到您是一个勤奋好学的人,年轻而有理想。俗话说"十年磨一剑"。在理财的道路上您已经坚持了5年,应该说离赚钱的目标已经越来越近,请继续持之以恒地学习,不断地反思和积累,您终会有所成就。

认真梳理了您的理财需求,主要表现在以下两个方面:

第一个方面，您对所投基金的预期收益率没有一个目标，即缺少一个"锚"。您在2015年开始入市，正好赶上牛市，刚开始赚了一波很不错的收益，但并没有及时止盈，而是继续加仓，说明您对市场未来仍然抱有很高的上涨预期。殊不知，股市上涨得越高，其伴随的风险也就越大，所谓"风险是涨出来的"。所以，为了避免因盲目乐观而追涨，您需要给自己设定一个预期收益率目标，当我们所投产品达到这个目标的时候，就可以考虑及时止盈。

实际上，经历2015年洗礼之后，您也懂得了理财投资不可贪婪的道理，于是您学会了主动止盈止损，这点进步是可喜的。如果我们没有目标，就很容易见异思迁。比如，看到别人的基金涨得更好，我们就会有换基金的冲动或者嫌弃自己的基金涨得慢；看到基金在下跌，我们就很容易产生卖出基金的冲动。有了收益率目标，我们就盯紧这个目标，不达目的不轻易罢休，就更耐得住性子，就不容易冲动。

第二个方面，您后期设定的预期收益率的"锚"并不合理。2016年以来，您的止盈和止损目标设定具有主观性、随意性，缺少合理的参考标准。比如，您把-5%作为止损目标就缺少客观数据作支撑。根据Wind数据，以普通股票型基金指数为例，其在2016年、2017年、2018年和2019年的最大回撤分别为-10.31%、-7.06%、-28.04%和-12.39%，全部大于-5%，所以您主观上设置的止损几乎是无效的，没有反映市场的真实波动状况，所以很容易在市场正常的波动中被甩下车，导致无缘分享基金成长的收益。再比如，您把预期收益目标定位10%，而实际上2016年、2017年、2018年和2019年的涨幅分别为-10.31%、16.17%、-25.19%和48.26%，4年下来的年化平均收益率为3.73%。无论是看年度还是4年平均收益率，都和您的目标收益率相差甚远，所以您设定的预期收益率缺少现实可操作性。因此，您在很长一段时间都没有挣到钱。

事实上，如何设定合理的止盈止损目标是一项很专业的技能。从本质上讲，当股票价格低于其内在价值的时候，股价上涨可以理解为价值回归，是合理的，没有风险的；当股票价格超过其内在价值的时候，这意味着风险开始累积，股价超过内在价值越多，对应的风险就越大。

实际上，股票价值一直在变动，难以动态准确地计量。我们建议通过对比法来帮助投资者设定预期收益率锚：

第一，债券类基金要参照房贷利率。

第二，权益类基金要参照同类基金产品的平均回报率。我们建议以沪深300、中证500、上证50等宽基指数的年化收益率作为"锚"，根据过去的历史数据，其平均年化收益率大概为12%。当然，只有坚持长期投资，权益类基金的预期收益率的"锚"才有效，如果从短时间来看，其参考意义并不是很大。要获取权益类基金投资的预期收益率，还要选对适合长期投资的好基金。

希望这些建议可以帮到您。祝您投资愉快。

理财嘉油站

第七章

接受波动，做好理财目标管理

> 波动不等于风险，波动也可以创造价值。制定理财目标，通过长期持有熨平产品收益率波动以及资产再平衡策略来实现理财目标管理，是"后刚兑"时代最好的理财方法。

第一节 波动不可怕，没有目标、不能坚持目标才可怕

> 大道其夷，而人好径。
>
> ——老子

在本章第一节，我们讲到波动是一把双刃剑，因为波动与收益相伴而生，波动还是获得超额收益的前提，所以我们不需要害怕波动，真正需要害怕的是在波动中迷失自我，随波逐流。

《哈佛财商课》一书里讲到，哈佛大学曾进行过一项跟踪调查，对象是一群在智力、学历和环境等方面条件差不多的年轻人，调查结果发现：

27%的人没有目标。

60%的人目标模糊。

10%的人有着清晰但比较短期的目标。

其余3%的人有着清晰而长远的目标。

25年后，哈佛再次对这群学生进行了跟踪调查，结果是这样的：

3%的人，在25年间朝着一个方向不懈努力，几乎都成为社会各界的成功人士，其中不乏行业领袖和社会精英。

10%的人，他们的短期目标不断地实现，成为各个领域中的专业人士，大都生活在社会的中上层。

60%的人，他们安稳地生活与工作，但都没有什么特别的成绩，大都生活在社会的中下层。

剩下27%的人，他们的生活没有目标，过得很不如意，并且常常在抱怨他人、抱怨社会，当然也抱怨自己。

本来就有涨跌，基金又不是股票，长期放着就好。

这项调查说明，人生没有目标太可怕。具体到理财投资，显然也需要目标，否则就像在茫茫大海上迷失方向的船只，只会随波逐流。

理财没有目标很可怕

澳大利亚作者柯林·尼克尔森在他的著作《投资的心理护城河：影响投资决策的非技术性因素》中列举了投资者亏钱的近20种行为偏差。在对其化繁为简后，我们总结了对投资结果影响最为深远的五大行为偏差。

一是追涨杀跌。这种行为偏差在理财中可谓司空见惯，投资者为什么会追涨杀跌？背后的诱因同样是我们说得最多的"恐惧"与"贪婪"。人类与生俱来的本能反应是：受到攻击时，恐惧促使我们发动反击，这在很大程度上帮助人类做到了"适者生存"。

然而在投资领域，真正的投资是把钱投给有潜力的公司，通过长期持有来获取价值的增值，而追涨杀跌赚取的是买卖价差，本质上是多空双方的零和博弈。所以，当周围所有的人都因为波动而惊慌失措、追涨杀跌时，你的明智之举恰恰是以静制动，和具备长期增长潜力的公司一起成长。

二是频繁交易。频繁交易对于绝大多数投资者而言，都不是一笔划算的买卖。除了你需要不断地支付交易手续费之外，也很可能在买进、卖出之间丢掉原本属于你的赚钱机会。表7-1是一个因短线进出而错失长线报酬的示例。

表7-1 短线进出反而容易错失长线报酬

投资上证综指指数的期间	平均报酬率（%）
坚持长期投资持有13年	9.56
如果错过涨幅最大的10天	3.25
如果错过涨幅最大的20天	-0.54
如果错过涨幅最大的30天	-4.02
如果错过涨幅最大的40天	-8.30

资料来源：上证综指。数据区间：1996年12月16日（设涨跌幅限制）—2009年12月31日。

诱发投资者频繁交易的原因是什么？答案是过度自信。大量的认知心理学的文献认为，人们会对自身知识的准确性过度自信，从而系统性地低估某类信息并高估其他信息。在生活和工作方面，过度自信有时候并不是一件坏事，它可能会让你更加乐观地去争取机会，但在投资领域一旦过度自信，可能一招不慎而前功尽弃。

美国加利福尼亚大学的巴伯（Barber）和欧迪恩（Odean）教授在2001年2月的《经济学季刊》上发表了一篇论文，记录了他们对35 000个经纪账户进行的为期6年的研究。他们分析了总共300余万次交易，旨在了解这其中20%交易最频繁的投资者与20%交易最不频繁的交易者在投资回报层面究竟有何异同。结果令人讶异：交易最频繁的投资者的年化收益率要比交易最不频繁的投资者的收益率低6%。

其实，投资者低买高卖是在赚取波动的收益，并不是在赚取时间的价值。从本质上讲，这也是一种投机交易行为，因为投资者没有树立正确的理财收益目标。

三是一味厌恶风险。丹尼尔·卡尼曼在其著作《思考，快与慢》中记录了两组非常著名的实验：一组是确定性的赚钱机会 VS 搏一搏换取更大的赚钱机会；另一组是确定性的亏损 VS 搏一搏换取更小的亏损机会。结果是：第一组，人们倾向于选择获取确定性的赚钱机会；第二组，人们倾向于选择搏一搏换取更小的亏损机会。

实验说明，人们面对风险的态度是在发生变化的，这个行为背后的诱因都是"损失厌恶"在起作用。比如，有的人宁愿把钱放在银行里存起来也不愿意买权益类资产。再比如，手上有两只产品，一只是赚钱的，一只是亏钱的，投资者往往会赎回赚钱的产品，而把亏钱的产品一直保留着，寄希望于它未来能够回本并盈利，这样账面亏损就没有因为赎回变成真实亏损，不影响心情。但就整个投资生涯来看，这种非理性的保守思想可能会让投资者错失成千上万元的盈利。

出现这种行为偏差是因为投资者没有搞清楚风险和收益的共生关系。

殊不知，理财一味地规避风险也就失去了获取收益的机会，长期来看是达不到保值增值效果的，结果一样是要承担通货膨胀带来的价值损失。

四是情绪操作。赚钱让人亢奋，赔钱让人消沉，这样的行为可以用近因效应来解释。所谓近因效应，指的是印象的形成主要取决于后来出现的刺激，即在交往过程中，我们对他人最近、最新的认识占了主体地位，掩盖了以往形成的对他人的评价。

在投资领域，近因效应指的是投资者倾向于更重视最近的产品表现，而不那么重视长期的表现。当市场上涨之时，我们往往会想当然地认为市场会持续上涨，因此变得过于乐观。然而随着市场上涨，投资者却忽视了风险也在提高，以至于出现了近因偏差。20世纪90年代的美国纳斯达克科技泡沫导致众多投资者遭受惨重损失，就是近因偏差的经典案例之一。

然而，近因偏差并非仅出现在市场上涨阶段。2008年全球金融危机期间，媒体上充斥着与股市相关的报道，绝望的气息四处蔓延。虽然当时股价已是大幅下跌，很多投资者却认定下跌之势仍会持续，因此纷纷抛售以求避险。

近因偏差的出现是因为人们没有明白收益的真正来源。通常，价格围绕价值波动，会随着价值的变化而变化，所以收益不是来自价格涨跌，而是来自价值创造。当市场因情绪崩溃导致非理性下跌的时候，投资者恰恰应该积极加仓被低估的价值标的。

五是买卖强化。很多投资者会在买入操作之后找一大堆理由来证明自己的行为是无比正确的，并自动过滤掉相左的观点。这种行为的背后诱因是确认偏差。比如，2008年，美国股市受次贷危机影响大跌，为了避免进一步的亏损，投资者清空了股票投资，全部投入债券或现金。然而，几年之后他们的理财回报怎么样呢？

如图7-1所示，由100%固定收益组成的投资组合虽然波动更少，但在2016年12月的峰值回报是39%。相反，始终保持原有资产配置比例的投资者最终获得了116%的高额回报。

为什么要严守投资纪律：因为被市场波动率牵着鼻子走，不利于投资回报

在2008年股市大跌后清空股票转而全部投入债券和现金的"随波逐流"投资者，投资回报如何？

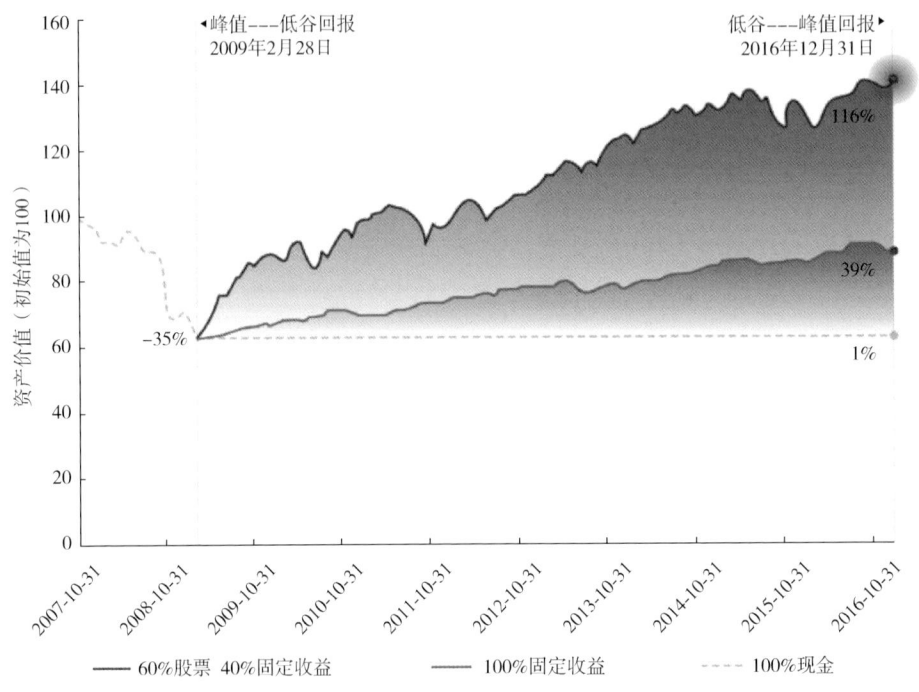

图 7-1 不同配置比例2007—2016年投资收益率对比

资料来源：Vanguard 集团，Datastream。

以上五大行为偏差的共性是：没有盯住价值创造收益这个"锚"。投资者只有重视到这个最本质的东西，才能坚信收益的目标并最终实现回报。

有目标，不能坚持也可怕

人生如逆水行舟，不进则退。我们经常听到一些天资聪慧的人最终一事无成的故事，比如宋代方仲永。很多金融专业人士投资也赚不到钱，为什么？主要是因为没有坚持，这一点上天对众生是公平的。

很多人刚开始理财就想一口吃个大胖子，试图走捷径。"投资之神"沃伦·巴菲特说："使我们感到困惑的是，知道格雷厄姆的人那么多，真正追随格雷厄姆的人却那么少。我们无私分享传播我们的投资原则,并在我们年度报告中广泛地解读这些投资原则。这些投资原则很容易学,也很容易运用。但是,每一个人都只想知道:你们今天正在买入什么股票?像格雷厄姆一样,很多人广泛地认同我们,却很少有人真正地追随我们。"

的确如此,面对价值投资的平坦大道,很多人宁愿去冒险翻越栏杆抄近路。小区花园有平坦的道路,但很多人就是要穿过草坪抄近道。本来可以老老实实上班慢慢攒钱,但是很多人就是想要一夜暴富,去买彩票,去赌博,去搞传销,去搞投机,铤而走险,孤注一掷。

很多人把股票当成彩票,把股票市场当成赌场,想要暴富。股票市场就像一个极其巨大的赌场,很多投资者一边在赌博,一边在大量饮酒,谁都不愿意醒来面对现实。

财富目标应根据实际情况,循序渐进。投资者养成一个良好的理财习惯很重要。刚开始理财的时候,你可以尝试建立记账本,掌握收入、支出流水情况;还可以尝试在银行定投一些储蓄类产品,逐步养成理财的意识;最好先从短期的小目标开始,比如半年后存下 3 万元、1 年后要实现 6% 的理财收入。对于高风险资产认知尚浅的投资者,不妨先用小额资金参与投资,等具备一定的风控意识的时候再考虑逐步加大投资。

第二节　面对波动，资产再平衡策略更有助于实现理财目标

> 管理好风险，收益自然就有了。
>
> ——（美）大卫·斯文森

2021年5月5日，耶鲁大学发布消息称，投资大师、耶鲁大学首席投资官大卫·斯文森因癌症去世，享年67岁。

公开资料显示，大卫·斯文森是耶鲁大学首席投资官，早年师从诺贝尔经济学奖得主托宾，1985年应恩师之邀出任耶鲁大学首席投资官，并在耶鲁大学商学院教书，至今24年。

自大卫·斯文森上任以来，耶鲁捐赠基金的资产规模不断扩大，从最初的13亿美元增长到2019年6月的303亿美元，增长了22倍多，过去10年的年化收益率为11.1%，过去20年的年化收益率为11.4%，是世界上长期业绩最好的机构投资者之一，也因此获得了基金管理界和华尔街的高度关注。

可以说，大卫·斯文森是和沃伦·巴菲特、彼得·林奇、格雷厄姆等人齐名的投资大师，他对于投资界的贡献绝不仅仅是其职业生涯里出色的业绩，而是他对于资产配置组合理论的巨大贡献和成功应用。

大卫·斯文森在《非凡的成功：个人投资的制胜之道》一书中写道："资本市场为投资者提供了赚取投资收益的三类工具，即资产配置、择时交易和证券选择。这三类工具就像'三把钥匙'，只有弄清了这三者之间的关系，投资者才会真正重视那些有利于长期投资目标的因素。"

大卫·斯文森在他的另两本著作《不落俗套的成功：最好的个人投资方法》和《机构投资的创新之路》中都阐述了他的主要投资思想。他推崇

理财嘉网友

这辈子不会再买基金了，2天亏损200元！　幸运的是还好就买了这一点点。

资产配置和动态再平衡，并论述了投资者通过择时交易和证券选择通常并不能带来收益。

资产配置的利器：动态再平衡

动态再平衡策略是由沃伦·巴菲特的老师格雷厄姆率先提出的，后被大卫·斯文森运用。目前该策略在投资者中得到了较为广泛的运用。

比如把用来投资的钱平均分成两份：50%配置在权益类产品，如股票、股票型混合型基金等；另外50%配置在低风险固定收益产品，如债券型基金、货币基金等。

每隔一个固定的时间，可以是3个月、半年或者1年，进行一次资产再平衡，使权益类资产和固定收益类资产的比例重新恢复到1∶1。

举个例子，假设有100万元用于投资，50万元买了股票型基金，50万元买了债券型基金。一年后市场大涨，股票型基金涨了20%，资产变成60万元，债券型基金收益率为4%，资产变成了52万元。

遵照动态再平衡的策略，这时你的总资产112万元，你需要重新分配使得两部分账户各56万元，也就是要从股票型基金账户中拿出4万元到债券型基金账户中，开始进行下一年的投资。如果1年后市场亏损了也是同理，比如50万元股票型基金亏损变成40万元，债券型基金仍是4%收益率变成52万元。这时总资产92万元，为保持两边账户各46万元，需要从债券型基金中拿出6万元到股票型基金账户中。

动态再平衡策略的优点

动态再平衡策略有什么优点呢？

绝大多数投资者都不喜欢波动，而动态再平衡策略的第一个优点就是可以降低波动。

在上面的例子中，50万元亏损变成40万元，亏损了20%，但债券型基金部分没有亏损反而有盈利，总资产92万元仅仅亏损了8%，回撤不足之前的一半。

有投资者可能发现了，虽然这个策略降低了波动，但是市场好的时候也相应减少了收益。我们一直认为，在投资中保持一个良好的心态非常重要，尤其是风险承受能力较低的投资者，既然我们无法赚走市场上最后一个铜板，那么对于长期投资来说，跑得稳远比跑得快重要。

如果你的风险承受能力相对较高且对未来看好，不妨在初始设置比例的时候就调高权益类资产，比如权益类资产和固收类资产为6∶4、7∶3等。

择时很难，但是我们依旧希望每次可以买在低点而卖在高点，这确实很难做到。动态再平衡策略的第二个优点，就是自带高抛低吸的功能。

固收类资产因为收益相对来说比较稳定，所以重点在权益类产品上。

假如今年市场涨得很好，从较低的位置涨到了较高的位置，你持有的权益类产品也上涨了。为了维持平衡，明年就要拿出一部分权益类资产到固收账户中，相当于在市场较高的位置做了一个高抛锁定收益的动作。

如果今年市场跌了，从一个较高的位置降到了较低的位置，同样为了维持平衡，明年就需要拿出一部分固收类资产到权益类资产中，相当于在市场低位做了一个低吸的动作。

模拟自己的动态再平衡策略

我们用沪深300指数和中证10年国债来分别模拟权益类资产和固收类资产的收益，假设2016年年初在两类资产上分别投资了50万元，总资产为100万元，每隔1年进行一次平衡。根据Wind每年的涨跌幅数据进行模拟计算，到2020年年底，总资产变成131.38万元，总回报率31.38%，5年算数平均收益率超过了6%。

表7-2 用沪深300指数和中证10年国债模拟动态再平衡策略

年份	沪深300涨幅（%）	中证10年国债涨幅（%）	年末权益类资产（万元）	年末固收类资产（万元）	平衡后权益/固收类资产（万元）	总资产（万元）
2016年	-11	1	44.5	50.5	47.5	95

(续)

年份	沪深300涨幅（%）	中证10年国债涨幅（%）	年末权益类资产（万元）	年末固收类资产（万元）	平衡后权益/固收类资产（万元）	总资产（万元）
2017年	21	-4	57.5	45.6	51.5	103
2018年	-25	8	38.63	55.62	47.125	94.25
2019年	36	4	64.09	49.01	56.55	113.1
2020年	27	2	81.39	49.99	65.69	131.38

资料来源：Wind。数据区间：2016年1月1日—2020年12月31日。仅作模拟，历史表现不代表未来。

根据Wind数据，2016年年初—2020年年底5年间沪深300指数累计涨幅为36.68%，10年期国债指数涨幅为14.62%。如果全部持有权益类资产，这5年的收益要略高于动态再平衡策略的收益。但是，我们很少有人能够持有单一产品或单一资产满5年，这样的耐心对于绝大多数投资者都不具备。

我们往往喜欢追涨杀跌而不是高点卖出低点买入，如同大卫·斯文森所说，"动态再平衡这是一种逆人性的操作。"⊖

动态再平衡高抛低吸的逆市场操作，通过自律克服人性，高位果断兑现收益，熊市敢于加仓，并且配置了股票和债券这两类相关性很低的资产。

总结来看，动态再平衡要取得成功需要具备两个条件：一是严格执行交易纪律；二是选择相关性很低的资产。这样的策略，说起来简单，做起来并不容易。

⊖ 大卫·斯文森. 非凡的成功：个人投资的制胜之道［M］. 北京：中国人民大学出版社，2020.

理财嘉交流园地

客户来信

我对收益要求不高,也要承受波动?

老师您好:

我今年35岁,在一家新能源车企担任技术负责人。很多人到了35岁会担心因工作能力下降而被裁,但我短期内没有这样的担心,因为互联网技术或许会日新月异,但造车技术却是百年积累,无论软件怎么发展,汽车都需要硬件支撑。我通用汽车出身,现在又赶上了电动车的红利期,收入还算不错,工作多年也积累了一定的资本。

平时工作比较忙,"996"那种,睡觉时间都不太够,更别提像其他股民那样盯盘了,所以投基金对于我来讲是比较合适的理财方式。

因为我在上海定居,有上百万元的房贷要还,还有老婆孩子,孩子刚刚升初中,读的是比较好的私立学校。所以对于我来讲,家庭稳定是第一位,高风险的理财产品我肯定不碰。外加我本金不低,对我来说能跑赢通货膨胀就好了。

我的同事一直投资嘉实稳固收益债券C,3年上涨了27%,我感觉还不错,又看到嘉实基金上线了理财顾问业务,觉得花点小钱,让投顾给我量身定制产品,定期出具配置意见,比我自己挑产品或者跟着同事买要靠谱得多。

开通嘉实的投顾服务已经3个月了,眼看挣了5000元,过几天几乎又没了,我的心也跟着起伏。本身我的要求不高,6%~7%的收益率就行了,挣到手了就再制订下一个计划。为什么这么低的收益率要求,还是会有这么大的波动呢？是不是因为，在收益要求不高的情况下，使用投顾服务还不如去买单只基金？因为投顾会做资产配置，分散风险的同时也分散了收益，我本身匹配的产品风险不高，是不是就不太需要进行分散了？

请问老师，对于我这种情况您有什么好的建议吗？

＊＊先生

回　信

对于收益和波动的理解，你可能存在这三个误区

＊＊先生：

您好！首先非常感谢您对理财嘉的信任，我们深感荣幸。在认真阅读完您的来信后，我们不得不称赞您非常聪明且清醒。

首先，您明确自己的收入大部分是来源于薪资，而不是寄希望于资产翻倍、一夜暴富。这与很多怀揣35岁焦虑、希望仅靠理财就能实现财富自由的人不同。

其次，您能精准感知未来趋势，并挖掘了自己的"护城河"，就是您在技术上的不可替代性，这一点会为您提供源源不断的现金流。

再次，您有清晰的理财目标，知道在本金不薄的前提下，守住本金并跑赢通货膨胀是对家庭稳定的最大贡献。

最后，您了解自己的能力圈和精力，知道应该把专业的事交给专业的人，而不是在市场上找寻一通，耗费精力。同样的时间投入，您用于工作或用于教育孩子，都能创造比用于盯盘更大的价值。

像您这样对自身有清晰定位、做事有理有据的人，未来一定能将家庭经营得更好！

大概是由于术业有专攻，我们发现您在理财上有着三个方面的认知误区：

第一个误区是，您可能认为低波动的理财产品，收益曲线应该是平滑

向上的。

第二个误区是,您可能认为投顾就是做资产配置,推荐你同时投资多只产品,而不是一只产品。

第三个误区是,您可能认为资产配置的目的只是为了分散风险。

下面我们一一说来:

第一,您提到的您同事购买的嘉实稳固收益债券C,它是嘉实基金旗下的一只"固收+策略"基金,产品分类上属于混合债券型二级基金。截至2021年一季度末,它的持仓分布为83%的债券和14%的股票,采取这种股债配比的基金产品,收益率通常在6%~10%,刚好覆盖您的收益目标。但"固收+策略"的基金产品,因为有部分的股票持仓,所以收益率和波动率会略微高于中长期纯债型基金。

您的问题是:"为什么这么低的收益要求,还是会有这么大的波动呢?"这里您提到的收益率和波动率不匹配,其实是您主观上的感觉。

事实上,我们能从市场历史数据中看出,波动率和收益率都是等比提升的。图7-2展示的是截至2021年7月5日,股票型基金、二级债券型基金、中长期纯债型基金、货币基金指数近3年来的业绩表现,其中中长期纯债型基金和货币基金的年化波动率分别为1.10%和0.07%,可能符合您所认为的波动小,但它们的年化收益率分别为4.22%和2.27%,明显达不到您的需求;而年化收益率为7.27%的二级债券型基金,同期年化波动率为4.81%。

7%左右的收益率对应4%左右的波动率,这个收益风险比算下来还是不错的。所以,当您认为你所有持有的组合波动较大时,不妨想想,这个波动是主观上的感受,还是客观上已经造成了损失。

那么,为什么数据看上去还好,心理感觉却是起起伏伏呢?

原因可能在于,您潜意识里希望买了产品后收益每天都能稳步向上,然而实际上收益曲线是波折的,有可能今天翻红,明天就翻绿。只不过放长来看,波动都会被平滑掉,短期的下跌最终会被资产增值消化。

理财嘉网友

再也不买基金了,买了这么久,一天直接变成负数,都跌懵了。肉没吃上,刀没少挨。

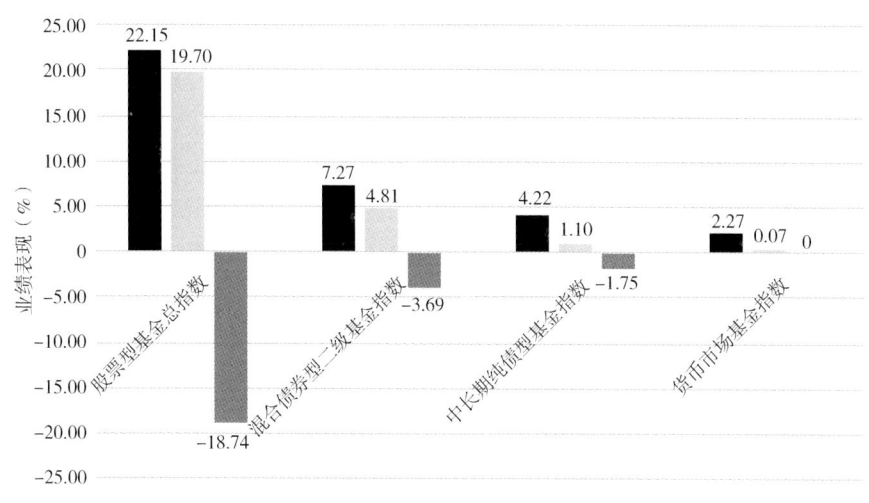

图 7-2 各类基金指数近 3 年业绩表现

资料来源：Wind，数据截至 2021 年 7 月 5 日。

您说您的投资组合 3 个月涨了 5000 元，由于不知道您投入了多少本金，所以不好评判您是否达成了收益目标。不过，我想在投顾的跟踪下，如果您明确告知了您的理财目标，投顾应该会提醒您达成目标卖出。

如果您已经实现了目标，却还没有卖出，那您可能是犯了追涨杀跌的常见错误；如果您未实现目标，那您则可能未正确认知"收益是条曲线"这个事实。

之所以会陷入这些误区，表面上看是情绪使然，深层次原因却是没有锁定目标。我们关注和执行的重点没有跟着理财目标走，而是跟着市场涨跌走。

一旦确立了理财目标，我们关注的就不再是本金的盈亏状态，而是能否达到理财目标。如果没有达到理财目标，我们最好不要结束这笔理财，除非我们这笔钱有其他重要且紧急的用处。虽然我们无法准确预测市场，但是我们有理财目标，这个理财目标就是我们理财中的"锚"，是我们行为的指导方向。

再说第二个误区，您可能认为投顾的工作就是推荐您同时投资多只产品，把"鸡蛋"放到不同的"篮子"里，从而达到分散风险的目的。

实际上，帮您"投"只是投顾的其中一个职能，更多的还在于为您"顾"。比如您投资一个组合一段时间后，组合中的基金品种和比例应该随目标阶段进行微调，但具体该怎么调、调多少，这些令人头大的问题就会由投顾来提醒您。说得通俗点，就是"帮您调"和"帮您卖"，毕竟会买只是徒弟，会卖才是师傅。只是在您的案例中，使用投顾的时间还较短，暂时没有明显的体现。

第三个误区，您可能认为资产配置就是分散投资，会在分散风险的同时分散收益。

全球资产配置之父加里·布林森说过一句话："从长远来看，大约90%的投资收益都是来自成功的资产配置。"

先锋领航（Vanguard）发布的《中国智能投顾白皮书》也显示，资产配置是投资收益的决定性因素，收益贡献占比超过80%，且该比例仍有上升趋势。

资产配置为何具备如此神奇的魔力？原因在于不同资产所处的市场，包括股市、债市、黄金、外汇等，都具备经济周期，通常是你方唱罢我登台。

所以，资产配置组合产品的相关性越低越好。在一项科学的资产配置方案中，投资组合里的各类资产之间要具有弱相关性。例如，假设一个小岛上只有两种产业：一种是大型度假休闲业，一种是雨伞制造业，天气情况决定这两种产业的不同收益，一家效益好的时候，另一家效益不佳。两类资产的负相关性可以相互抵消收益率的上下波动，获得较为稳定的平均收益。这样一来，组合的平均报酬率不变，但是风险（波动性）会减小，达到资产配置的目的。

现实中，完全负相关的产品几乎不存在，但各种资产往往有着截然不同的性质，而且资产之间的相关性也会随着市场风格的变化而改变。因此，实际操作中要以各类资产的历史表现和投资者的风险偏好为基础，战略性地分散投资，对不同类别的资产进行合理配置。这样才能部分或全部弥补在某些资产上的亏损，从而减少整个投资组合的波动性，降低风险，提高收益。

但资产配置不等于分散投资。

打个比方，资产配置类似于烹饪。米其林三星餐厅的很多食材和我们在市场上采购的其实并没有本质的差别，可是为什么它们的大厨就能做出更美味的食物呢？这就是配置的艺术！他们懂得怎么拿捏火候，怎么精确配比食材，需要放5克盐的时候绝不会放6克。

如果资产配置就是简单的分散投资，那就像"厨房杀手"做菜一样，油、盐、酱、醋、料酒、味精，各种调味料放一点，至于谁先谁后、放多放少，"佛性"一点，高兴就好，结果可想而知。

解决了认知的误区，配合投顾专业人士的意见，我们就能在理财之路上走得更远、更轻松。

理财嘉油站

第八章
理财目标制定与理财产品选择

前面几章详细阐释了理财目标的实现。本章补充阐释理财目标的制定以及与之相关的理财产品选择。

第一节 理财目标的制定要有纵横思维

横看成岭侧成峰，远近高低各不同。

——苏轼

为什么当初明明每月3000元的工资，就能过得逍遥自在，现在拿着每个月8000元的工资却寸步难行？为什么明明没房贷没车贷，却也没有任何存款？为什么明明只是用了一下信用卡和几笔不大的消费贷，现在却背负着巨大的债务……在职场工作多年，我们究竟做错了什么，让自己人到中年却陷入举步维艰甚至还债的困窘当中？

请看看下面这些场景，能找到你的身影吗？

看到某宝、某东里面的各种买多少送多少的抵扣券，仔细挑选了几十样自己觉得很有必要买的东西，下单后认为给自己省了一大笔钱还夸奖自己聪明。买回家后却发现选了许多本来不是很需要的东西，最后又成了闲置。

看到新出的手机款式很喜欢，再看看自己刚用一年不到的手机总感觉用着卡，必须换个手机。

看到他人买房、买车、买包包、买名牌享受专用渠道优惠价，立马也想去试试，买完之后又后悔超出了自己的支付能力。

一对夫妻家住秦皇岛，房、车都有，无贷款，家庭月入上万元，日子过得小资。可是突然一天，一场重疾搅乱了温馨的小家庭，面对七八十万元的巨额医药费，他们不知如何是好。

以上的典型案例常常发生在我们身边，表现为冲动消费、面子消费、孤注一掷、活在当下等，表面上是资金分配出了问题，根本原因出在思维方式过于简单化。

本节,我们希望通过纵横思维的学习来改变你思考问题的方式,无论遇到什么事都要从横向、纵向两个方向思考,将各种能想到的因素进行交叉对比,筛选出最有利、最客观的结论。

何谓纵横思维?把问题进行合理拆分

被誉为"创新思维之父"的爱德华·德波诺教授认为,纵向思维即传统的逻辑思维,指的是对局势采取最理智的态度,依靠逻辑一步步思考,直至找到问题的答案;而横向思维指的是对问题本身提出问题、重构问题,倾向于从多方面探索、观察事物的所有不同方法,而不是接受最有希望的方法,并照此执行。

如图 8-1 所示,果 2 代表纵向思维下的大概率事件,果 1 和果 3 代表横向思维下可能存在的小概率结果。采取纵横思维的方式,非常有利于打破思维定式。

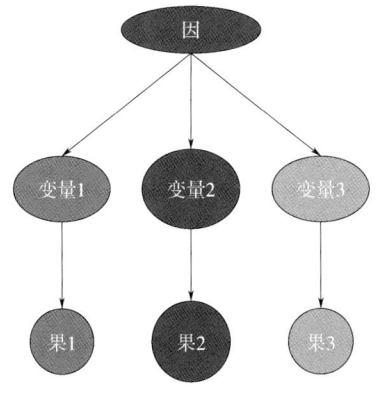

图 8-1　横向思维路线图

注:变量和结果,圈的大小代表概率大小。

来看一个案例:

很久以前,有一名商人做生意失败,如果无法偿还债务,将面临为期不短的牢狱之灾。这名商人有一个很漂亮的女儿,一些心怀不轨的人一直惦记着他的女儿。当听说这名商人深陷困境之后,某天来了一位地产商,他很友善地表示能够帮商人渡过难关,然而提出了一个要求——只要商人愿意将女儿嫁给他,他将承担所有债务。要知道,这位地产商又老又丑,风流成性,还有家暴的倾向,他的前几任妻子都是被他打跑的。

听到如此荒唐的要求之后,商人一脸震惊,愤怒的表情写在了脸上。正当这时,狡诈的地产商又提出了一个建议:"这样吧,我不为难你,我们让上帝来决定。我这有一黑一白两枚石子,我将它们放入口袋,让你的女儿自己摸出一粒,如果摸出的是黑色石子,她嫁给我,我帮你还清所有债务;如果是白色的,我没有任何附加条件地帮你还清所有债务。"

商人的女儿不想让父亲进监狱,她答应了地产商的要求。三人来到花园中,站在一条铺满黑白石子的小路上,地产商弯腰捡起两粒石子,机警的姑娘看到了地产商的花招,原来他捡起了两粒黑色石子,也就是说无论姑娘怎么选都是输。

姑娘看到了地产商耍诈,但是毅然决然地把手伸到口袋中摸出了一粒石子,没想到的是,她的手突然一抖,石子掉到地上了。一时间,众人惊愕,不知如何是好。这时,聪明的姑娘先表示抱歉,然后接着说道:"没事,只要看看袋子里剩下那颗石子是什么颜色的,不就行了。"

最后,姑娘化险为夷,替父解难。如果是纵向思维,姑娘考虑羊入虎口,必定一口回绝,但使用横向思维,姑娘从多方面思考,探索出更多的可能,从而争取到了最优的方案。

人生阶段为纵,资金分配为横

每个人的一生都有大致相同的阶段,少年、青年、中年、老年,我们几乎都是从青年阶段开始自主规划人生的,但每个阶段人生的需求各不相同,见图8-2。

青年阶段:你刚踏入社会,生存能力尚浅,收入比较低。这个阶段,你有两项重要任务:工作和结婚。工作方面,你面临竞争压力,需要不断

理财家网友

心态好一些大概能够在股票基金里面更游刃有余一点吧,普通人大概是不能靠基金股票发财,但是靠它来理财,稍微多赚一点生活费应该还是可以的,不贪婪大概就能获得更多吧。

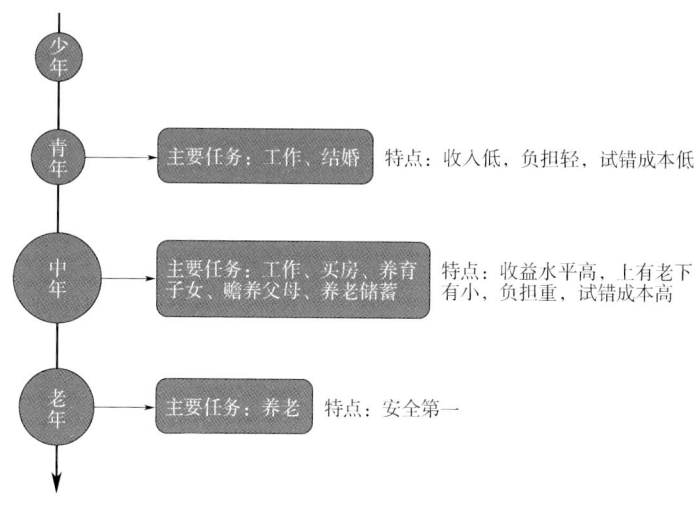

图 8-2 人生的主要阶段与各阶段的需求

努力给自己充电,提高自己的工作技能,希望尽早得到公司的认同,能够升职加薪。感情上,你希望认识一位志同道合的爱人,一起吃饭、看电影、旅游等。

此阶段的矛盾:收入不高但花钱的冲动很强。在此阶段,多少时间用于学习来提高工作技能,多少时间用于谈情说爱,通常也难以权衡。最好的办法是,一部分钱用于自我提升,提高工作技能;一部分钱用于感情投资。这里面,关键还是要克制消费,最好不要做"月光族",尤其是不能过分透支借贷能力,一旦偿还不起债务,不仅感情可能出现问题,连工作都可能内卷。

中年阶段:这个阶段你已经结了婚,生了小孩,可以说上有老下有小。家庭花钱的地方很多,不仅是日常柴米油盐开销,还要给家里买套房子,准备孩子的教育经费,给老人赡养费。家里各方面开支大,不仅包括现在的开支,还包括未来的开支,所以如何多方面提高收入来源是一项重要任务。不过,由于你的工作经验比较丰富,家庭收入也提高了不少。

此阶段的矛盾:由于资产更加多元,如何分配资产是一个难题。还有,家里的主要收入来源是否可持续,比如爸妈会不会失业、身体好不好、人身安全是否有保障等。如果失去主要收入来源，家庭可能面临危机，所以要考虑如何预防。

老年阶段：这个阶段你已经完成了对子女的抚养、教育义务，已经到了该退休的年龄。你需要思考如何打理自己接下来的生活，让自己的晚年过得更加幸福。

此阶段的矛盾：退休后，大部分人失去工资性收入来源，所以保障养老金的安全性非常重要。缴纳的基本养老金是否够你体面地生活？如果不够怎么解决。还有，现在货币贬值速度比较快，通过什么方式让你手中的钱保值增值也是一项重要任务。

第二节 人生不同阶段，理财目标要差异化

> 不要懵懵懂懂地随意买股票，要在投资前扎扎实实地做一些功课，才能成功。
>
> ——（美）威廉·欧奈尔

理财规划贯穿于人的一生，不同的人生阶段，个人或家庭的理财需求不同，投资的侧重点也就不同。比如，年轻人最怕什么？2009年热播的电视剧《蜗居》道出了其中的烦恼——房子太贵。中年人最烦恼什么？时下谈得最多的就是中年危机：职业不顺、创业失败、上有老下有小。老年人最烦恼什么？大部分人的回答是担心老无所依。

每一个人生阶段都会面临不一样的机遇和挑战，所以理财要有针对性，才能有的放矢，积累财富，满足不同时期个人或家庭的生活需求。

我国居民理财方式相对单一

2019年10月，中国人民银行调查统计司城镇居民家庭资产负债调查课题组于中下旬在全国30个省（自治区、直辖市）对3万余户城镇居民家庭开展了资产负债情况调查，发现居民财富分配中实物资产占比近80%，见图8-3。

2018年以来，"6个钱包买房"的说法被提出，即夫妻双方的父母、爷爷奶奶、外公外婆三代人的钱包凑在一起来付首付买房。这一说法在互联网上引发了舆论的广泛热议，并引发道德批判。另外，许多人把储蓄简单地等同于理财，甚至津津乐道"节约就是理财"，这是一种狭隘的认识。

不得不说，改革开放以来，我国居民逐渐富裕起来，开始有些余钱，

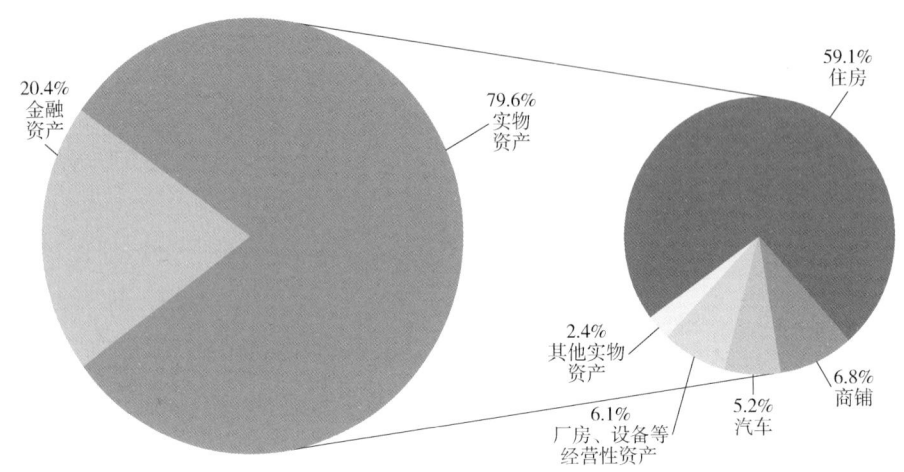

图 8-3　居民财富分配中的实物资产占比

资料来源：中国人民银行调查统计司《2019 年中国城镇居民家庭资产负债情况调查》。

但由于我国金融市场起步不久，大多数人对理财的认识还很肤浅，买房和储蓄仍然是大部分人的首要选择。

然而，居民现有的资产配置结构隐藏着诸多隐忧。有人形象地比喻：如果未来房价下跌，很多居民家庭将由"富"资产变为"负"资产，也就是资不抵债。比如，2020 年以来，受新冠肺炎疫情影响，弃房断供事件比 2019 年飙升百倍，很多家庭境遇雪上加霜。

随着我国经济的不断发展，人们的生活水平不断提高，人们的私有财产也不断增加。近年来，出于流动性过剩、通货膨胀等原因，我国负利率状况更加明显。如果再像以前那样单单将钱存入银行赚取利息是很不划算的。所以，我们应该根据自身状况制定短期、中期和长期理财目标，合理进行理财规划，稳步提高生活水平，保证财务安全，力争实现财务自由。

人生不同阶段，理财因时而变

在国家"房住不炒"政策的引导下，这两年房产投资客慢慢少了起来，"炒股"又开始成为新的舆论风潮。2020 年，受益于火热的股市行情，公募基金出现天量发行。根据基金业协会发布的数据，公募基金全年新发行总规模超过3万亿元，创出历史新高，同比2019年增长1倍多。

哪里收益高去哪里，这本就是资本的天性，然而真正的理财规划不只在于收益的最大化，而在于个人资产分配的合理化，包括现金、银行存款、股票、债券、基金、房地产和保险等几大部分的合理搭配。

从经济独立开始，就要进行有计划的理财。理财存在风险，我们应该在进行资产保值增值投资前估算一下自己承担风险的能力。任何人对于风险都有一定的承受限度，超过了这个限度，风险就会变成负担或压力，甚至会对我们的心理、生理、工作和生活造成伤害。

由于不同人生阶段个人的净资产和风险承受能力是变化的，因此投资策略在其整个生命周期内也要相应地变化。下面我们就人生在不同阶段的财富状况和理财侧重点来简单分析一下相对应的理财策略。

一是少年·准备期。

在上学以后、工作之前，我们的资金来源可以说完全靠父母，就连过年的压岁钱也是用父母给其他小朋友压岁钱交换得来的。这时似乎不需要我们理财。但理财的观念和能力非一朝一夕所能培养，从小培养显得至关重要。我们从手头握有的零花钱开始，到一笔笔压岁钱，从小钱中学会分配、学会规划，上大学后就能够顺理成章地规划好自己的生活费了，为经济独立后的理财打下基础。这一时期可称为准备期。

二是青年·单身期。

年轻人刚开始工作，收入不高，但通常有较强的消费倾向，使得消费占收入的比重很大，储蓄较少，有成为"月光族"甚至负债的可能。很多人在这个阶段对收支没有规划，只重眼前，持有的资产以现金或存款为主；还有一部分投资者可能存在投机心理，希望通过炒股来以小博大。

在这一时期，年轻人无太大的家庭负担，身强体壮，因为要为未来家庭积累资金，所以应尽可能地找一份高薪工作，提高储蓄率，有计划地积累人生第一桶金。此时应该主要进行低风险投资，投资目的更多的在于积累投资经验。另外，年轻人活力四射，外出比较频繁，风险较大，应考虑风险发生后对父母的影响。年轻人的保费相对较低，可为自己买点定期寿险和意外险，减少因意外导致的收入减少或负担加重。

三是青年·二人世界期。

新婚阶段的家庭，收入以双薪为主，经济收入较单身时逐步增加，已经有一定财力。从经济压力层面上讲，除了需要买房、买车，也需要为子女的出生和后期教育做好理财规划，所谓"兵马未动，粮草先行"。

这个阶段可说是完成自身原始积累的重要阶段，可承受高风险的资产投资，投资应重点追求收入的成长性，可适当选择高风险高回报的理财产品。同时，可合理使用信用卡，通过无息贷款获取差额收益。

四是中年·三口之家期。

作为三口之家，家庭成员比较稳定，收入以夫妻双方的收入为主，既要承担一部分赡养父母的责任，又要养育子女，其中教育金筹集在这一阶段最重要。在保险需求上，作为最重要的经济来源，不仅要为夫妻双方购买保险提供保障，还要考虑家庭、家人健康的双重保障，可以根据家庭状况选择适当的健康险。而因收入处于高位，负债（房贷、车贷等）逐步减少，此时的收入大于支出，所以这部分超额收入就可以用于投资。

在保险的配置上首选重疾险。同时，需为自己购买较高额的寿险、意外险和特种疾病险，再配合住院险和津贴型保险，万一发生意外可使孩子和家庭得到经济保障。这一时期投资既要有低风险的存款或债券作为保障，又要采取较为稳健的投资策略，投资一些高风险的股票和基金。

五是中年·成熟家庭期。

这期间，自身各个方面都已达到最佳状态，已经还清大部分或全部的债务，再加上子女开始独立，家庭负担逐渐减轻，因此最适合积累财富，理财应侧重于扩大投资。但由于已进入人生后期，万一风险投资失败，可能会葬送一生积累的财富，所以在选择投资工具时应更关注个人资本的保值。保险是比较稳健和安全的投资工具之一，虽然回报偏低，但作为强制

理财嘉网友

为什么我每次在支付宝买完基金，微博热搜必定有基金热搜，刚刚又买了两只基金。

性储蓄，有利于积累养老金和保全资产，是比较好的选择，应逐渐减少用于风险投资的资金。在保险需求上，偏重于养老、健康、重大疾病险。

六是老年·退休养老期。

在此阶段，生活费用来自退休薪金收入和先前的投资收入，包括之前购买的人寿保险的给付。由于赚钱的时期已经过去，医疗费用支出增加，支出大于收入，需要动用之前的储备金，甚至变现资产来支付退休后生活费的开销，所以此时倾向于为资产寻求更好的保护，以保证有充裕的资金安度晚年。

这个阶段最好不要进行风险投资，应以存款、国债等低风险品种为主。对于资产比较丰厚的家庭，可采用合法节税、避税的手段，比如购买保险或把财产有效地交给下一代。

第三节　人人离不开的三类账户

> 除非你真的了解自己在做什么，否则什么也别做。
> ——（美）吉姆·罗杰斯

在上节我们讲到，人的一生纵向可以分为少年、青年、中年和老年。其中后三个阶段最关键，都离不开三类主要的活动：衣食住行、家庭收支、平平安安。由此产生了三类账户：一类账户用于日常花销，一类账户用于保险，一类账户用于理财。

活钱账户满足我们日常需要

我们常说"一分钱难倒英雄汉"，也经常说"有钱不是万能的，没钱是万万不能的"，其实这里的钱说的主要是活钱，是随时可以周转、流动的钱，可见活钱有多么重要。还有句俗话说"开门七件事，柴米油盐酱醋茶"，也是寓指花钱的地方多，随时随地都要消费。下面我们来具体聊聊为什么需要活钱账户。

一是应对不时之需。

现在很多年轻人的消费观念都比较超前，手上一般没有现金，都是靠刷信用卡或者借"花呗""借呗"过日子。如果连续几个月没有收入，就会陷入"经济危机"。特别是近两年新冠肺炎疫情反反复复，难以短期肃清，这让很多人明白了"储蓄才是决定一个人生活品质最大的底色"。

2019年，在小公司上班的小张，在朋友的影响下也盲目地买了一套房。一年后由于新冠肺炎疫情暴发，公司破产倒闭，小张被迫失业，无力继续偿还月供，找不到解决办法之下就"弃房断供"了。结果房子被拍卖抵债，还倒欠银行 30 万元，小张对此后悔不已。

事实上，2020 年个人法拍房数量相比 2019 年飙升，说明当下很多家庭确实是"囊中羞涩"！试想，如果你手上没有足够的生活费，敢跳槽、敢去做自己喜欢做的事情吗？没有活钱，人生总有一种被圈住的感觉，很难受！

二是养成记账习惯。

理财就是理生活。准备活钱不仅是为了应对不时之需，很多时候也是让我们养成一个记账的习惯，帮助我们了解自己的消费习惯，明白钱是怎么花掉的，然后知道哪些钱是本不该花的，哪些钱是可以省下来的。

推荐大家可以用笔记下来，写在记账本上，这样记忆更加深刻，每次要买什么提前做好规划，每次买了什么东西也要及时记录。家里有小孩的，由于他们对金钱没有任何概念，每次去逛商场都是张口要这要那。我们可以要求他们写日记，记录今天买了什么、花了多少钱，下次想买玩具应该是在什么时候，控制在多少金额以内。慢慢地，孩子就可以改掉随时随地想买玩具、礼物的习惯了。

三是量入为出，改变花钱顺序。

再向前一步，我们可以改变花钱的顺序。由于"支出 = 收入 − 盈余"，之前是按照每个月要花多少决定储蓄多少，现在不妨先决定每个月储蓄多少再决定消费多少，真正做到"量入为出"，避免"月光"。

保险账户让我们降低不确定的损失

保险的钱同样是资产分配过程中所必须考虑的。这里说的保险主要是各种意外险。还有一种需要重点关注的保险是养老险，这个相当于用我们现在的投入换取未来多领一份退休金。

优先购买意外险。

人难免会生病或受伤，意外险主要用来预防这些风险，通常只占家庭资产的一小部分比例。买一些医疗、意外、重大疾病的保险，每个月支出不多,平时看不出用处,但到了关键时候就能用小钱换取较大的补偿(比如 200 元换 10 万元),极大地减缓家庭压力,避免一夜"因病返贫"。保险账户要注意专款专用。

现在各个保险公司、银行,还有各种理财 App,如支付宝、腾讯理财通等,都有多样化的保险服务,可供大家选择的产品很多。有一点大家一定要注意,那就是一旦购买了某一类保险,往往需要在未来的一定时间里每年都持续投入金钱,否则之前的投入就算作废。从这个角度来说,大家买保险要做好现金流的管理和规划。

养老险可趁早购买。

每个人都会老去,都会面临着退休的那天。单凭目前的养老金,是不足以支撑我们未来的生活的。如果到退休的时候,既没有一技之长,也没有单位返聘,儿女生活得也不好,我们可能就比较难受了。

我们总是优先考虑孩子,却很少想到自己将来也可能面临老无所依的局面。因为爱孩子,相信现在把一切给了孩子,以后老了孩子也一定会对我们好。现在,我们要秉承一种观念:孩子因我们而生,却不是为我们而活。他们有自己的生活,对我们好是我们的福气;如果对我们不好,我们又该怎么办呢?

趁早购买养老险。

现在各大保险机构都推出了各种养老险产品,可以根据家庭所需进行配置。养老 FOF 基金也是这两年国家力推的一种模式,它和养老险相对,前期投入费用没有那么多,本金随时能取回来,收益更加可观。这也是改善家庭资产配置、推动我国养老体系长期发展的重要途径。

理财账户让我们的资产保值增值

我们常把理财"保值增值"挂在嘴边,是因为它点出了理财的两大主要目的:一是保值,二是升值。

一是要有保值的钱。

每个人都要为自己的养老早做打算,还有子女教育也是要面临的支出。

这个账户通常就是用来服务、保障家庭成员的养老、孩子教育以及留给孩子的钱，一般占家庭资产的大头。这笔钱的支出是中长期的、刚性的，所以做到保本增值很关键：一方面，对本金的安全性要求很高；另一方面，如果能抵御通货膨胀更好，不用一味追求高收益率。

2015年，小江拿着家里的钱买了不少基金，市场太火爆，账户上每天进账好几万元。小江跟爱人说："今年咱们得换个大房子，然后再给你买辆车。我把家里备用积蓄都拿去投权益类基金，还动员岳母把家里的门面卖了。"可是，不久后就遭遇了股灾，跌、继续跌、不停地跌。最终，小江亏掉了1/2的本金后"割肉"出局，而丈母娘因此与其结怨，爱人也常常以泪洗面。

要注意，保本的钱不能随意取出，最好保持固定的存入节奏，不然钱花着花着就没了，这个账户的钱也始终攒不起来，到该用钱的时候你就会"穷困潦倒"。

二是要有升值的钱。

人不能一辈子工作，除了工资收入，还要想办法获得理财收入，靠投资生钱。这个账户就是为了得到较高的投资收益，用来购买股票、基金、房产等。但也要注意，收益伴随着风险，收益越高风险就越高，所以要注意投资占比合理，使得亏了、套了都不能对家庭产生致命的打击。

经常有投资者说，我不参与股市，我也不买股票型基金，因为风险太大了。这里说的风险其实是指股市、权益类基金的波动大，但波动到底是风险还是机会，取决于投资的时间，这一点我们在前面已经充分论证过。对于短期投资、很快就要用钱的投资者而言，净值变动是很大的风险；对于投资期限是几十年的投资者而言，出现剧烈波动的时候往往是投资的机会。

还有一些投资者觉得风险就是不确定性，其实这也是两个不同的概念。风险指面临受伤或者损失的可能性，比如上战场打仗、去疫区做志愿者；不确性是指无法预测的事件或者结果，比如我们无法预测股市明天的涨跌。

不确定性不一定是风险，它带给我们的也可能是机会。投资的奥妙就在于其不确定性。沃伦·巴菲特说："别人贪婪时我恐惧，别人恐惧时我贪婪"。这句话道明了他在不确定性中获利的秘密。每当美股大跌的时候，沃伦·巴菲特总持有大量现金参与抄底，这也是他被人广为称道的高明之处。

所以，在进行投资的时候，一定要分散投资，合理控制仓位，保持与市场一定的距离，这样才能始终保留两份资本：一份是情绪资本，在大跌或者崩盘的时候，不至于焦虑而出现操作失误；另一份是财富资本，始终能预留一定现金仓位，不至于在市场底部没有钱加仓。

综上，这三类账户的设立都是很有必要的。只有平时做好规划准备，遇到大笔的钱财支出时才不至于慌乱手脚，到处借钱，对自己和家人也才有较好的保障。

理财嘉网友

昨天晚上梦到我的基金亏了。今早打开一看，果然亏了。

第四节　理财要有舍有得

> 如果你没有做好承受痛苦的准备，那就离开吧，别指望会成为常胜将军。
>
> ——（美）乔治·索罗斯

2016年，因涉嫌巨额非法集资，某平台被相关部门立案调查，在理财市场引发轩然大波。涉案理财资金高达700多亿元，牵涉近90万名投资者，受害者遍布全国各地。该平台广为人知的宣传口号是："1元起投，随时赎回，高收益，低风险。"很多投资者事后表示，当时因为轻信该平台保本保息、灵活支取的承诺才上当受骗。

投资者徐先生算了一笔账："我拿10万元比较的话，在银行放一年才赚2000多元；放在该平台那边的话，它承诺的利率是14.6%，放一年就能赚14 000多元。"投资者席女士则称，自己是被该平台以灵活支取的承诺吸引了："一般的理财产品不能提前支取，但该平台提前10天也可以拿出来。"

稍有投资常识的人都应该知道，高回报必然隐藏着代价。其实，不只是这家平台，整个P2P行业广泛宣传的"高收益、低风险、灵活支取"都是违背"理财不可能三角"铁律的，所以整个行业遭遇重大挫折。下面，我们来详解这条铁律。

"理财不可能三角"原理

我们都希望自己买的理财产品，不管是基金、银行存款，还是保险、信托等，能够同时满足收益性高、流动性强、风险性低这三个条件。但往往事与愿违，因为没有金融机构可以提供这样的产品，最多只能同时满足我们两个条件，这是为什么？

首先，我们来了解一下流动性、风险性、收益性各自的内涵。

什么是流动性？

它是指任何资产或金融工具在不影响其价格的情况下，可在市场上快速成交。用通俗一些的话来说，就是放出去的钱是否容易拿回来，越容易拿回来，流动性越好。比如银行活期存款，可以做到随取随用；货币基金，现在是1万元以内实时到账；公募基金，通常情况下，第二个工作日到账；股票，在没有跌停、停牌等情况下，只要卖出马上就可以变现，就可以提出来。虽然这些资产的流动性各不相同，但都具有较好的变现能力。

还有些资产，在购买的时候会明确约定封闭期，在封闭期中投资者不能取回本金，如封闭或半封闭式基金、银行理财产品、信托。这些类型产品的变现能力就没那么好了。

再有，股权投资、定增投资或定期开放基金，锁定期通常是3年。还有一个不得不提的就是房地产。现在房地产正在回归住房属性，具有金融属性的只是极少数城市的核心地段，多数城市的房地产的流动性是很一般的。这两年，如果你在一般的地段购置了投资房，又不想降价，这个房子恐怕就难以交易，没人接盘的房子就成了真正意义上的"不动产"。

什么是风险性？

它是指收益的不确定性可能带来本金的损失。简单一些说，就是你能全额拿回理财本金的概率。比如货币基金、国债逆回购、微信钱包、支付宝等非常安全，本金基本上不会有损失的可能；而如果你买权益类基金，损失本金的概率就比较高。

什么是收益性？

收益性是最好理解的，它是指在确保资金安全的前提下获得一定收益的能力，比如某理财初始投入100元，一年后预期变成120元，预期收益率就是20%。再比如比特币，2020年的涨幅接近了300%，这个收益性就很高。

熟悉了各自内涵之后,我们来看看"理财不可能三角",请参考图8-4。

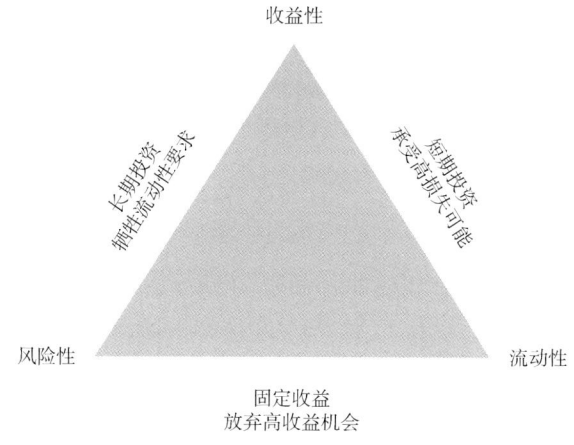

图 8-4 "理财不可能三角"

假如理财产品的收益性高、流动性好,比如股票、外汇保证金交易、黄金 TD、期货等,你就要面临很高的损失本金的风险。

假如理财产品的风险性低、收益性高,那么你想赎回变现就没那么容易。比如,以前的信托产品,虽然没有明确约定,但基本上买卖双方都默认是刚性兑付的,但有一个前提就是必须要锁定 3 年甚至更长时间。万一在此期间需要钱呢?不好意思,这些钱你拿不回来,必须要等到约定的时候才能退出。

假如理财产品的风险性低、流动性好,你就不要期望有太高的收益率了。比如货币基金、债券型基金,你觉得它们能给你高收益率吗?

退一步讲,假如三个条件能够同时满足,会出现什么样的情景呢?可以想象,这么好的产品,资金一定会源源不断地流进来,直到三个条件出现改变为止。很显然,这样的假设不会成立。

明白了"理财不可能三角",就可以明白市面上那些声称自己有"高收益、低风险、随时赎回"产品的公司都是骗子。选择这种不能兑现承诺的理财产品,本身就是很大的风险。

请记住：同一个产品，不可能同时满足高安全性、高流动性、高收益三个标准，最多只能同时满足两个。

"好"理财是收益性、风险性和流动性的最佳平衡

理解了"理财不可能三角"，你也就明白前面所讲的"理财是和自己比，不是和别人比"。因为不同的理财客户，财务状况、目标需求、风险收益偏好、现金流等客观条件都不相同，所以我们一直强调，在制定理财目标的时候，一定要从自身因素出发，根据自己的实际情况定目标。理财是自己的事情，不适合与人比。我们可以借鉴别人的经验、方法，但一切最终都要从自己的角度出发，符合自己的才是最好的。

想象一个场景：你现在有一笔房贷要在未来 20 年还清，希望能买一个理财产品去匹配这项需求。我们来做一个简单的梳理：

一是理财的收益与风险。收益率和房贷利率持平或略高于房贷利率即可，假设房贷利率定在 5%～6%，收益率太低覆盖不了房贷，不如提早还款，因为货币都是有时间成本的。另外风险敞口要尽可能小，尽量避免本金遭遇损失的风险。

二是理财的期限。通常来说房贷的期限都是 20 年或更久，这里假设是 20 年，那么我们也要在未来留有充足的时间去打理这笔理财。事实上我们实现理财目标所需的时间肯定是少于 20 年的，因为越往后，我们欠银行的钱会越少，而我们理财的收益叠加本金会越来越多。这也从侧面说明了，理财需要静待时间的玫瑰绽开。

三是理财的投入。我们每个月都需要还房贷，这笔支出有时候是在发工资之前，有时候是在发工资之后，但这笔钱是一定要按时足额打到银行账户的。在工资到手以后，我们可以取出一部分直接投入理财产品，金额由我们自己分配。投入越多，未来可能赚取的收益也越多，还清房贷的时间就越早。

我们以成立于 2008 年的嘉实多元债券 A 基金为例进行定投，其年化收

益率数据见图8-5。

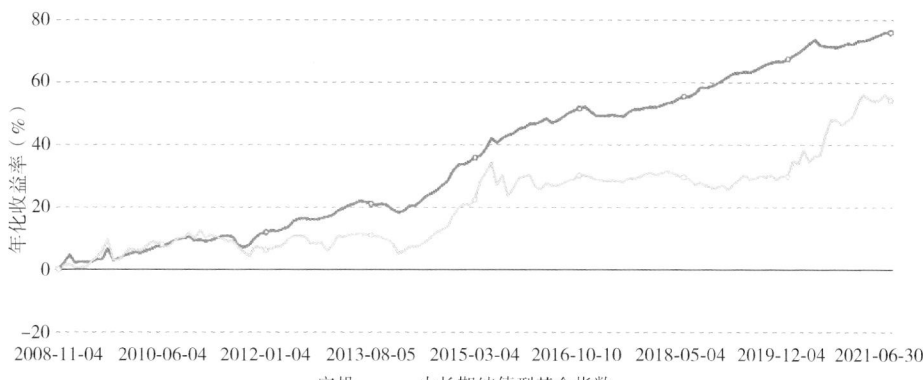

图 8-5　嘉实多元债券 A 定投模拟曲线

资料来源：Wind 定投计算器。

以嘉实多元债券 A 作为定投基金，定投起始日 2008 年 11 月 1 日，截止日为 2021 年 6 月 30 日，按月定投 2000 元，每月 1 日为定投日，红利转投，申购费率为 0.15%。经过定投模拟计算后，其年化收益率为 6.60%，明显高于同期的房贷利率，见表 8-1。

表 8-1　嘉实多元债券 A 定投模拟计算结果

指标	总期数	总投入（元）	总资产（元）	总收益（元）	总收益率（%）	年化收益率（%）
定投	152	304 000	468 372.64	164 372.64	54.07	6.60

资料来源：Wind 定投计算器。

这笔理财的收益高不高？和买股票型基金或者直接炒股相比要低很多，但为什么说这笔理财对于还房贷是一个很好的选择？因为它满足了理财的目标：首先是资金相对安全；其次是收益率和房贷利率持平；最后是流动性有保证，可以随时取出。按照"理财不可能三角"理论，这笔理财牺牲了收益率，但保证了资金的安全性和流动性。

所以说，理财的好坏要看与理财目标的匹配情况，是收益性、安全性和流动性三者的一个最优组合，能匹配的就是好的理财。

第五节　理财产品没有好坏，只有适合不适合

> 现在已然衰朽者，将来可能重放异彩；如今倍受青睐者，未来可能日渐衰败。
>
> ——（美）本杰明·格雷厄姆

你是否经常会被问到这样的问题：今年，你买的理财产品收益率怎么样？

说到理财产品，每个人的想法都是给自己买好的，可什么样的理财产品才算好呢？如果你到银行去问，银行的理财师会说，今天有一款理财产品非常好，年化收益率有4.8%，很合算的。如果你问保险代理人，他们会说，买某某保险产品吧，这款产品带分红的，5年下来收益很好。如果碰到做股票的人，他们会说，还是做股票最好，要是运气好，赶上一个涨停板，一天就能赚10%。

在多数人的眼光中，判断理财产品好坏的唯一标准就是收益率，收益率越高，产品就越好。这样的判断依据对吗？

上节中，我们讲到了"理财不可能三角"，由此认识到选择理财产品是一个向内寻的过程，即要清楚了解自身的实际需要，而不是与别人比较。因为，每个人的需求重点都不一样，关注的不只是收益率，还有流动性和风险性。所以，不能简单地通过收益率来评价理财产品的好坏。

理财产品本身没有好坏

理财就是理生活，好的理财产品应该以提高人们的生活品质为目的。

> 理财嘉网友
>
> 炼金小赚十元，基金亏了八元，我们都有光明的未来。

作为人,我们都有最基本的消费需求,具体表现为衣食住行等。这些需求每天都要花钱,适合活钱账户管理,做到随取随用。另外,"天有不测风云,人有旦夕祸福",自古有句话叫"一病穷三代",出于对医疗、重疾、意外等的预防,我们需要给人生准备必要的保险。还有,每个人都会老去,所以为将来准备一笔必需的钱,通过理财延迟满足也很有必要。总之,生活的多样性需求最终导致了理财产品的多样化。

标准普尔公司(Standard & Poor's)是全球最具影响力的金融分析机构之一,总部位于纽约。该公司曾调研了全球 10 万个家庭,这些家庭都有一个共同的特点,那就是过去 30 年家庭资产一直在稳步上升。标准普尔公司深入分析总结了他们的家庭理财方式,最终绘制出一张成功理财的寻宝"地图"——标准普尔家庭资产象限图,简称标普资产象限图。如图 8-6 所示,该象限图一共分为 4 部分,分别对应日常要花的钱、保命的钱、保值升值的钱和生钱的钱。

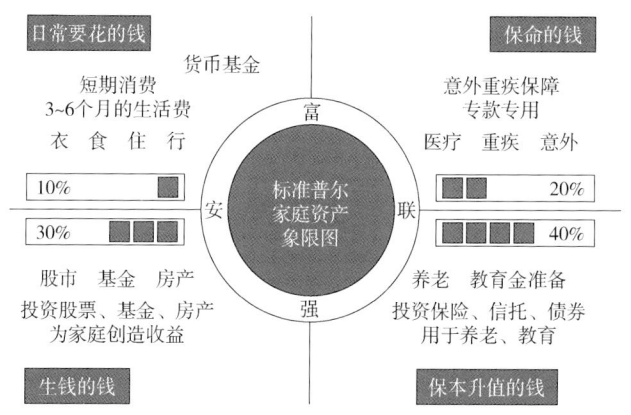

图 8-6　标准资产象限图

调查统计后发现,日常要花的钱大概占 10%,保命的钱大概占 20%,保值升值的钱大概占 40%,生钱的钱大概占 30%。当然,在实际运用时不能死搬硬套,因为每个国家的经济结构、消费理念、税费结构以及每个家庭的成员构成、所处阶段都有差异性。

理财没有放之四海而皆准的法则,但其中的许多理念无疑具有较强的参考借鉴意义。标普资产象限图至少告诉我们，理财是需要分类管理的。每一类理财产品都有其特定的用途和价值，所以理财产品本身没有好坏。

可能有人会反问：如果说理财产品本身没有好坏，那为什么同一类型的理财产品收益率有高有低呢？

其实，影响同类理财产品收益率的因素有很多，比如基金管理团队的风险偏好、专业领域的局限性、时间周期、行业景气切换、意外事件等。拿基金管理团队的风险偏好来说，有的基金管理团队偏重价值投资，有的基金管理团队偏好成长投资，还有基金管理团队偏好景气投资等，这些主观因素无法回避，具有很大的不可控性，难以量化，因而导致基金收益率的差别。再拿时间周期来说，有的行业短期爆发力强，有的行业长期持有利润丰厚，所以仅看一段时间很难说前一种行业比后一种行业好，相应地，基金也很难去比较好坏。

综上，理财产品本身没有好坏，即使是同类型理财产品，也不能仅凭收益率比较孰优孰劣。

理财产品，适合的才是最好的

相信很多投资者都有这样的经历：无论你是购买银行理财产品还是购买公募基金，都要先完成一系列理财测试，测试的内容涉及收入状况、风险偏好、持有周期、投资经验等各个方面。

每个投资者都要如实回答每一道题目，之后系统会根据答案来认定投资者的风险偏好等级，从而完成理财产品的推荐。比如，根据证监会的规定，每家基金公司都要严格按照《证券期货投资者适当性管理办法》对投资者进行分类，不能销售高于投资者风险偏好等级的理财产品，投资者类型与基金产品风险等级匹配情况见表8-2。

表8-2 投资者类型与基金产品风险等级匹配

投资者	基金产品风险等级匹配
C1 保守型投资者	R1

（续）

投资者	基金产品风险等级匹配
C2 稳健型投资者	R1、R2
C3 平衡型投资者	R1、R2、R3
C4 增长型投资者	R1、R2、R3、R4
C5 积极型投资者	R1、R2、R3、R4、R5

资料来源：嘉实基金。基金产品风险等级的内涵详见官方资料。

如果你是一名稳健型投资者，适合你的产品风险等级是 R1 和 R2；如果你是一名增长型投资者，适合你的产品风险等级是 R1、R2、R3 和 R4；依次类推。

当然，如果你想系统地给自己做一份理财规划方案，可以按照下面三个步骤来尝试。

步骤一：明确理财目标。

人的一生有 5 个关键财务节点：工作、结婚、置业、养育、退休。每个节点，我们都要准备一笔客观的现金流。除自己外，还有我们最想保护的人：父母、配偶、子女等，他们的需求也构成了我们的理财目标。

步骤二：搞清楚目前的资产负债和收支状况。

拿出一张白纸和一支笔对以下情况进行记录：我们的资产，包括银行账户、不动产、理财账户等；我们当下的债务，包括信用卡、抵押贷款、消费贷等；我们每个月的可靠收入与支出状况。

步骤三：认清个人风险偏好。

人有高矮、胖瘦、黑白、美丑之分，同样地，投资者风险偏好各有不同，有些是主观决定，有些是客观制约。主观方面，有些人为了追求高收益宁愿冒巨大的风险，还有些人只想要最确定的收益，什么风险都不想冒；客观方面，有些人急着买房结婚，有的人给子女准备教育金。所以，没有一个普适的投资建议，只有因人而异的投资建议。

步骤四：合理配置资产。

在配置资产上，可以引入账户的概念，即根据不同的理财目标和需求，把资产分成三个账户进行打理。

一是应急账户。应急资金因人而异。如果是终身教授,资金可以保障3个月即可。多数人只需一笔可以保障6个月左右生活的资金便绰绰有余。而如果你是接二连三创立新公司的企业家,24个月的资金也不一定够。总体而言,需拿出3~6个月的生活资金作日常开销。对于"月光族",要尽可能克制消费,实在不行就努力提高自己的工作技能,争取更高的薪水来弥补日常的赤字。

推荐产品:货币基金、短债型基金。

二是防守账户。保险保障是防守的重要手段,想知道你是否需要保险?有一条很简单的法则:如果有人在经济上依赖你,你就需要一份保险:为人父母,不想孩子因家庭财务波动而无法完成学业;为人子女,不想父母因家道衰落而老无所养;为人丈夫,不想妻子因家庭的风浪而起早贪黑。作为家庭的顶梁柱,如果我们突然丧失劳动能力,最差能获得保险的一次性赔付,给家庭提供一份额外的保障。

推荐产品:重疾险、定期寿险。

三是理财账户。理财账户可以分成保值部分和增值部分。对于保值部分来说,按照国家统计局发布的近10年CPI指数,10年前的63元相当于现在的100元,所以通货膨胀是最悄无声息的财富再分配。在这个账户里,我们要准备子女教育金和养老金等。这部分钱是我们提前储蓄起来将来必须要花的钱,所以账户的风险性不能大,收益性只求年化率4%~6%的稳健收益即可,流动性要求不是很高。

推荐产品:债券型基金、"固收+基金"、银行理财工具。

除了保值的部分,我们做理财更多的还是希望能够让资产增值。在职场上摸爬滚打10年左右的人士,一般会有一定的积蓄,比如50万~100万元不等。这个阶段手里有一定的余钱,适合长期投资在远期收益率较高的资产,对这类资产的收益性和流动性要求不是很高。

推荐产品:股票型基金。

综上，理财不是有钱人的专利，不管资金多少，每个人都有"财"可理，只是针对财富的多少，每个人的理财方法、理财侧重点各不相同罢了。每个人都需要根据自己的资产状况找到最适合自己的理财方式，包括最基本的储蓄，都是迈出理财投资的重要一步。同时也提醒大家，市场有风险，投资需谨慎，选择可靠的财富管理机构为你管理资产，不失为一种可靠的理财方式。

第六节　多元资产配置中公募基金受青睐

> 不知道未来会发生什么并不可怕，可怕的是不知道如果发生了什么时该如何应对。
>
> ——（美）乔治·索罗斯

资管新规的出台和"刚兑"时代的结束，既是对理财旧时代的告别，也预示着理财新时代的到来。

权益类产品将迎来新时代，固收类产品也会获得新发展，对投资者的专业能力要求将不断提高。投资者在选择理财产品的时候，不能只看收益率的高低，还要考虑理财产品的风险、投资时限、本金需求等因素。

你在选择理财产品的时候，有没有遇到下面类似的问题：

【案例1】2020年8月，某信托产品220亿元应收账款证券化产品爆雷，该事件刷爆金融圈。事后调查发现，该产品无三方确权，底层资产投向不明，产品信息披露不彻底。

【案例2】2020年10月，总资产超过1900亿元的某汽车集团证实，发行的规模为10亿元的私募债"17某汽05"未能按期兑付。自此，国企债刚性兑付信仰被打破。

近几年，各种理财、私募基金风险事件层出不穷，一方面反映资管行业整体的规范性还有待加强；另一方面也反映投资者理财知识普遍匮乏，风险识别能力普遍不足。

在行业规范上，自2018年资管新规发布以来，银行理财、公募基金、私募基金、信托等行业的资管标准逐步统一，包括理财刚性兑付被打破，

理财嘉网友

基金的涨跌都是正常的，什么时候入市，什么时候收割，需要不断学习理论再去实践。相对股票，基金的风险还是要低一些。

资金池、各种牌照红利和监管套利也被逐步规范，行业由此开启了高质量发展的新阶段。

理财的抓手：资产配置多元化

大概从 3 年前开始，我们陆续收到很多投资者的咨询，问为什么市场上能够接触到的年化收益率在 4% 以上的保本固定收益类产品越来越少了，同时信托产品到期无法兑付的情况越来越多了。很简单，因为"刚兑"时代已经结束了。

告别"刚兑"，我们正迎来一个真正的财富管理时代，多元化的资产配置成为大势所趋。专业的理财服务机构，将依托自己的专业能力，在全市场范围内选择合适的产品，来服务客户。

全球资产配置之父加里·布林森通过分析大量案例数据后指出："做投资决策，最重要的是要着眼于市场，确定好投资类别。"

先锋领航（Vanguard）发布的《中国智能投顾白皮书》显示，资产配置是投资收益的决定性因素（图 8-7），收益贡献占比超过 80%，且该比例仍有上升趋势。

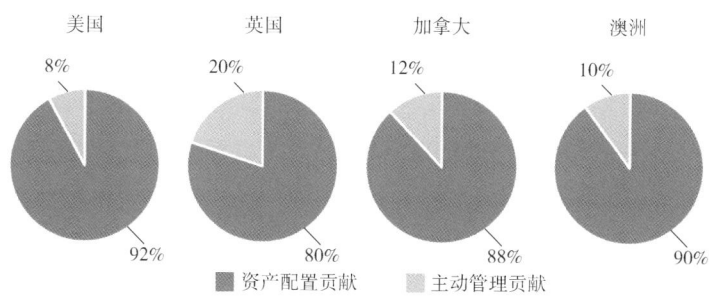

图 8-7 资产配置是投资收益的决定性因素

资料来源：Wind、嘉实基金，数据截至 2020 年年末。

在很多金融服务业非常发达的市场，大约 90% 的投资收益都来自成功的资产配置，通过资产配置，其受有价证券价格波动、投资时机的选择等因素的影响比较小。其原因就在于，不同资产在不同经济周期下就像一个跷跷板，只有设置合理的配置比例，才能平滑不同类别资产在不同周期的表现，对抗通货膨胀，获得绝对收益，让财富保值增值。

从2015年开始，我国的国债收益率总体上是下行的（图8-8）。简单来说，市场上不缺钱，缺的是好的投资方向。

图8-8　10年期国债收益率走势（2015年1月1日—2020年12月31日）

资料来源：中国货币网、Wind。

随着无风险利率长期下行逐步成为共识，我们认为应对方式只有两种：①接受收益不断下行的理财产品；②通过专业化的机构，拥抱具有波动性的标准化资产，如公募基金、私募基金等，采取适度分散的资产配置，通过各类资产间的低相关性来获得"合理波动下的预期收益"。

每个人的风险承受能力是不一样的，或者说对波动的耐受性是截然不同的。如图8-9所示，过去10年，沪深300的年化收益率为6.57%，但是年化波动率高达21.57%；而以中证全债指数为代表的纯债资产，尽管年化收益率只有4.70%，但相比1.82%的年化波动率还是能让投资者满意的。

如何获得"合理波动下的预期收益"呢？答案就是资产配置。桥水基金创始人雷·达里奥曾说："投资的圣杯就是能够找到10~15个良好的、

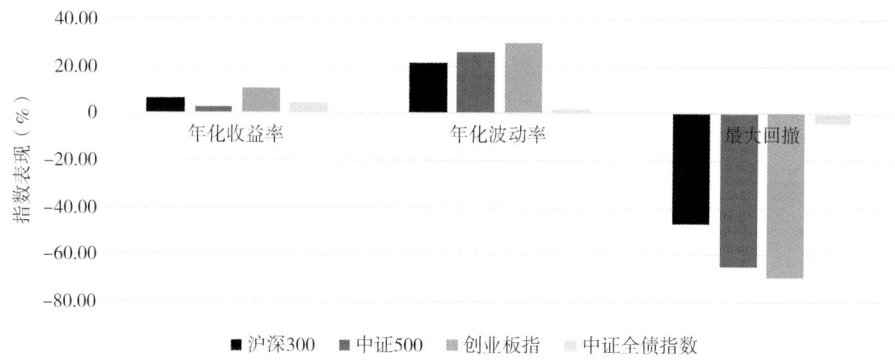

图8-9 过去10年主要指数的市场表现(2011年1月1日—2020年12月31日)

资料来源：Wind。

互不相关的投资或回报流，创建自己的投资组合。"也就是我们常说的，分散化是唯一的免费午餐。投资的圣杯见图8-10。

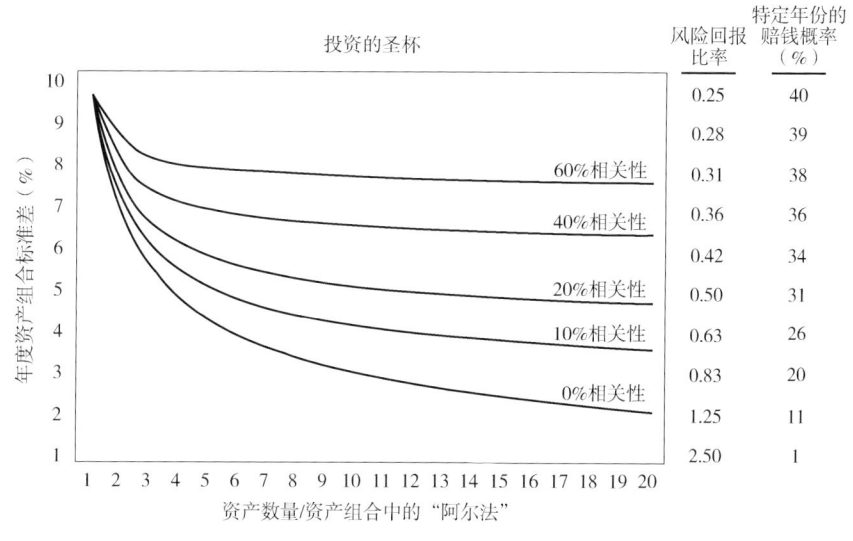

图8-10 投资的圣杯

资料来源：Bridgewater。

从20世纪开始，资产配置就成为很多经济学家研究的一个课题。1952年，哈里·马科维茨（Harry M. Markowit）在他的学术论文《资产选择：

有效的多样化》中，首次应用资产组合报酬的均值和方差这两个数学概念，从数学上明确地定义了投资者偏好，第一次将边际分析原理运用于资产组合的分析研究。这一研究成果主要用来帮助家庭和公司如何合理运用、组合其资金，以在发生一定风险时取得最大收益。

证券及其他风险资产的投资首先需要解决的是两个核心问题：预期收益与风险。那么如何测定组合投资的风险与收益和如何平衡这两项指标进行资产分配是市场投资者迫切需要解决的问题。正是在这样的背景下，哈里·马科维茨的均值方差模型诞生了。虽然到今天资产配置领域已经发展出了各种各样的理论与模型，但是哈里·马科维茨的这套理论堪称资产配置领域的开山之作。

接下来，一系列的经济学家在哈里·马科维茨工作的基础上做了更多的研究和拓展，包括"夏普比率"提出者威廉·夏普（William Sharpe）、"指数投资之父"约翰·伯格（John C. Bogle）以及MBA经典教材《投资学》的作者兹维·博迪（Zvi. Bodie）等。

在世界范围内的任何一个市场中，股票、债券、黄金、商品等都不可能持续上涨或者下跌，必然是在同一时期内有涨有跌，因此，我们的资产就需要放在不同的资产类别里。这就是资产配置最大的意义和用途。

如果把资产配置比作一座金字塔（图8-11），那么底层应该配置风险较小、基数较大的资产，通常为长期存款和保险。此类资产的抗风险能力较强，如存款是公认风险较低且收益十分稳定的产品；至于保险产品的配置，可购买重疾险、年金险以及大额存单，以便满足不同时期的保障需求，此外也应针对下一代筹划配置适量的健康险及教育金等产品。

中层建议配置债券、债券型基金、定额定投以及部分银行理财产品。通常建议选择评级最高、收益稳定的债券，例如国债。目前部分银行发售的保本类理财产品也是不错的选择。

上层建议配置股票、股票型基金、股权以及信托等产品。此外，古玩、字画、珠宝玉器和其他衍生品投资则属于超高风险投资，适合有一定经验

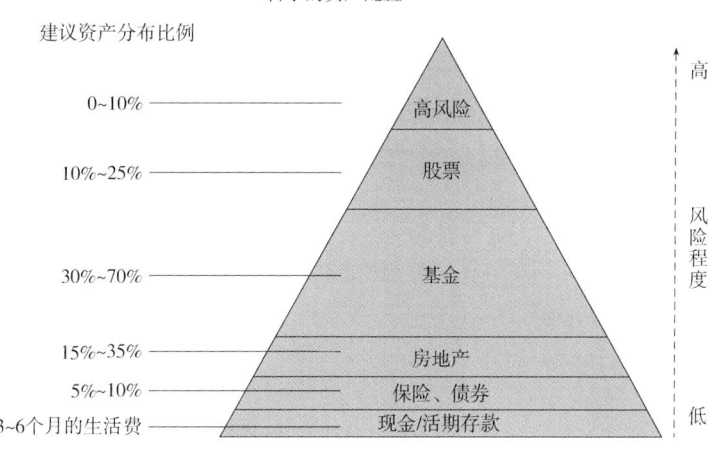

图 8-11　资产配置金字塔

或从事该行业的投资者。

不同类别的资产，风险与收益的匹配度不一样，如能进行科学配置则有利于平滑不同周期下的风险。

如果说理财的本质是接受波动、享受波动的收益并承担波动的风险，那么成功的理财就是要尽可能地降低波动带来的风险，提高波动带来的收益。

公募基金经多年发展已相对成熟

长期以来，公募基金行业作为运行最规范、打破"刚兑"最彻底、净值化管理覆盖率最高、流动性风险管理要求最严的行业，在人才建设、投资理念、大类资产配置以及运行机制等领域的优势和引领地位开始突出。

资管新规发布后，公募基金积累的优势使得其成为居民财产转移配置的最大受益者。根据银行业理财登记托管中心的数据，如图 8-12 所示，相比银行理财、信托和保险资管，公募基金的份额占比增长最多，是四类资管产品中的最大赢家。

公募基金的优势集中体现在以下三方面：

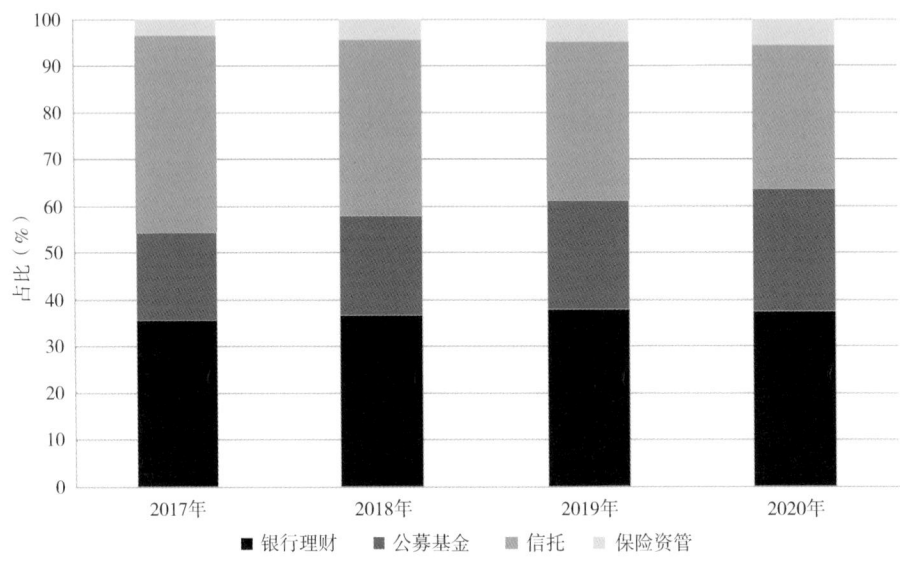

图 8-12　公募基金是资管新规发布后四类资管产品中的最大赢家

资料来源：银行业理财登记托管中心。

第一，公募基金已围绕人才建设形成了核心竞争力。

经过多年发展，公募基金的投资研究、风控、运营销售等各个部门的人员配置都比较成熟。

投资研究方面：公募基金普遍配备有首席经济学家、行业分析师、策略分析师、研究员、投顾等核心岗位，内部分工明确，高效协同。以嘉实基金为例，其投研能力已覆盖精品股票、基石固收、Super ETF、境外投资、资产配置五大投资能力，拥有近 300 人的投研团队。

风控管理方面：早在 2014 年 6 月，中国证券投资基金业协会就发布了《基金管理公司风险管理指引》，对基金公司构建风险管理体系进行了详细的规定。该指引自上而下明确董事会、公司管理层、公司管理层下设履行风险管理职能的委员会、风险管理职能部门或岗位、各业务部门、各级员工在风险管理中的职责。各风险控制机构和人员具有并保持高度的独立性和权威性，负责对公司各部门风险控制工作进行监察和稽核。风险控制做到覆盖特定客户资产管理的各个环节和各级人员，渗透到决策、执行、监督、反馈等各个经营环节。

另外，2017年9月，中国证监会在例行新闻发布会上正式发布《公开募集开放式证券投资基金流动性风险管理规定》，从基金产品设立、投资、申赎、估值及信息披露等各方面全周期加强监管。可以说，风险控制和监督管理已落实在公募基金的运行全流程（图8-13）。

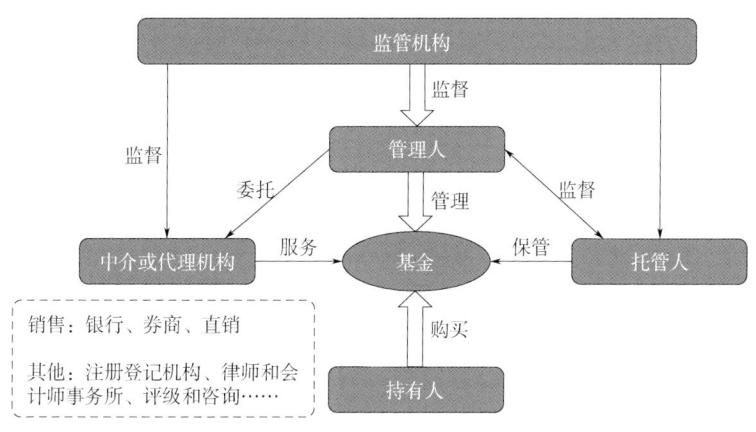

图8-13　公募基金的运行流程

2019年9月1日，中国证监会发布《公开募集证券投资基金信息披露管理办法》并施行，在合规基础上保障投资者的充分知情权。

第二，公募基金的投资门槛最低，存取比较自由。

公募基金打开了互联网直接销售的渠道，实现了和客户的无缝对接。表8-3列示了四类主要资管产品的起投门槛。

表8-3　四类主要资管产品的起投门槛

序号	资管产品	起投门槛
1	银行理财	1万元
2	公募基金	一般是以1000元为起点，定投方式可以100元起投，几乎无门槛
3	信托	100万元
4	私募基金	100万元

数据截至2021年6月24日。

对比发现，公募基金的投资门槛最低，1000元起投，所以说任何人都可以参与公募基金投资。

公募基金按照运作方式分为开放式基金和封闭式基金。其中，开放式基金的申购、赎回相对自由，封闭式基金则要到开放日才可赎回，见表8-4。

表8-4 开放式基金的主要可投资产和申购赎回情况

投资标的一级分类	主要可投资产	资金到账日（一般情况）	
股票型基金	股票	T+3	节假日顺延
债券型基金	债券		
货币基金	现金、银行存单、票据、逆回购等	T+1	
混合型基金	股票、债券	T+3	
另类基金	房产、大宗商品、期货等		
QDII基金	投向境外的各类资产	T+8	

以上数据仅供参考，具体见基金销售合同。

第三，公募基金产品线丰富，创新便利。

公募基金按照区域可以分为国内投资基金和境外投资基金（QDII），可以满足投资者对跨区域资产配置的需求。按照基金投资的二级分类方法，公募基金还可以进一步细分，见图8-14。

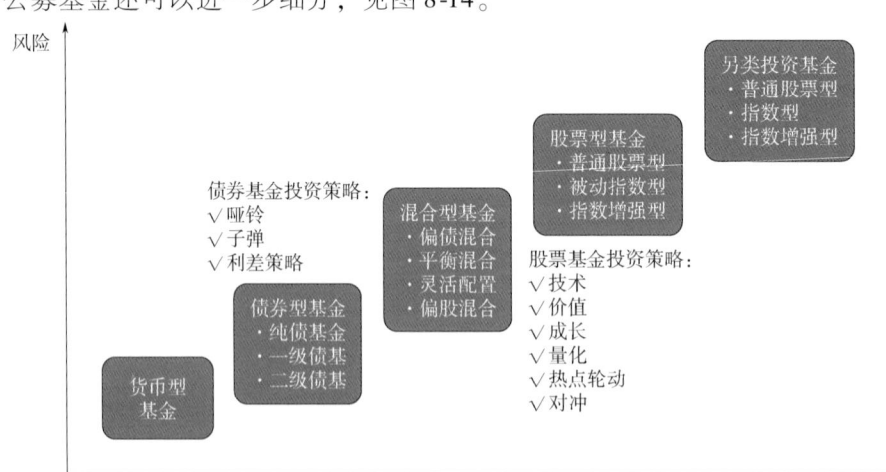

图8-14 公募基金的二级分类

可见，按照资产配置的不同，公募基金的分类是非常丰富的。从投资策略的角度来看，债券和股票的投资也可以分为很多种。以权益投资为例，常见的策略技术分析、价值投资、成长投资、量化投资、景气度投资、绝对收益以及对冲等。进一步讲，通过资产配置与投资策略的组合，公募基金可以开发出更丰富的资管产品。

公募基金对新产品的开发始终与时俱进。2017年，国内首只FOF基金成立，它通过基金组合配置来开发的创新性新产品。比如，嘉实基金就利用FOF基金开发了养老主题的产品，非常贴近当下人口老龄化的趋势，受到很多理财人士的欢迎。2021年6月21日，全国首批9只公募不动产投资信托基金（REITs）正式在沪深交易所上市，从此理财人士有了投资基础设施的渠道，解决了很多人无法分享行业发展红利的痛点。REITs基金上市当天，市场表现活跃，受到投资者的广泛追捧。当然，如果你期望找到一款适合子女教育投资的公募基金，市场中也有相关的产品。

总之，只要你有需要，基金公司几乎可以满足你大部分的资产配置需求。

公募基金适合绝大多数投资者

公募基金能够很好地满足绝大多数投资者对日常理财产品的要求。这些要求可以归纳为以下三点。

一是正规金融机构，确保资金安全性。

公募基金的安全性较高。公募基金的底层资产基本上都投向股票、债券类标准化资产，主要在交易所上市，信息非常透明。另外，基金公司普遍采用银行资金托管的方式，投资者的资金是非常安全的，跑路的风险为0。虽然近些年理财产品跑路、诈骗事件易发多发，但基本上没有涉及公募基金，就是因为公募基金运行比较规范，资金的安全性有保障。

二是走势波动不要太大，收益率能够跑赢房贷利率就好。

公募基金产品多样，可以满足各个年龄段的理财需求。

如果你是刚入职不久的年轻人，没有多少积蓄，可以买一些货币基金，这比把钱放在银行吃活期利息要划算。根据 Wind 数据，如图 8-15 所示，货币基金的年化收益率基本上在 2% 以上，而同期 1 年期的银行存款利率只有 1.5%，所以货币基金收益率更有优势。

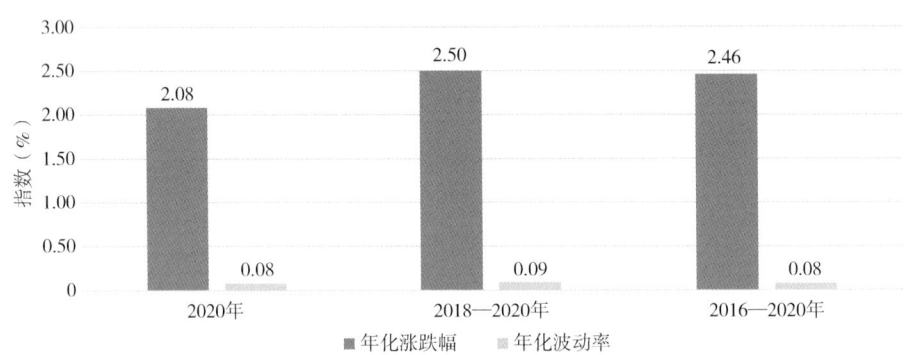

图 8-15　货币市场基金指数

资料来源：Wind，数据截至 2021 年 6 月 25 日。

如果你是中老年人，喜欢稳健型理财，可以买一些债券类基金。根据 Wind 数据，我们统计二级债券型基金年化收益率与波动率数据，如图 8-16 所示，无论是 1 年期、3 年期还是 5 年期，优秀二级债券型基金的整体年化

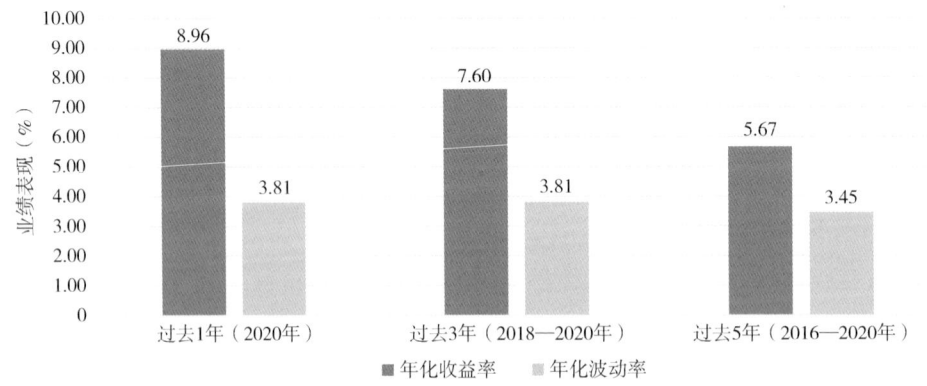

图 8-16　二级债债券型基金的年化收益率和波动率

资料来源：Wind，数据截至 2021 年 6 月 25 日。样本基金为海通证券 5 星级（5 年期），评级截至 2020 年 12 月。

收益率都跑赢了同期的房贷利率，表现出很好的保值增值能力，而其波动率一直保持在 4% 以内，稳健型投资完全可以接受。

假如你财大气粗，不妨把闲钱拿来买股票类基金，坚持长期投资可以获取更高的收益。

可以这么说，只要你想买基金，基金公司基本上都可以提供适合你的产品。即使你什么不知道，公募基金也可以利用投顾服务来满足你所需，比如嘉实投顾就能为你提供一条龙资产配置服务。

三是存取便利。

除了封闭式基金，开放式公募基金的整体赎回还是很便利的，QDII 基金时间略长，一般需要 8~9 个工作日，直销渠道比代销机构快 1 天。

公募基金大热的背后，找到匹配的基金是关键

根据上交所统计的数据，2016 年 1 月—2019 年 6 月，A 股个人投资者（无论资金规模大小），平均年化收益均为负值，可见炒股赚钱真的很难，现实就是这么残酷。反过来，2020 年却是公募基金大卖的一年，不管是规模还是客户数都增长迅速，当然这背后是公募基金优秀的业绩回报。于是炒股不如买基金，似乎越来越成为投资者的共识。

如图 8-17 所示，截至 2020 年 12 月底，公募基金总资产净值已接近 20 万亿元，而其中权益类基金占比也从 2019 年的 21.59% 上升到 30.70%，增长超过 2.4 万亿元。

如图 8-18 所示，2020 年偏股型基金（剔除年内成立的基金）的涨幅远超 A 股，并且在年内涨幅大于 10% 和大于 20% 的分档中，基金占比也更大。这说明，在同样的市场行情、同样的时间段内，买基金比买股票赚钱的概率更高。

虽然股票型基金表现突出，但是基金挣钱基民不挣钱的老问题，依旧没有得到很好的解决。

2021 年 3 月 31 日，10 家基金公司联合支付宝理财平台发布了《一季

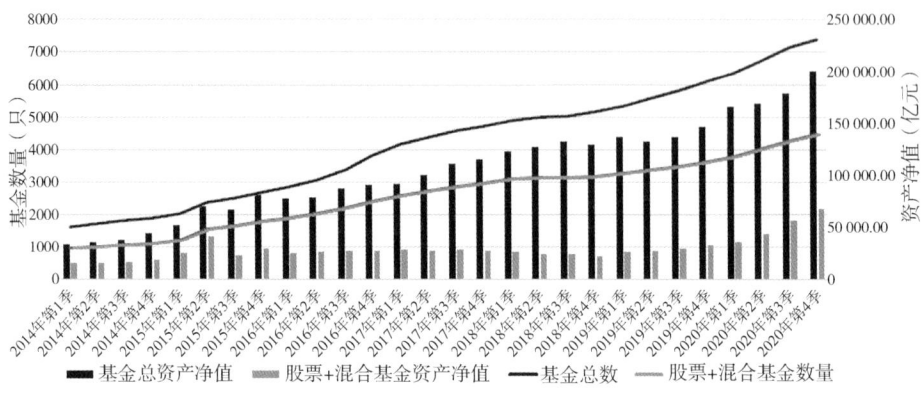

图 8-17 2014 年以来公募基金市场规模（2014 年 1 月 1 日—2020 年 12 月 31 日）

资料来源：Wind。

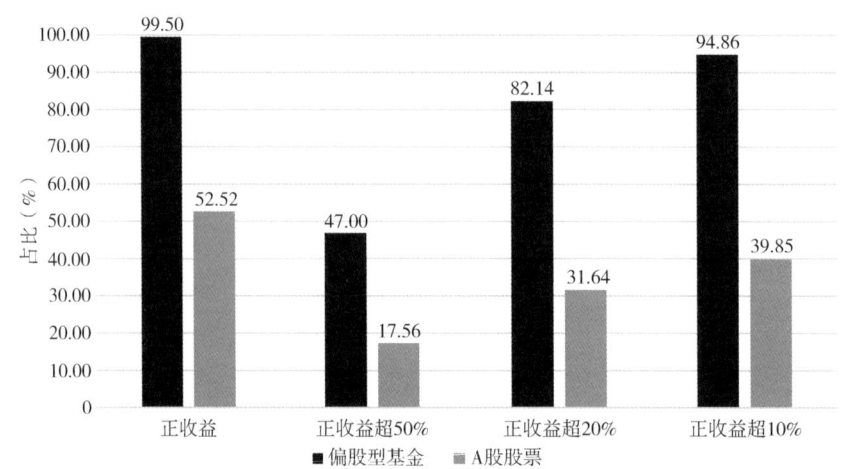

图 8-18 2020 年偏股型基金和 A 股股票业绩表现对比

资料来源：Wind。偏股型基金包括普通股票型、偏股混合型、平衡混合型、灵活配置型基金。

度基民报告》。该报告对市场上多只热门基金的基民投资情况进行了数据分析，发现除市场行情波动外，追涨杀跌、频繁交易是造成"基金赚钱基民不赚钱"困境的主要原因。其中，持有基金时长短于 3 个月的投资者中，超 7 成是亏损的。

理财嘉网友

以前美国大选我还小，都没关注，这次正好是已经工作的成年人了，又买了点基金，天天关心美国大选，有必要么。

实际上,"基金赚钱基民不赚钱"是基金行业长久以来的怪现象。2006—2020 年的 15 年间,偏股型基金指数累计涨幅达 1295%,年化收益率超过 19%。但中国证券投资基金业协会的数据表明,截至 2018 年,自投资基金以来,投资盈利的客户占比仅有 41.20%,投资盈利超 30% 的仅有 6.50%。

支付宝精选的 100 只产品可以说是市场上相对较好的基金产品了,然而就是这些产品,持有基金时长在 3 个月以内的基民,超 7 成都是亏损的,而在持有基金时长超过 1 年的基民中,近 9 成是赚钱的,见图 8-19。

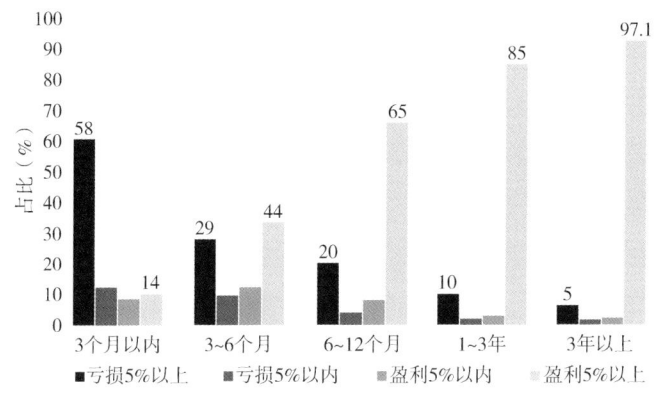

图 8-19 基金持有期限和基民盈亏状况

资料来源:富国基金、景顺长城基金、鹏华基金等《一季度基民报告》。

数据分析还显示,频繁买卖的基民较拿着不动的基民收益率平均少 28%,追涨杀跌的基民较基金净值涨幅少赚 40%。频繁查看收益的基民往往持有时长更短,这反映他们心态的不稳定也容易造成频繁交易,见图 8-20。

频繁买卖　　　　　　追涨杀跌

频繁买卖基民较拿着不动　　追涨杀跌基民较基金
的基民收益率少28%　　　净值涨幅少赚40%

图 8-20 亏损投资者行为特征

资料来源:富国基金、景顺长城基金、鹏华基金等《一季度基民报告》。

基金投资虽然不同于股票,在一定程度上分散了风险,而且基金经理的选股能力也应该比绝大多数基民都要高，但这并不能完全消除个股的短期风险。因此，权益类基金的净值在短期内也可能出现一定波动，市场波动也是权益类投资的一部分。

之所以很多投资者拿不住产品，或者一遇到波动就赎回，本质上还是所选的产品和自己的理财目标不是很匹配，或者根本不知道自己的理财目标是什么，当然也有可能是选对了产品，但是因为没有专业的售后陪伴服务，导致了投资者在面对波动时出现了恐慌、困惑或者焦虑，无法做到坚定持有或者长期持有，导致最后的结果不是很理想。

理财说到底是谁享受收益谁承担风险，同时收益和风险相匹配。因为有波动，就会有风险。因此，客户需要了解并制定自己的理财目标，根据自己的风险收益偏好选择适配的资产，而不是一味追求高收益产品。

从长期来看，主动权益类产品可以带来比较好的回报。而好的基金管理人，创造的回报就更加惊人了。从图 8-21 可以看出，自 2010 年以来，普通股票型基金指数和偏股混合型基金指数的涨幅远超沪深 300 指数、上

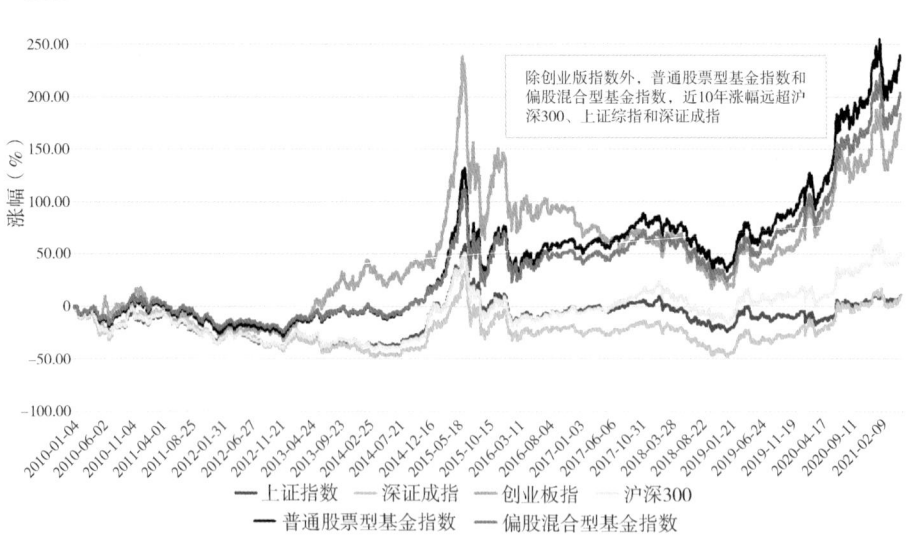

图 8-21　股票指数 VS 基金指数市场表现（2010 年 1 月 4 日—2021 年 2 月 9 日）

资料来源：Wind。嘉实基金整理。

证综指和深证成指。但是，享受权益类产品收益有一个前提条件，那就是要长期持有。

2021年上半年，随着股票市场的调整和风格的切换，公募基金特别是权益类公募基金的收益出现了不同程度的回撤，但从长期来看，任何一种资产都有其自身发展规律，波动是正常现象。

在"刚兑"时代，也许我们的要求并不高，可能只是跑赢CPI就满足了，核心要求是安全。在资管新规出台之后，不管我们是否接受，预期收益型产品都在慢慢减少，非保本浮动收益理财产品已成为主流。这就要求投资者做到长期持有，做到根据理财目标去理财，去适应理财中的波动，而适应的前提是知道自己的风险承受能力，知道什么样的波动是自己能承受的、什么样的波动是超出自己承受范围的。

在2018年7月的"第五届金融科技外滩峰会"上，陆金所CRO（现腾讯金融科技副总裁）杨峻指出，对于广大投资者来说，真正了解自己的理财目标并不是一件容易的事情。

杨峻解释道：投资者在填问卷的时候，在主观上会觉得这份问卷将会用于对自身的评估，其选择的答案自然而然会偏向自己希望展现的形象设定，而未必是真实的自己，最常见的就是"有钱的人喜欢说没钱，没钱的人喜欢说有钱"；客观上也确实有很多投资者搞不清楚自己的真实情况，其选择就未必真实可靠。

所以，"后刚兑"时代的理财，广大投资者理财前请先了解自己的需求、根据需求制定理财目标，再进行多元资产配置并坚持长期持有。而专业的理财服务机构，也会凭借自己的专业的能力，在这一过程中扮演越来越重要的角色。

投资基金其实就是投资自己，做时间的朋友

基金投资有体系化、规范化的目标、方法与策略，比如着眼长期目标，不关注短期收益；讲求多元资产配置，不固守单一目标市场或者单一企业

的股票。很多人认为基金收益来自分享经济的增长,但是我们进一步深入分析,基金收益的源泉最终来自我们自己的奋斗成果。嘉信理财的创始人查尔斯·施瓦布(Charles Schwab)在其所著的《投资》一书中阐释了投资中一件简单的事情:公司存在的目的就是增长(这是公司管理层的任务,要么实现增长目标,要么被取代)。

基金理财投资收益的直接原动力来自无数中国优秀公司的业绩增长,从而组成我们所说的中国经济增长。长期来看,中国经济和世界经济都将持续增长,永无止境,但增长之路并非坦途,是在波动中上行。

而组成经济增长的公司的增长来源于哪里?来源于我们普通人在千千万万的企业中创造财富和价值。因此我们说:我们在助力企业增长的同时,进而选择基金理财正是分享经济增长的最好方式。普通投资人选择基金投资,就是选择投资自己。

第一,基金投资成功的基础:分享由每个奋斗者带来的经济发展红利。

70年多的发展尤其是改革开放以来的高速增长,在每一位奋斗者的努力之下,中国经济取得巨大发展成就,创造了人类发展史上的奇迹。未来中国经济仍会持续发展,将走向适宜速度的高质量阶段。在优秀的公司中,每个员工的核心任务就是增长,员工业绩的增长使得公司业绩持续增长,进而导致中国经济长期高速增长和未来长期向好,成为基金投资成功的基础和主要收益来源。

一方面,由于中国经济长期增长和未来长期向好,国家、社会、企业、员工等都在发展,所以资产标的都在升值,其中蕴藏着巨大的获取财富的机会,基金投资就是要抓住这些机会。

另一方面,虽然中国经济长期增长是明确的,但是落实到企业和公司中,这种增长是结构性的。有些企业增长很快,有些企业增长慢甚至不增长。因此,市场中永远存在结构性机会。比如在经济结构调整的方向下,未来我国更多地会从投资驱动增长转向创新技术驱动增长和消费升级增长,同时人口老龄化也使得医疗服务、医疗器械、进口替代等行业受益。这都是基金投资可以抓住的机会。

而基金经理的作用是什么？基金经理能够从长期趋势和结构性机会中找到优质公司进行多元资产配置，帮助大家去分享奋斗带来的成果。如同在沙滩上捡贝壳、找珍珠一样，A股市场只有10%的公司称得上是好公司，要勤奋地寻找优质公司，不断地捡贝壳，最后才能捡到一个珍珠，最终串成一串珍珠项链。这也是基金经理可以做到的。

第二，基金投资成功的真谛：做时间的朋友。

投资之神沃伦·巴菲特给过投资者很多忠告，比如"如果你不能持有一只股票10年，那就连10分钟也不要持有。"这句话，对于基金投资同样适用，直指基金投资成功的真谛。

原因有两点：第一，坚持持有基金，不需要做复杂的操作，符合价值投资的原理；第二，历史数据证明，坚持长期持有，确实能赚钱。

选到长期业绩良好的主动权益类基金，只要拿着不动，就能通过基金分享到优质企业创造的长期价值，分享中国经济长期向好的发展成果，这其实是很简单的方法。

我们以公募基金里常见的偏债混合型基金（权益类资产占比不超过50%，其余为货币和债券类资产）为例，在近10年的维度下与沪深300指数进行对比。如图8-22和图8-23所示，可以看出，在波动明显降低的情况下，偏债混合型基金的收益率明显高于沪深300指数的增长率。

不管是股票指数还是股债混合基金，随着持有期的拉长，平均总回报都有所提高，正收益的概率也随之提高。而股债混合型资产获取正收益的概率，在不同期限下都明显高于单一股票资产。随着持有时间逐步提升的正收益概率，是我们拥抱波动的勇气；用公募基金做资产配置，则是我们实现长期收益的武器。

但是，大多数投资者就是拿不住基金，原因何在呢？

贝索斯曾经问过沃伦·巴菲特："你的投资体系这么简单，你是世界上最富有的人之一，可为什么别人不跟着你做同样的事情呢？"沃伦·巴菲特

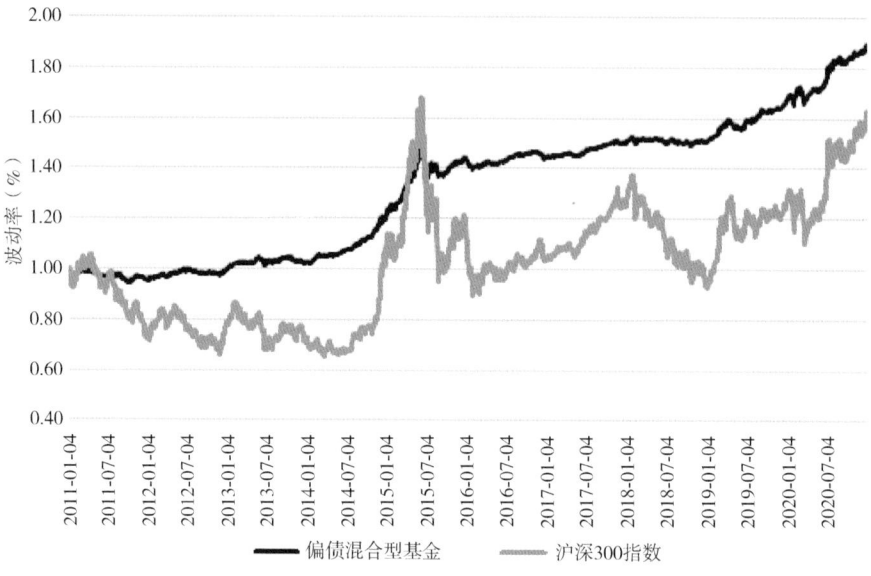

图 8-22 偏债混合型基金与沪深 300 指数走势对比
（2011 年 1 月 1 日—2020 年 12 月 31 日）
资料来源：Wind。

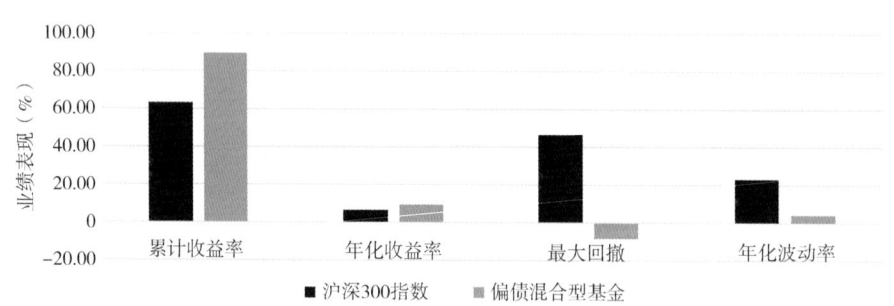

图 8-23 偏债混合型基金与沪深 300 指数表现
（2011 年 1 月 1 日—2020 年 12 月 31 日）
资料来源：Wind。

回答："因为没有人愿意慢慢变富。"

确实，很多投资者在投资过程中关注的不是主动权益类基金背后的投资逻辑，不是基金管理人的投研实力，而是关注它在 1 年、半年甚至 3 个

> 买基金最气的不是买了不涨，而是买了大涨你却只持仓 200 块。

月的排名是不是靠前,能否短期内快速上涨。

很多投资者抱着短期的侥幸心理盲目追逐短期热点,认为最后一棒一定不会砸在自己手里。对于一些短期有投机想法的投资者,彼得·林奇曾说过:"通过预测股价短期波动谋取收益并不可靠,偶尔一两次的成功背后隐藏着巨大风险,快速获利的诱惑往往会将投资者带入深渊。"

理财嘉交流园地

客户来信

投资那么多年,发现还是基金最适合散户

老师您好:

我是国内很早就投资股票和基金的那批人中的一员。

嘉实基金发售第一只开放式基金产品的时候,我就开始投资了,记得当时我买了2万元的嘉实成长收益基金。2002年,嘉实成了社保险资管理人。没过两年,我又投资了国内第一只银行担保的保本基金——嘉实浦安保本基金。

就这样,我陆陆续续投资了几家基金公司的产品。那时候国内基金公司不多,产品基本上以保本和指数基金为主。我会同时购买股票、基金,一方面想赚点时代红利的钱,另一方面想给自己留点老本。总的来说,投在股市里的钱比投基金的钱更多,但最终赚得的收益没有基金高。

之所以会出现这样的结果,很大因素在于当时买卖基金不方便。那时没有网络,买基金还得去银行柜台买,经常有人忘了密码,把基金在那一放几年。当然这样的好处就是,被动长期投资,所以最终看来基金涨得比股票好。

按我女儿的话来讲,我的行为放在20年前就是典型的"投机倒把"。有一个很深的印象就是,2000年前后,深圳本来想申报开通创业板的,我省吃俭用从牙缝里挤出一些钱准备"投机"一把,结果2001年赶上了全球科技股泡沫破灭。我记得香港创业板从1200点跌到最低100多点,内地创业板于是备受质疑,项目只能往后延期。大家都觉得股市是骗人的,会搞

得社会倒退，每个人都不思进取，只想赌博。我是国企员工，买个股票都不好意思说，怕领导觉得我不脚踏实地。

那时候大家是真没有什么理财意识，搞点门面营生赚钱是最勤劳的，钱滚钱的多少有点投机倒把。

但我很庆幸自己愿意接受新事物，可能是买得早吧，我的投资真的为家庭带来了很多改善。这么多年下来，嘉实基金算是我的老朋友了。老实说，在我常买的几家基金里面，嘉实基金的收益算不上最高，但是最稳健。这可能与你们的定位有关，你们应该是长期涉足养老基金管理。

由于受到我的熏陶，我的女儿也是个"小财迷"，刚上大学就知道用压岁钱买余额宝。我笑她，你老爹纵横股市那么多年，你就买点4%的产品？

这不过是玩笑话，年轻人有年轻人的想法，我们老年人要向他们学习！我就在女儿的帮助下，学会了使用支付宝买基金。从此，我打开了新的投资大门。查净值、算收益、看持仓、翻季报，连官网都不用登录了，直接用手机解决。后来，还有"帮你投""金选好基"等功能上线，基金经理还能在线直播。我20年前从来没想过，投资还能这么操作。

但说实话，我有一种感觉，那就是功能做花哨、产品做花哨了以后，我反而不知道怎么选产品了。以前是没啥产品挑，买一只就拿很久，现在今年白酒、明年军工，这个冠军那个冠军的，觉得眼睛都花了，总有一种我没买到最好的就亏了的感觉。

2018年，你们理财嘉的客服人员打电话给我，邀请老投资者使用最新功能。其实理财嘉的软件早几年就有了，我当时就下载过，但觉得不好用就没怎么用了。后来，你们软件用起来的体验好多了，外加当时搞了个申购费0.1折，我就又下载回来了。

今年我女儿26岁了，也炒过股票、买过基金了，现在和我都在用理财嘉买产品，我们经常比赛谁的基金涨得多。不过比归比，我们不会乱跳仓的，这是父女间的友好切磋。

这么多年来，我和女儿最大的投资心得就是散户买基金是真的香啊！

这个道理我十几年前就悟到了。我女儿慢一点,她 2015 年找我借钱炒股,倒亏 5 万元之后才领悟。顺便一提,那时候她大学还没毕业。

投资是一场持久战,拼的是财力、耐力、精力、学习能力。要想长远制胜,就千万别拿自己有限的精力去对抗时刻变化的市场。你熬不住,也投不起。

大家都很乐意买套房来收租金,当个悠哉的跷脚老板。股市也是同理,买点基金,让基金经理帮你选股赚钱。

市场一直在变化,个人是绝对跟不上的,明知道跟不上,为什么不交给基金公司的专业团队?

最近你们不是开投顾了吗,我也打算试一试。虽然我这么多年自己选择买卖时机的感觉也不错,但也信任你们,想看看你们辅助我投资的收益和我自己投资的收益哪个更高一些。

远行的＊＊

回信

这样买基金就对了

远行的＊＊:

您好!收到您的信真是太激动了!嘉实基金何其有幸,能陪伴您走过 20 年光阴,感慨之余,又感骄傲,我们真的做到了嘉实基金董事长赵学军说的那样,"成为一家值得客户托付、伙伴信赖、市场尊敬的金融企业。"

您在文中提到,这么多年来嘉实基金是您最稳健的选择。这背后,蕴含了嘉实基金数代人不懈的努力、梦想、专业、使命。但最重要的,还是嘉实基金的根基——根植实际,远见者稳进。

在基金市场成立之初,中国的金融体系和金融产品很大程度上借鉴自国外成熟的体系和产品,但嘉实基金客观认知到了西方与中国资本市场的差异,重新定义了适合中国非有效市场的正确假设框架,并在此框架下优化与实践投资理论,所以才会诞生您在文中提到的国内第一只银行担保的保本基金——嘉实浦安保本基金。

我们坚信,只有进行基于人性弱点和投资者回报之上的"基本面投资",才能够和其所创造的投资收益一样,随着时间而"滚雪球"。目前,嘉实基金已经将养老金业务定位为长期战略业务,深度涉足包括全国社保基金、企业年金、基本养老保险基金在内的三大养老基金业务,嘉实基金社保和企业年金的规模多年持续排名行业前列。

您在信中说,还是基金最适合散户。作为一个普通的打工人,我深以为然;同时作为嘉实基金的一分子,我得用扎实的数据依据告诉您,对于投资者,为什么炒股不如买基金。

2020年全球大类资产,中美股市表现亮眼。如图8-24所示,中国创业板指和沪深300分别上涨65.0%和27.2%;美国纳斯达克和标普500指分别上涨43.6%和16.3%。

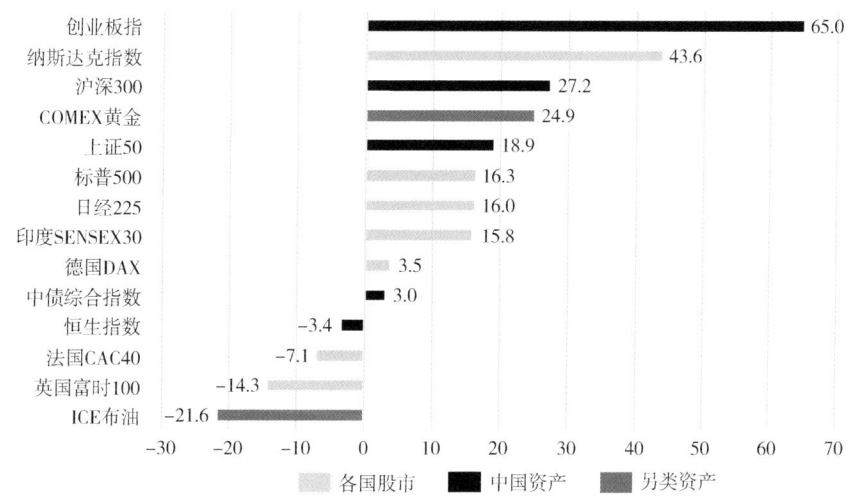

图8-24 2020年全球大类资产:中美股市表现亮眼(单位:%)

资料来源:Wind,数据截至2020年12月31日。

2020年中国A股完美收官,大消费领涨。如图8-25所示,沪深300指数2020年全年上涨27.2%,必要消费、医药和可选消费分别上涨75.1%、

55.4%和54.8%。

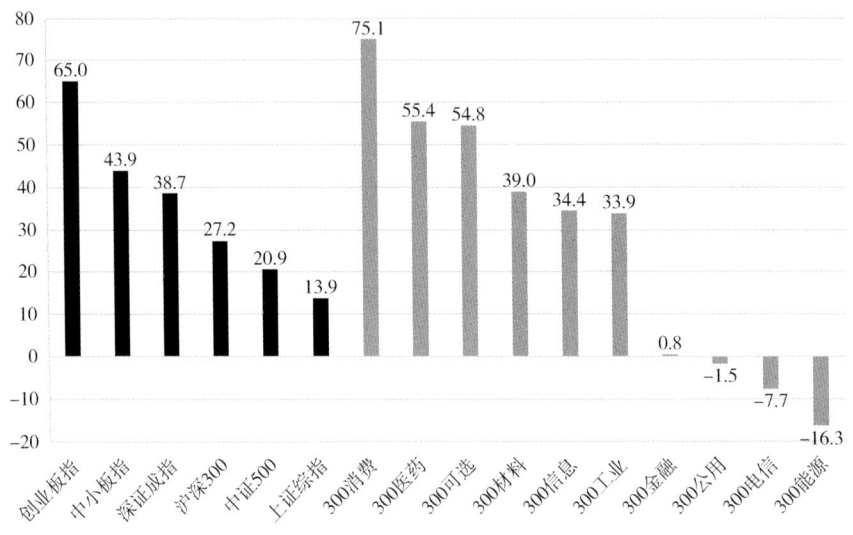

图8-25 2020年中国股市：结构牛，大消费领涨（单位:%）

资料来源：Wind，数据截至2020年12月31日。

2020年公募基金业绩亮眼，行业规模大涨。如图8-26所示，权益类基金整体赚40%，97%的权益类基金获取正收益，主动管理明显带来超额收益。

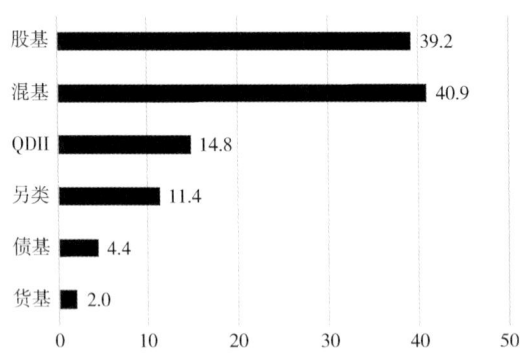

图8-26 2020年各类公募基金业绩（单位:%）

资料来源：Wind，数据截至2020年12月31日。

全市场近6000只"成立满1年"的公募基金中，32.4%的基金取得了40%以上的正收益，仅2.7%的基金亏损。亏损的基金中，多数为原油基

理财嘉网友
基金还是得看长期总体收益，周一周二两天赚1400元，周三跌了1500元，稳住！

金,部分为境外地产和港股指数型基金,少量债券型基金小幅亏损。

全年新发基金1432只,资产规模约3万亿元,其中混合型基金和股票型基金合计占比68%。截至2020年年底,公募基金数量达7362只,同比增长21.0%,基金规模达18.6万亿元,同比增长26.8%。

据统计,2020年46.5%的个股亏损,平均收益仅18%,而权益类基金亏损概率只有2.2%,平均收益为46.3%。长期来看,散户炒股"七亏二平一赚",炒股不如买基金(表8-5),且优质基金会更香。

表8-5 个股与权益类基金表现

上市/运营满1年	上市个股	权益类基金	备注
数量(只)	3744	3381	选股和选基都有难度
最高涨幅(%)	1428.1	166.6	个股波动幅度更大
最惨跌幅(%)	-92.4	-39.6	
中位数(%)	2.8	44.0	基金经理更专业,亏钱概率更低,整体收益更高
亏损概率(%)	46.5	2.2	
平均涨幅(%)	18.0	46.3	

资料来源:Wind,数据截至2020年12月31日。

从最高涨幅和最惨跌幅来看,相较于个股,基金波动幅度更小。从收益中位数来看,权益类基金收益率中位数为44%,同期上市个股收益中位数为2.8%。由此可见,基金更适合大多数的普通投资者。

2020年股市整体大丰收,但依然有46.5%的个股亏损,可见在结构性行情下,精挑细选是非常重要的。截至2020年年底,我国上市或运营满1年的个股和权益类基金的数量都超过了3000只,因此选股和选基金都不是容易的事情,都需要百里挑一。

凭借基金公司强大的投研团队,以及理财顾问更专业的咨询能力,嘉实投顾期待在新的一年里,陪您一起远行稳进!

理财嘉油站

(回信时参考:奕丰中国研究部:《本周焦点:实锤!炒股不如买基金!2020年公募基金大盘点》)

第九章

基金理财实操的"六要六不要"

　　基金挣钱基民不挣钱成为很多基民投资体验不佳的真实写照，不少投资者在后台给我们留言询问：为什么自己持有的基金一买入就回调或者下跌，而一卖出就反弹或者上涨；为什么同样的基金，别人买了就能挣钱，自己买了就挣不了钱；基金震荡了是否应该加仓，基金挣了多少钱可以止盈离场；全部投资权益类产品是否风险太大等。

　　本章从实操的角度，和大家分享一些基金理财的技巧，我们总结为"六要六不要"。

第一节 要和自己的理财目标比，不要盲目和别人比

> 无论何时都不要使自己丧失准确的判断能力，不要受他人或者市场的影响。无论市场怎样变幻，投资者只需要抓住最根本的东西，即对企业的清醒客观的认识就足够了。
>
> ——（美）沃伦·巴菲特

市场从来不缺乏意见领袖，也从来不缺乏跟风者。

随着"结构牛"的又一次到来，同事、朋友们越来越频繁地讨论自己的基金赚了多少钱，沪深300、创业板又涨了多少个点，社交平台上白酒、券商、半导体也频频登上热搜，一些人晒出自己的收益单，跑赢了全国99%的人，大家都沉浸在一场收益狂欢中。

"大爱C经理，我又站起来了，半个月20%。"

"科创板这次跟着芯片雄起了，还好我买了指数。"

"说了买白酒，什么都利好'茅'，看我这个涨得多稳。"

市场先生这么好，好像所有人都狠狠赚了一笔，索性自己也赶快买一些基金吧，先看看第一的是谁，等下就"All in"，过了几个月却一片绿油油。打住！盲目攀比、从众并不可取。

理财不需要攀比，盲目对比容易心态失衡

我们活在一个充满了对比的社会。

电脑开机，跳出来第一句话是"你的开机速度只用了3秒，打败了95%的用户"；打开基金账户，跳出的第一句话是"你当前的累计收益为

54%，打败了全市场85%的投资者"。

大数据时代，不对比就是浪费效率。人的心理，也是不患寡而患不均。在分析投资者的心理时，我们观察到一个现象：投资者不是怕亏，而是怕吃亏。

比如，一个自称自己不能接受任何亏损的客户，把所有的资金都投在了理财、定期存款，本来赚了3%～4%的收益，但过年期间和亲戚朋友一交流，听说别人买基金在2020年动辄赚到了30%～40%的收益了，他会开心吗？他很难开心，因为他会觉得虽然自己没有亏，但是和别人比就吃亏了。

远在天边的大师或者明星，我们不会太眼红，但如果是身边可接触到的人，我们或多或少就会产生一种对比的心理。

假如对比下来的结果是，自己买的基金在短期大幅跑输别人买的基金，那么，接下来要不要转换一下呢？

其实仔细想想，如果大幅跑输是事实，转不转换的逻辑核心不是已经发生的过去，而是未来有没有可能延续。这个时候，我们就需要把注意力转移回自己的投资目标和投资产品。

明确理财目标，制定合理的策略才是制胜之道

前面我们就讲过，投资一定要明确自己的理财目标以及财务状况、风险偏好。两个理财目标不同、波动率接受程度不同的投资者，盲目对比各自的产品和投资收益是没有意义的。

如果我的理财场景类似于"游泳池换水"，就是说我每月发了工资都会用于投资，同时每月也需要从这个资金库里提现用于偿还房贷，那么我的理财目标肯定是保障本金尽量安全的情况下，覆盖5%左右的房贷利率，能满足我理财需求的显然是固收类产品。在全市场固收类产品收益分化不大的情况，我肯定没必要冒风险切换产品。

但如果我的理财目标是用一笔预计未来3～5年甚至更长时间周期都不

会用的钱产生较为可观的收益,那么就可以追求质地更优的偏股型基金。因为在所投资的股票资产是优质资产、基金管理人具备良好投资能力的前提下,随着时间的拉长,这类基金的风险波动是可以被平滑掉的。

那么如何选择一只好的偏股型基金呢?那就要关注这只基金本身的投资方向。选择一个长期利好的投资方向,比如新能源。注意,核心要关注的不是这只基金涨了多少、排名第几,而是未来是否还可以继续领涨。

这些问题其实是基金自身的问题,和其他基金无关。如果买入基金的基金经理风格稳定,长期业绩优异,只是短期和热点不符,其实是没有转换的必要的。

因为看着其他涨得好的基金去做转换,其实也是一种追涨杀跌。这种情况最怕出现的后果是,转到前期已经涨得很高的主题基金当中之后,又恰逢它的回调期,收益没赶上,损失却没落下,那就得不偿失了。

当然,短期出现收益不及周围人的情况其实是非常难受的,在讲求相对业绩排名的公募基金行业,对比是先天的基因。这个时候更不能浮躁和冲动,而是要静心和回归。

理财嘉朋友

好久没看基金,昨天一看赚了好几十元,心想明明都在跌,怎么我赚了这么多? 仔细一看,原来我买的是定投呀。

第二节　要综合看收益额，不要只看收益率

> 离开本金谈收益率，就是耍流氓。
>
> ——理财嘉 App 客户　豆豆妈妈

有一个很有意思的现象：人们在谈论房价时，通常都说每平方米涨了 2000 元，但谈论基金时通常说涨了 5%。

为什么形容不同的资产，一个用收益额，一个用收益率呢？原因或许是因为本金大小不同。对于普通人来讲，房产投入可达上百万元，占家庭资产比例最高，在本金较大的情况下，采用收益额做单位，能更精准地计量资产增值部分；而基金资产占比较小，大部分人手握不过数万元基金，上涨 5% 也不过几百元收益，在本金较小的情况下，采取收益率作单位，能给予更正面的心理暗示。

但事实上，买基金和买房子一样，不谈收益额而只说收益率，都是在自欺欺人，没有任何意义。

只看收益率容易一叶障目不见泰山

我们知道，在很多平台，比如支付号或者理财通，基金最小起售单位是 10 元。很多投资者抱着玩一玩的态度买了 10 元就在那里放着，一年过去涨了 1 倍，变成了 20 元。一年收益 100%，看似很喜人，可是这个数字到底有多大意义呢？

再比如下面这个案例：两只基金，A 基金去年上涨 100%，B 基金去年上涨 20%，如果只看收益率，你会选哪只基金？

肯定是 A 基金。

但实际上，A 基金第一年赚了 100%，第二年就亏了 70%；B 基金第一年了赚 20%，第二年又赚了 18%。算下来，B 基金的最终收益率为 38%，还比 A 基金的最终收益率 30% 高 8%。

收益额才是我们的最终追求

如果只看收益率，投资者很容易盲目选择历史收益率最高的产品。注意是历史收益率，虽然过去可以参考未来，但不保障未来，在股市尤其如此，各个行业板块轮动，今年和明年的表现有时候出现巨大反差。

但如果我们选择产品时，以收益额的视角又会如何呢？

首先，我们脑海里会出现一个公式

$$收益额 = 本金 \times 收益率 \times 时间$$

如果我的本金是 1000 元，那我或许会毫不犹豫地买去年那只上涨 100% 的基金，因为我觉得要是今年继续领涨，我的 1000 元就能翻倍，万一亏损也就是几百元的事情。

但如果我的本金是 10 万元，我就会计较，去年上涨 100% 的 A 基金，它的波动率是多少？哪怕波动 30%，对我都是 3 万元的浮亏。既然如此，我很可能会考虑买 20% 收益率的 B 基金，因为它的波动率是 5%，浮亏在 5000 元左右，我感觉还能承受。

那如果本金相同，持有时间不同呢？

如果这笔钱 3~5 年用不上，我可能会追求收益率更高的股票型基金，因为在持有时间足够长的情况下，风险波动会被时间平滑，最终为我取得一个市场平均水平的收益率。

如果这笔钱下个月就要用来买房，我的投资时间只有 1 个月，我肯定优先要求存取灵活、安全性极高，那我就会选择货币基金。

所以，对投资者来说，把目光从收益率转向收益额，有利于引导我们更全面地看待自己的实际情况和投资目标，在投资中同时考虑本金、时间、收益率三大因素，注重收益额最大化，而不是收益率最大化。

对于投资者来讲，更高的收益额更重要。因为无论收益率有多高，只要没有落袋为安那还都是浮盈；即便落袋了，收益率还要乘以本金才是最终收益。理财账户上的收益率只能用来炫技，只有手里的钱才能切实地改善我们的生活。

第三节 要根据需求匹配基金，不要盲目跟风"冠军"

> 兰兰、坤坤、凯凯、鹏鹏……基金男神女神，你越信任他们，持有他们的产品越久，那种感觉就越好。
>
> ——支付宝嘉实基金财富号投资者 每天不薅羊毛就难受

我们都说在理财时选择大于努力，那么你是如何选择基金的？

很多投资者说，看支付宝或者理财嘉的推荐啊，比如大家一般这么干：

打开支付宝—热门推荐—金牌好基，选择一只符合未来趋势的基金。

登录天天基金网，打开基金类型—基金主题—收益排序，选择一只排名靠前的基金。

听朋友推荐，逛贴吧论坛，挑一位呼声最高的"爱豆"管理的基金。

……

这样做的理由似乎很充分：我们买基金不买排名靠前的，难道还专找排名靠后的？不买市场热点，难道还买夕阳行业？受市场认可的基金经理，实力难道不强劲吗？

只是，你买那些冠军基、热门基的时候，有没有想过，如果明年他连前1000名都进不去，你是否还会继续持有？你能够持有多久？

基金排名变动频繁，参照过往业绩意义不大

我们上面说的例子，并不是假设。

我们统计过2015年排名TOP 10的基金，这些在2016—2020年再也没有进入过前10，且大多在1000名之后，见表9-1。

表 9-1 2015 年排名 TOP 10 的基金在 2016—2020 年的表现

基金数量	2015 年共 1971 只	2016 年共 2950 只	2017 年共 4368 只	2018 年共 5525 只	2019 年共 6759 只	2020 年共 8467 只	2015—2020 年平均表现
基金排名情况	1	2944	895	5291	18	1310	57
	2	2876	183	5247	2207	4641	408
	3	2131	1216	3457	2711	1607	41
	4	2884	2416	5439	2240	2031	514
	5	2714	4094	5469	848	1359	312
	6	2629	4063	5443	623	1149	277
	7	2879	1801	4409	1037	349	103
	8	2526	3753	4996	364	1007	104
	9	2765	454	3322	1226	532	21
	10	1121	995	3753	2195	1198	35

资料来源：Wind。

你或许会说："这只是单一年度的明星爆款基金，我买近 3 年、近 5 年排名靠前的基金就不会有错了。"

再告诉大家一个数据。支付宝投资者盈亏分布功能显示：即便是长期收益率排名靠前的基金，近 1 年亏损投资者的占比也超过 5 成。

也许你会问，如果排名靠前的基金都不能让大部分人赚到钱，那还有什么能帮我们赚钱？

其实，这个问题我们在上节已经回答过，抛开收益额谈收益率都是在自欺欺人，而影响收益额的一个重要因素是波动。高收益率的"冠军基"，必然回撤也高，需要通过长期持有来平滑波动，如果你想快进快出，1 年翻倍，大概率会失望。

买"热点基"、选"冠军基"本身都没错，但如果你没有足够的认识，单纯想着去年它是收益率冠军，今年也一定还是收益率冠军，那就纯属想当然了。

根据需求匹配基金比看基金排名更靠谱

匹配什么？当然是和自己的理财目标匹配。你的理财目标包括：你的期望财富、持有时间、打算投入的本金、年化综合收益率、能接受的最大回撤等。

我们经常说理财是向内寻。什么是向内寻？就是根据自己的理财目标选产品，而不是一股脑儿选产品，让自己根据产品改变理财方式。

具体怎么做？

【场景1】你的公司每月1日发工资，30日你需要还信用卡，而你又是一个"月光族"。短短的30天内你理财的唯一目的就是尽量通过投资赚点闲钱甚至可以称之为利息来降低自己的还款压力。

在这个场景下，波动性强、申赎周期长的股票型基金很明显不能满足你的需求，因为股票型基金在产生高收益的前提下，在很短暂的时间周期内也带来了很大的投资风险。因此，你最好选择一只纯债券型基金或货币基金去做一个临时性的理财。

【场景2】如果你有一个孩子，今年刚满2岁，你计划让他18岁的时候出国留学，预计需要200万元，而眼下你手里只有50多万元现金。

在这个场景下，由于你的目标需求金额已经确定了是200万元，时间也定了是16年，当我们把这几个数字输入理财计算器就会得出这样的结论：你需要投资一只年化收益率在9%~10%的基金，能与目标匹配且波动率较低的产品是"固收+基金"。

【场景3】你目前有30万元本金可用于理财，期望3年后能赚10多万元的车钱。参照股票型基金近10年的综合回报，你定下收益率目标为年化15%，能接受的最大回撤为-30%。

这个场景无论是家庭投资还是个人投资都很常见。之前我们说过，选主动权益基金就是在选基金经理，所以我们建议你先挑选市场上投资经验超过5年、综合产品年化收益率超过15%、最大回撤在-30%的基金经

理财幕阿友

昨晚梦到我的基金一天赚了300元，乐死我了。

理；然后在这位基金经理旗下的产品中，选取一只你觉得符合自己能力圈、规模合理，也符合未来趋势的基金。

记住，如果你觉得这只基金后续可能回调，那么不要一次性投入30万元，应留下部分"子弹"用于下跌时补仓。当然，如果你是以5%年化收益率的债券型基金为主要投资对象，那市场调整会比较小，不太需要采用定投补仓的形式。

理财是一种内向管理，如果你自己心里没有"锚"，就很容易被市场上的热点、明星光环分散注意力，乱花渐欲迷人眼。如果迷失了目标，随市场波动沉浮是比较可怕的事情。

所以，理财前，请先了解自己，再选择产品。

第四节　要根据账户目标选择基金，不要过于聚焦于单一种类的基金

> 谈恋爱要用心专一，买基金要多元配置。
> ——天天基金网嘉实基金财富号投资者　楼下的老张

看投资者在论坛的留言，大家不约而同谈到了这样一个问题，那就是如何通过基金快速致富。很多人的回答竟然出奇地一致：

"跟着感觉搏一搏，单车也能变摩托。"

"富贵险中求，重仓药和酒。"

"基金要想快速富，All in money 是条路。"

……

看来我们理财嘉的客户，各个是被理财耽误了的诗人。可是，调侃归调侃，理财真要这么干能行吗？

当然不行。

理财不是赌博，而是享受大类资产配置的收益

2020 年年初，理财嘉的一位客户小吴本打算买房，赎回了手中 80% 的基金。但新冠肺炎疫情突然袭来，全球主要经济体都采用量化宽松政策，股市、黄金、数字货币多线起飞。小吴想了想，"要不房先不买了，股市滚一圈，还能多买 5 平方米的房子。"

2020 年，做过这样操作的投资者肯定不少。毕竟人生能遇上几次康波周期，大环境给的杠杆，怎么能不抓住？

小吴在股市摸爬滚打了半年，在他的"勤奋"之下，不亏不赚，最后

安下心来买了房，多出的钱又买回了基金。小吴说他想通了，炒股真是操碎了心，却挣了一个白菜钱。小老百姓还是安安心心买房、买基金最稳妥。

还有一位更有趣的客户是小李，他是个老基民。2021年年初，恰逢马斯克唱多比特币。小李认为2021年股市逻辑不明朗，就把钱退了出来，重仓了虚拟货币。他当时给嘉实基金的理财顾问展示他的实盘持仓，一个月不到就赚了100%，显然比买基金、股票刺激得多。

理财顾问劝他说："你小盈一把就赶紧走吧，虚拟货币首先不挂钩实体经济，没有具备价值的底层资产，数字货币交易所的服务器都在境外，缺乏监管，规则蛮荒。如果马斯克改天唱衰，或是政策严打，流动性收紧，虚拟币的泡沫就会被戳破。"

小李斩钉截铁地说："不，我对数字货币的预期是，长期持有1年。"

到了5月，马斯克改口唱衰数字货币。理财顾问回访小李，问他是如何应对这次波动的，小李沉默了。

当然，现在说这些事情都是事后诸葛亮。拿首付款炒股的人，如果赚了500%，我们会夸他把握周期、激流勇进；买虚拟币的人，万一真"All in"出别墅，我们又会夸他"极客精神"、不走常路。

说到底，都是幸存者偏差，赌赢的人才有资格出来讲案例。但，大部分人没那个运气。

基金理财要有账户概念，并根据账户目标选择产品

人生是一场概率论，你可以选择做大概率去赢取小份但多次的收益，也可以选择用小概率去博取稀缺的大收益。

上述小吴和小李都是凭感觉"All in"大热资产，这在投资中是不提倡的。每个人因为有日常生活开销，有亲人需要供养，不可能对金钱的用途不加区分。我们在本书第八章第三节说过，我们要按资金性质设立三类账户，分别放"活钱"、保险的钱和理财的钱。在我们不同的年龄，可能这三类账户占用资产的比例不同，但这个概念一定要贯穿我们理财的始终。

第一类账户：活钱账户，占比10%。

一般按照家庭3~6个月生活费进行预留，同时要充分考虑节假日因素及家里老人的健康因素，从基金理财的角度，适宜投资货币基金或超短债券型基金金。

第二类账户：保险账户，占比20%。

该账户用来购买保险产品，应优先配置意外险和养老险。

第三类账户：理财账户，占比70%。

不少人认为保值增值和理财账户应该分别进行管理，比如前者购买以债券为主的基金，后者购买以股票为主的基金。我们认为，这两者本质上是一致的。

债券型基金也好，股票型基金也好，本质上都是我们进行资产管理的工具。一般来说权益类产品的风险是高于债券和货币类的，我们在前文就讲到，根据《证券期货投资者适当性管理办法》，保守型的投资者不能投资权益类产品。

同样我们认为，即使是激进的投资者，资产池中也要适当地配置一些低风险产品，以平衡整体资产的风险程度。

理财账户的资产，可以根据投资者风险偏好的不同进行不同的股债配置。也有不少投资者会选择这几年特别火爆的"固收+"产品。

"固收+"，顾名思义，主要是由"固收"和"+"两部分组成。"固收"的全称是固定收益，通常是指相对收益确定性更强、风险更小的债券类资产，一般占比在70%以上。而"+"则是在固定收益资产的基础上投资于股票等风险相对较高的权益类资产，这部分占比一般不超过30%。

"固收"就像是一杯原味的奶茶，而"固收+"则是在原味奶茶的基础上加上珍珠、布丁、奶盖等。

不少销售平台和公司会说："'固收+'是能替代银行理财的稳健首选""追求在严控回撤的前提下，获得高确定性的收益。"从合规性角度来说，"固收+"产品和银行理财产品本质上是两种不同类型的产品，不能进行简单的比较。

但是我们说过,在"后刚兑"时代,波动是理财必须面对的现实,在这一情况下,"固收+"产品无疑是有着一定的竞争优势的。那么,"固收+"产品是怎样运作的呢?

如图 9-1 所示,我们用中证 800 指数和中证全债指数做股债组合的收益率测算,从数理统计角度为大家展示"固收+"策略的本质。结果发现:当股债配比在 3:7 附近时,达到收益率和波动率的边际最大值,继续提高比例,波动率增长斜率陡然增加,收益率增长斜率却基本保持不变。也就是说,此时投资达到"收益率:波动率"的边际极大值。

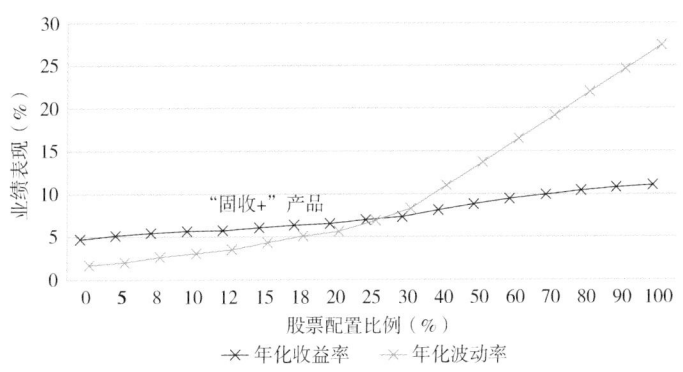

图 9-1 用中证 800 指数和中证全债指数做股债组合的收益率测算
资料来源:Wind,数据区间:2004 年 12 月 31 日—2020 年 12 月 31 日。

结合三类账户的配置,如果我们把活钱账户、保险账户、理财账户中偏稳健的部分调整到 70%,把理财账户中偏成长的部分调整到 30%,似乎和"固收+"策略的资产比例在某种程度上达到了一种重合。这也是为什么"固收+"策略会成为越来越多风险偏好偏中性的投资者或家庭的选择。

值得一提的是,随着资产总值的不断增加,我们的活钱账户、保险账户、理财账户的钱从金额上可能都会增加,但是无论如何,我们都要保持好两个方面的平衡:一个是账户之间的平衡,一个是账户内部的平衡。

第五节　要达到目标再离场，不要遇到波动就盲目调仓

> 有一次我强迫自己 1 年不操作某只基金，最后发现和其他我经常申购赎回的基金相比，这只基金竟然是表现第二好的。
> ——嘉实基金欢聚直播间投资者　奔跑的企鹅

嘉实基金服务客户多年，发现不少投资者在刚尝试理财的时候都非常谨慎，其中刘女士在接受采访时提道："我刚投资那时比较谨慎，生怕回调。每次赚一点就跑，想着少赚点好过跌回去；要是亏了我就死扛，觉得只要没平仓，一切都是浮亏。当然，2021 年一季度那种行情，我扛不住了就'割肉'离场。"

像刘女士这样的投资者不少，因为害怕损失，宁肯少赚一点也要早点离场，导致投资基金一年中一直反反复复地申购赎回。一不小心很容易就踩到坑里，这时候该怎么办呢？据调查，很多人都会在投资基金亏损的时候陷入两难：

——割肉赎回，万一又涨回来怎么办？

——拿着，万一继续跌怎么办？

想来想去，还是决定拿着吧。毕竟赎回就没有翻盘的机会了，拿着就算继续跌，也还有机会，大不了等个三五年，总有一天会回来的。

小赚就跑，坑了自己

投资者选择小赚就跑，乍一看是保护了胜利果实，但坏处也很明显：一方面，消耗手续费；另一方面，慢慢地养成了短线操作的习惯。

理财嘉网友
买了 400 元左右的基金，最多的时候赚了 100 元没有卖，后来又跌了，最后赚了 60 元。

手续费方面。一般来说，基金持有期在 7～30 天就选择赎回，需要扣除 0.5%～0.75% 的手续费，而多数投资者对此并不敏感。试想一下，如果投资者在 1 年中对基金的买卖操作超过 10 次，那么手续费就达到 5%～7.5%，几乎相当于国债年化收益率的 2 倍，所以短线交易的时间成本是非常高的。

短线操作方面。我们在第六章节第一节提到，根据蚂蚁财富、《中国基金报》、景顺长城基金于 2020 年共同发布的《公募权益类基金个人投资者调研白皮书》，单只基金持有时间越短，越容易亏钱。不仅如此，持有时间越短，亏损幅度越大。我们以 2019 年权益基金市场为例，见图 9-2。

图 9-2　权益基金市场近 1 年实际收益与单只权益基金平均持有时间

资料来源：蚂蚁财富、《中国基金报》、景顺长城基金《公募权益类基金个人投资者调研白皮书》。

数据告诉我们，小赚就跑反而亏得更多。因为不管你小赚多少次，当你赎回基金后，接下来仍然会面临再次入场的问题，总有被套的时候。

达到目标再离场，更靠谱

小赚就跑，说白了是一种目标管理失衡——止盈线设置过低导致频繁交易，而合理的目标管理，其止盈线不要过度偏离历史平均收益水平。我们在第五章第三节中讲到合理设置目标收益率的方法，比如可以参照近 10

年纯债型、偏债型、偏股型、股票型基金指数的年化收益率和年化波动率，见图9-3。

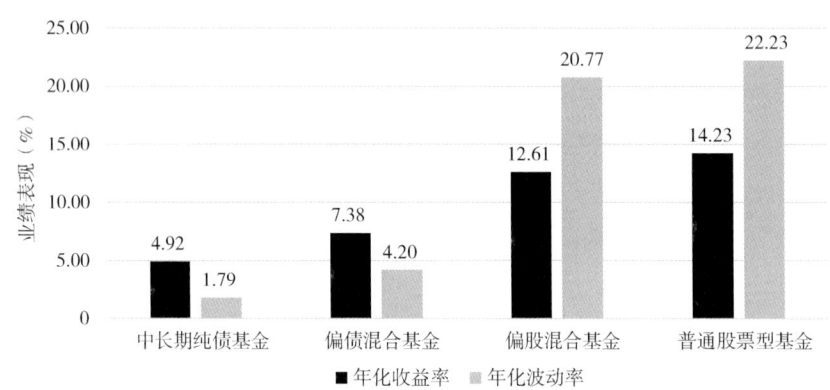

图9-3 近10年四类基金指数的年化收益率与年化波动率

资料来源：Wind，数据区间：2011年6月16日—2021年6月15日。

以普通股票型基金为例，我们发现其平均年化收益率在15%左右，对应的波动是20%~25%。那么，我们的权益类基金的合理盈利目标可以是10%~15%，合理的止损区间在20%左右。

那么这种目标指导下的止盈止损，与小赚就跑、大亏离场的收益和持有时间有什么差异呢？

接下来，我们以嘉实中证500ETF（159922）基金为测算标的，在2018年6月30日，以初始1.5127元/份的价格一次性购入10 000份，预计持有3年，分别计算不同止盈方式下的收益率：一是每赚5%赎回20%的基金份额；二是每赚15%赎回20%的基金份额。3年后，两种方式下的收益情况对比如下：

每赚5%赎回20%基金份额的办法，让投资者在2020年7月就用光了"子弹"，总收益为6 181.8元，见表9-2。

表9-2 每赚5%赎回20%基金份额的办法

日期	复权单位净值（元）	减仓（%）
2021-06-24	2.098 7	0

(续)

日期	复权单位净值（元）	减仓（%）
2020-07-08	1.968 6	20
2020-07-06	1.897 1	20
2020-06-30	1.762 9	20
2019-04-01	1.685 1	20
2019-03-07	1.597 9	20
2018-06-30	1.512 7	100
总收益（元）	6 181.8	

每赚15%赎回20%基金份额的办法，让投资者3年时间内只赎回过2次，最后3年到期才赎回剩余60%的份额，总收益为9 822.4元，见表9-3。

表9-3 每赚15%赎回20%基金份额的办法

日期	复权单位净值（元）	减仓（%）
2021-06-24	2.098 7	60
2020-07-09	2.016 0	20
2020-02-24	1.740 7	20
2018-06-30	1.512 7	100
总收益（元）	9 822.4	

以上是粗略的收益金额统计，未计算赎回费用。小盈离场意味着"多折腾"，而投资基金强调的是长期坚持，只有在相对长期的投资过程中，市场波动的风险才能被较大化地稀释，你才能更充分地分享到市场经济增长的红利。如果频繁交易，不但加大交易成本，还费时费力，影响工作和生活，失去了投资的本意。

第六节 要做"躺平"的投资者，不要做"躺不平"的投资者

> 我在理财通开通了一个定投账户定投嘉实医疗健康保健股票型基金，每个月定期转入本金，一年过去了，心不慌了，睡觉好了，整个人都精神了。
>
> ——嘉实基金理财通投资者　TOMMY1990

如果要评选 2021 年网络热词，"躺平"肯定是其中之一。微博上有关"躺平"的话题频上热搜，阅读量已经超过了 10 亿。

明明大家嘴上都说"躺平的韭菜不好割"，但为什么买基金、买股票的人却"躺不平"？

"盯盘日当午，炒股好辛苦。
对着 K 线图，一哭一上午。
哭了一上午，还要哭下午。
仓位补不补，心里很痛苦。
补了也白补，不补更痛苦，
为何会这样，只有问××！"

这是网络上调侃炒股的段子。道理谁都懂，但就像天下没有人不关心自己的孩子，投资者作为利害相关方，真金白银放在里面，哪能了无牵挂？

拒绝做"躺不平"的投资者

还记得 2021 年一季度行情剧烈调整吗？当时全网一片哀嚎，后来仅花了 2～3 个月就收复失地。现在回头看看那时"绿得睡不着"的自己，是不

是太跟自己过不去了？

"我以为理财是我的额外收入，没想到成了我的最大支出。"

"没有十年脑血栓干不出来投资理财行业追星这事吧，看人家大风刮来几天钱就一窝蜂地涌进来，绿两天就哭爹骂娘。饭圈渗入基金理财，真的不管管吗？"

"总想抄底，没想到被抄了家。不过想想也是，一个月买5000元才跌3000元；要是不买，5000元全都花光了。"

"每次跌几天我就会有种不想玩了的冲动。赚钱了又激动得不行，第二天就取出来买心仪已久的衣服，的确挺影响心情的。"

面对市场的震荡，面对收益的波动，我们如履薄冰，每一步都走得小心翼翼，生怕落入万劫不复的深渊。因为任何一个小错误，都有可能让我们前功尽弃。

于是，本应是一件美事的理财，成为无数人焦虑的来源。本应努力工作的时间，我们用来看收益；本应陪伴家人的时间，我们用来看收益；本应让自己的放松的时间，我们还是在看收益。投资者恨不得24小时盯盘，影响自己的正常生活不说，还有可能增加自己犯错误的概率。

首先，经常看账户，容易"感情用事"，做出错误决策。

"勤劳致富"，这句话相信大家耳熟能详。

但是放在投资上，这句话并不适用，而且很有可能是"勤劳致负"。大部分刚买基金的投资者都会有这么一个习惯，就是每天蹲点等基金净值更新。甚至有投资者每天在股市开盘期间，也经常打开账户看看自己的基金净值估值，估算自己今天又盈亏多少。这么一个简单的动作，看似无伤大雅，带来的伤害却是不可小觑的。

基金净值每天涨涨跌跌，我们查看账户越频繁，那么看到自己亏钱的概率就越高。

美国投资公司Betterment的一项研究显示，如果每天查看一次自己的交易账户，那么投资者大约有50%的概率会看到自己的账户亏钱，有25%的概率会看到自己的账户亏损2%以上。

"厌恶亏损"是每个人的天性,看到账户亏钱的时候,我们的心情很容易变得沮丧,最后做出非理性的投资决策。

其次,频繁交易,成本更高。

大家要清楚一个真相:每一次倒腾,都是要付出成本的。

为了鼓励基民长期持有,不要把基金当作股票来"炒",基金赎回费的设置规则是:持有时间越长,赎回费率越低。大部分基金持有时间不足7天,那就要交1.5%的惩罚性赎回费。再加上重新买入另一只基金的申购费等,这些费用都会直接减少投资者的到手收益。

最后,持有时间短,收益更低。

如果说频繁交易,在抵消了交易成本之后,还获得了更高的收益,那频繁交易也是值得的。

可惜,事实并非如此。之前我们就以不同类型的基金指数做过测算,不管是正收益概率,还是平均总收益率,都是持有时间越长,效果越好。也就是说,一顿操作猛如虎,还真不如买入之后一直"躺平"不动。

学会做"躺平"的投资者

做了20年的公募基金,服务了上亿客户,嘉实基金发现,能够在股市里安心"躺平"的人,大概有四类:

一是承认自己是个普通人,没有水平也没有精力在股市里"折腾",把钱放在那里,享受股市的长期平均收益就感到满足的人。

二是用闲钱投资,赚了开心,亏了也不计较的人。

三是对手里的股票、基金有深入研究,相信上市公司、基金经理,心里有数的人。

四是愿意慢慢致富,信任时间的人。

这四类投资者有一个共通点,那就是想要的不多。他们既不指望靠理财实现一夜暴富,从此不用上班,也不觉得错失某个热点就很可惜,宛如

理财嘉闺友
现在的热搜真的太无聊了,基金涨热搜,跌也热搜,买基金不就是为了省心吗? 天天盯涨跌不累吗?

错过一个亿。

他们的想法很简单,认知也很实际:"钱,我还是靠工作来挣,理财只是让我赚的钱能实现保值增值,如果可以,再多赚一点更好。无论怎么样,生活质量第一位,为了赚钱搞得自己焦虑,35 岁就猝死,那钱留着何用?"

这样"佛系"的投资者,往往能避免掉"内卷式"折腾带来的摩擦成本。赚的可能没有"狼系"投资者那么多,但论幸福指数是很高的。因为他们不与别人对比,觉得自己满意就好。

不过,"躺平"并不意味着"不管不问",信息上保持关注,但心态上一定要"躺平"。

面对不同基金,你的"躺平"程度也可以稍作调整。比如,对于回撤较大的股票型基金,那你可以用"浅睡眠式躺平"。而对于波动较为平稳的债券型基金或"固收+"产品,你可以试试"深睡眠式躺平"。

但始终切记:投资千万不要"卷",越折腾风险越大。虽然"躺平"并不一定能"躺赢",但是"躺不平"输的概率更高。

第十章

重回理财的起点，
如何实现你的理财目标

通过对上面章节的系统梳理，让我们重新回到起点，从理财目标的制定开始，以理财目标的实现为目的，来重新认识理财的全过程。在这个过程中，如何管理我们的资产结构和配置，使其不偏离我们的既定目标，直接决定了我们的理财目标能否顺利实现；而实现理财目标的最好办法就是与时间为伍，以专业素质或借助理财顾问帮我们实现梦想。

第一节 从制定理财目标做起，选择比努力重要

> 合抱之木，生于毫末；九层之台，起于垒土；千里之行，始于足下。
>
> ——老子

怎样制定理财目标？不妨从我们人生的第一个 100 万元说起。

第一个 100 万元，要靠攒还是靠赚？

毕业多少年才能攒到 100 万元？

话说"90 后"都已经步入 30 岁的门槛了，"70 后""80 后"就更不用说了。在这个充满变数和机遇的时代，有些年轻人可能踩对了风口，只用两三年就攒到了 100 万元。当然这是特例，因为挣得多，自然攒钱也快。

也有一些年轻的小伙伴，靠着一份收入尚可的工资，以及家里的一些支持，依靠自己的理财头脑，只用三四年就攒到了人生第一个 100 万元。

当然这个数字肯定因人而异，比如来自二三线城市的普通上班族可能需要花费更久时间才能达成这一目标。但不可否认的是，合理规划自己的理财计划能帮助我们更好地实现"人生第一个 100 万元"的目标。

不管是哪种方式，让账户上的数字变成 100 万元，除非你的收入特别高，否则除了"996"辛勤的劳动，还是要用点儿"巧"劲儿的，这个"巧"劲儿就是制定理财目标并努力去实现它。

其实，"第一个 100 万元"只是理财目标的一个缩影和横截面。可能我们的理财目标会更加具象，比如为了买房子付首付、提前还完按揭款、旅

游、结婚，抑或养孩子、给孩子准备教育金等，甚至只是静静地看着账户里的数字一点点增加。

上述任何一个理财目标，都需要通过具体的理财路径去实现。没有理财目标，我们就不知道为什么理财；不去理财，理财目标永远只能是目标。

拆解你的理财目标：场景、目标收益率、所需时间

在人生的不同阶段，梦想和需要也不相同，这是制定理财目标的一个基础。见表10-1，从覆盖面来说，理财目标有个人层面和家庭层面；从达成时间来说，理财目标有短期目标、中期目标和长期目标。

表 10-1　理财目标的分类

达成时间 覆盖面	短期目标	中期目标	长期目标
个人层面目标	零花钱管理、"种草"奢侈品等	买车、个人理财账户管理等	个人养老保险、大病保险、养老金理财等
家庭层面目标	家庭大件、家庭旅游等	住房改善、还贷、育儿等	财富传承、子女教育等

当然以上的例子仅供参考，每个人的情况都是不同的，具体目标还需根据自身实际情况来确定。当我们有了明确的目标之后，接下来就需要为我们的理财目标规划一条实施路径。

美国著名作家里克斯蒂娜·沃特克在《OKR 工作法》一书中写道："欲望让我们起航，但只有专注、规划和学习才能达到成功的彼岸。"如果说制定理财目标让我们迈出了理财的第一步，那么执行理财目标才是我们在迈出第一步以后要走好的每一步。

在不考虑其他复杂因素的情况下，理财目标只需要想清楚三点：目标适用的场景、目标收益率或金额、达成目标的时间。

我们以一个买房的目标为例来说明。假如你的目标适用场景是付买房的首付款，目标金额是 100 万元，达成目标的时间即期限是 5 年以上。而现在你有 30 万元积蓄，后续每年还可以攒下来 10 万元，如果你不做理财，

还需要 7 年的时间来达成买房支付首付目标，见表 10-2。

表 10-2　买房支付首付目标示意（不做理财）

当下	1 年后	2 年后	3 年后	4 年后	5 年后	6 年后	7 年后
30 万元	40 万元	50 万元	60 万元	70 万元	80 万元	90 万元	100 万元

你也可以通过理财来实现这个目标，不过你需要先做好规划。假设你的理财计划投入时间 5 年、理财目标定为 10%。同样是起始资金 30 万元，每年结余 10 万元，通过理财规划，可能用不了 7 年就会实现这个目标，见表 10-3。

表 10-3　买房支付首付目标示意（做理财）

时间＼目标	当下	1 年后	2 年后	3 年后	4 年后	5 年后
本金	30 万元	40 万元	43 万元	57.3 万元	74 万元	92.4 万元
新增	0	10 万元	10 万元	10 万元	10 万元	10 万元
理财	0	3 万元	4.3 万元	6.7 万元	8.4 万元	10.2 万元
累计	30 万元	43 万元	57.3 万元	74 万元	92.4 万元	112.6 万元

图 10-1 直观地表明了理财对现金流增长的贡献，可以看到，实施理财以后的现金流增速明显高于单纯存钱的速度，理财开始得越早，实现目标所用的时间越短。

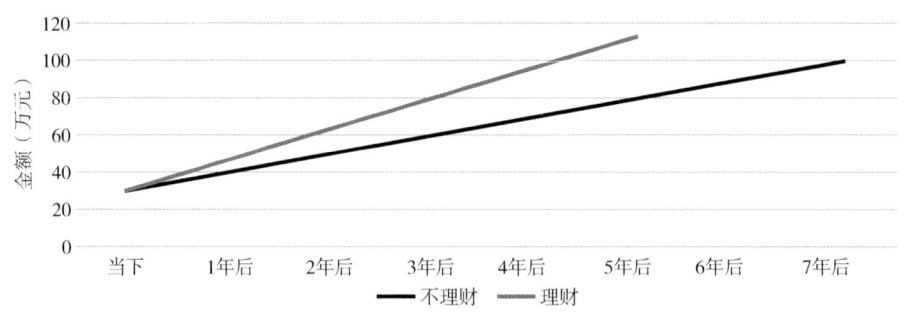

图 10-1　攒够 100 万元首付理财与不理财现金流增长对比

请注意，这仅仅是理想状态。现在市场上几乎没有每年都能稳定盈利 10% 的理财产品。我们前面一直强调权益类基金是好的理财产品，这是建

理财嘉网友
基金不是应该买了然后立即忘了它们嘛！

立在权益类基金能长期取得接近20%这样一个收益率的基础上，且持有时间越长，这个收益越容易实现。

但是，如果我们仅仅持有3年时间，有可能赶上一个底部区间，这样很有能挣不到钱，甚至本金还要被套进去。最典型的例子就是2010—2013年，Wind数据显示，在这4年时间里，全市场普通股票型基金年均收益率中位数不到5%，而偏股混合型基金的年均收益率中位数更是–2%。

一方面，这说明有波动的理财存在着较高的风险。如果我们在这段时间里选择权益类产品作为我们的理财方式，那么这4年的时间里不但没有实现本金增长的目标，甚至还会让本金受到一定的损失。

另一方面，这也说明资产一定要均衡配置，不要重仓投入某一类资产，特别是权益类资产。当然，如果选择了重仓权益类资产，首先，我们要做好长期理财的准备，因为权益类资产的回报和持有时间有着很大关系；其次，我们一定要考虑时间因素，因为任何一种基金都有波动性，波动性越大的收益越高，也越适合作为中长期的理财产品；波动性越小的收益越低，越适合做一个短期的配置；最后，我们要留有充足的资金，或者说不要一次投入太多而是分批投入，这样可以在一定程度上平滑波动和风险。

反过来说，如果我们是改善型住房需求，已经卖掉了一套住房并且获得了300万元的现金，同时看上了另一套房子，首付也要交300万元，大概在2个月以后签合同交首付，那么我们该怎么办？

当然是选择流动性好、安全性高的产品。这笔理财对于我们来说，首先要考虑本金不能有任何损失；其次要考虑流动性，尽可能地能在当天或一两天之内把所有的钱都提出来，至于收益只是一个顺手牵羊的因素。

明白了需求，我们就可以选择货币基金、银行仍然在代销的预期收益型产品（这里一定要确认收益和本金是否有保证），或者为了安全，直接存2个月的定期存款。

理财就是理生活

我们常说，理财就是理生活。

只有将理财目标的制定、实施、管理和实现这4个方面理顺、安排好，我们的生活和事业才能免去后顾之忧。理财是一种工具，所谓工具并没有绝对的好与坏，而在于我们如何利用和搭配，只有发挥理财产品各自的最大价值，才能真正为我们所用、所需。对投资者来说，建议按照以下步骤进行理财。

第一步，计算你的净资产。

理财之前，我们不妨列一个单子，对我们的资产和负债做一个全方位的统计。

首先，列出当前的资产和负债清单。资产就是我们拥有的具有实际价值可以变现的有形或无形物，而负债就是未来需要我们支付一定金钱来偿还的物品。资产可以包括金融产品，比如股票、基金、现金等，也包括汽车、房屋等大件，甚至包括可变现的个人IP，我们的知识某种程度上也可以算作资产。负债就是各种账单和债务，比如车贷、房贷、信用卡欠款。

其次，对自己的净资产有一个大致的了解。净资产就是用我们的资产减去负债，这个净资产就是我们制定个人理财目标的物质起点。

第二步，跟踪你的收支和现金流。

在统计完我们可用的净资产以后，要做的就是定期跟踪我们的现金流，比如每个月、每个季度或每年。每个月可以看一下工资收入和各种账单在收支相抵之后剩下多少，每个月可以看看理财收益的变动，每年年末或者发了年度奖金以后可以看看过去一年我们的财富又增加了多少。

养成跟踪现金流和收支的习惯，能让我们静下心来更好地研究和规划理财。

刚才提到，我们的理财目标从覆盖面上可以分成我们个人的和整个家庭的，从实现周期上可以分成短期的、中期的和长期的。

事实上很多时候，我们个人的理财目标和家庭的理财目标可以说是高度重合的，而短期、中期和长期的理财目标，某种程度上也是相互依存的。

之前我们说过，要确保理财目标是具体的、可衡量的、可实现的和可量化的，这样有助于更好地实现梦想。

我们的理财可以细分成多个目标，一旦目标实现了，我们就会有产生一定的成就感。当这样的成就感积累到一定的程度，我们就会对目标理财这一方法和生活方式产生依赖感，使理财从行动上升为习惯，进而迫切地希望完成更多理财目标，这样一个良性的循环就建立起来了。

第三步，一边理财，一边提高自己的赚钱能力。

对于理财来说，很多时候我们要做的其实并不太多。我们首先明确自己的需求并制定理财目标，然后就是根据目标选择合适的产品，接下来就是持有这些产品直到理财目标实现。如果我们选择了理财顾问服务那就更简单了，将理财的事交给专人打理就好了。

有投资者可能会问：这么说来，似乎理财并不需要操太多心啊？没错，理财本身就不是一件需要天天关注的事情，例如你的理财池子里有7只权益类基金、3只固收类基金，你要做的是定期投入本金并且坚定持有，基金净值的涨跌要看基金经理，你天天着急也没有用。

那么，理财需要我们干什么呢？需要我们努力挣钱，提高本金的投入！

在理财四要素（决定理财最终受益的三要素：本金、时间、收益率，加上波动）中，收益率和波动我们无法控制，时间对所有人都公平，唯有本金可以通过自己的努力做到差异化。

要提升赚钱能力，最重要的就是做好本职工作，不断提高我们的职场竞争力，争取尽快升职加薪是一个很重要的前提。无论副业做得多好，本职工作都是不容忽视的。它相当于职场中的"安全牌"，只要有它在，每月就会有比较稳定的收入。一个连本职工作都无法做好的人，是很难去开拓并发展副业的。

除了在工作上不断培养自己的能力，我们也可以在其他方面下功夫。比如利用现在很火热的视频号或者其他自媒体取得收入，甚至成为一个KOL（Key Opinion Leader，关键意见领袖），利用自己的专业知识获得流量曝光，再把这些流量变现。

对自己的未来进行投资，努力解决开源难的问题。多读读书，多听有意义的课程，不断提高自己的各项能力。

总之，理财是一件不需要我们每天都去考虑的事情，因为理财产品的收益受市场影响，理财产品的管理是专业人士的事，我们即使每天关心甚至焦虑，也没有实际的意义，倒不如把这些时间用于提高自己。

都说理财不容易，那是因为我们让理财承担了很多不应承担的东西，理财很难让我们一夜暴富，却能做到静水流深。

理财其实并不难，它有点像做数学题，我们只要正确地开启了第一步，有了一个实际的投资目标，就会自然而然地开启解题的第二步和第三步。普通人做理财，需要的并不是征服市场或战胜别人，需要的只是向内寻，找到自己本来的诉求，管理自我的情绪，征服自己贪婪而又恐惧的心。具体怎么做呢？很简单，做一个理财清单，一切就从设定我们的理财目标开始。

第二节　资产配置助你实现理财目标

> 在风险投资与投机中，战略与战术的完美结合是一门投资的艺术：战略解决方向与时间跨度的问题，战术解决量化的目标与进出时点的问题。
>
> ——支付宝网友 ironman1990

在我们制定好理财目标以后，接下来要做的就是根据理财目标制订和执行理财计划。

我们一直强调，无目标不理财，理财一定要根据自己的情况制定目标，目标的制定不要和人比。理财是自己的事情，我们可以借鉴别人的经验、方法，但一切都要从自己的角度出发，符合自己的才是最好的。

不同的理财客户，财务状况、目标需求、风险收益偏好、现金流等客观条件都不相同，我们制定理财目标的时候应该从这些客观因素出发，而在执行目标的时候也不能脱离理财目标和我们的自身情况。

资产配置是实现理财目标的有效手段

为什么要做资产配置？国内外的大量实践已经证明，资产配置对于资产增长的贡献超过了 90%。

这个结果也回答了长期以来困扰很多投资者的一个问题，那就是理财中赚到的钱到底是从哪里来的？对于这个最基本的问题的回答，大家各执一词。有人认为是通过低买高卖的择时，有人认为来自精准的选择股票或基金。而传奇投资家大卫·斯文森（David Swensen）根据实证研究认为，资产配置的决策和执行才是对机构投资者的投资业绩起决定性作用的因素。

在此基础上，他总结了三条基本投资准则：偏重持有股票、投资组合多元化和对税负敏感[1]。

在我国对于普通个人投资者来说，理财并不需要考虑太多税收因素，但是大卫·斯文森的另外两个观点也是我们一直以来倡导的，那就是在风险收益能承受的情况下，适当多配置一些权益类资产，同时要做到各类资产的多元化配置。

资产配置是指投资者根据自身的风险厌恶程度和资产的风险收益特征，确定各类资产的投资比例，从而达到降低投资风险和增加投资回报的目的。通常将资产配置分为战略性资产配置（Strategic Asset Allocation）与战术性资产配置（Tactical Asset Allocation）两个层面。前者反映投资者的长期投资目标和政策，主要确定各大类资产（如现金、股票、债券、商品等）的投资比例，以建立最佳长期资产组合结构。

战略性资产配置结构一旦确定，在较长时期内（如1年以上）不再调节各类资产的配置比例。而战术性资产配置更多地关注市场的短期波动，强调根据市场的变化，运用金融工具，通过择时（Market Timing）和证券选择（Security Selection），调节各大类资产之间的分配比例以及各大类资产内部的具体构成，来管理短期的投资收益和风险。

美林证券在其推出的研究报告中，利用美国1973—2004年的历史数据，根据产出缺口和通货膨胀率的不同变化，将经济周期划分为萧条、复苏、过热和滞胀四个阶段，比较了股票、债券、商品和现金四类资产在不同阶段的收益表现。结果显示，不同类型资产在不同经济周期阶段的收益差距非常显著[2]。

如图10-2所示，在经济复苏阶段，股票资产的表现最好，此时经济处于转折向上的过程中，而通货膨胀水平并未出现上升，政府也不会采取紧缩性的政策进行调控；而在通货膨胀上升、经济出现向下调整的滞胀阶段，

---

[1] 大卫·斯文森. 机构投资的创新之路 [M]. 北京：中国人民大学出版社，2010.
[2] 刘超. 从战略资产配置到战术资产配置——基于中国股市、债市、期市的实证研究 [N]. 期货日报，2008-11-14（6）。

股票资产的表现最差,此时最优的选择是持有商品资产;在经济向下同时通货膨胀向下的衰退时期,债券资产的表现最好;而在通货膨胀水平和经济同时上升的阶段,依然是商品资产的表现最好。

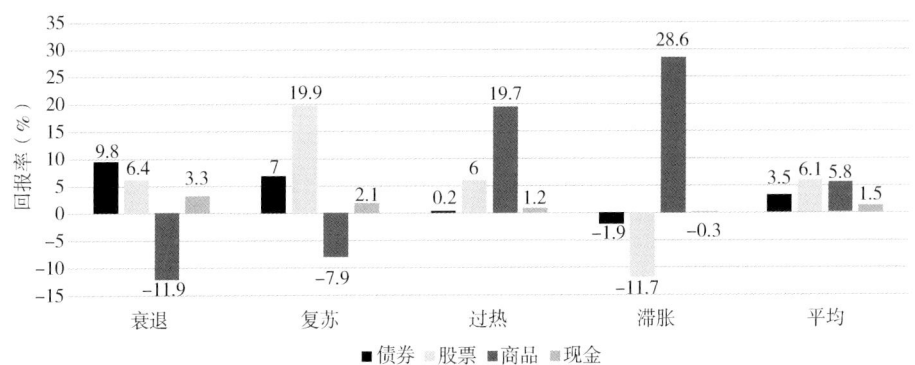

图 10-2　美国各类型资产在不同经济阶段的实际总回报率(1973—2004 年)

资料来源:中信建投证券刘超《从战略资产配置到战术资产配置——基于我国股市、债市、期市的实证研究》。

从上图中我们还可以观察到一个有趣的现象,那就是在这 30 多年的时间里,股票和商品这两种大类资产的跷跷板效应很明显。这也是美国多元配置资产比单一配置资产更有效的原因。

严格管理你的资产,动态调整你的资产

当前对于我国的广大普通投资者,理财服务供应商主要是通过配置不同股票、债券和货币类型的公募基金来实现资产配置的目的。

在实际工作中,不少投资者向我们反映,虽然自己根据大类资产配置的原则并结合自身的经验构建了一个基金组合,但是过了一段时间以后,总是觉得不够理想,面临以下几个有代表性的问题:

——老师,我的组合是按照 6% 的年化收益率预期来构建的,以债券型基金为主,但我发现今年股票行情特别好,我想调仓还来得及吗?

——老师,前年的股票配的是大盘蓝筹,去年配的是芯片 5G,今年配的是疫苗和新能源汽车,都是紧跟热点,但是我发现并没有赚太多。请问

这是为什么？

——老师，我发现我的组合收益目标6%挺容易就达到了，别人都是10%甚至15%，有点不甘心。我想调高目标可以吗？

——老师，我一开始是按照股票型基金与债券型基金5∶5的比例配置的，后来发现股票型基金涨得好就想增配股票型基金、少配债券型基金，这样做可以吗？

——老师，我的组合收益总是上不去，主要是被股票型基金拖累的，我想清仓但又不甘心，现在正在纠结中。您有什么建议吗？

……

这些问题，相信不少投资者都遇到过。其实这些投资者已经逐步树立了目标理财的观念，并且根据自己的理财目标做了相关的基金资产配置。从这两点上来说，他们已经做得很棒了。

我们来分析一下，为什么他们会有这些困惑。

【问题1】 预期年化收益率6%的组合，以债券型基金为主，股票型基金配置得很少，看到近期股票市场火热想调仓，还来得及么？

解答： 即使来得及，也不建议调仓，不同投资目标的组合没有可比性。

我们反复强调每一笔投资都要有明确的目的，一笔投资是否成功的判定标准应该是目标的达成与否。假如我们的投资组合的预期收益率是6%，这基本上是一个"固收+"的组合，资产的配置应该以债券为主，目的是在基本不影响本金安全的情况下获取一个跑赢通货膨胀的收益。

而10%甚至15%的组合，可能股票仓位会占到50%甚至更高，这个组合的目的是为了获得不低于股票市场整体回报的收益，与此同时也会面临股票投资带来的损失。即使是分散行业或主题，也只能降低股票投资风险，而不可能完全避免这种风险。

【问题2】 2018年买大盘蓝筹，2019年买芯片5G，2020年配疫苗新能源，哪个火买哪个，这样的组合好吗？

解答： 盲目追热点不可取，组合不是为了追热点，要追热点就去买行

理财嘉阿友

我：妈，我要学理财，我今天买了基金。
我妈：买了多少？
我：50元！

业指数基金或行业主题股票。

基金投资，没有最好的，只有最合适的。如果你是短线的操作高手，深入了解一个行业的周期，当然可通过指数基金来高抛低收做择时。但大部分的投资者都并非专业的，更何况即使专业的投资者都很少通过择时来赚取超额收益。

投资基金，本质上是因为自己"不专业"，所以要找"专业的人或机构"。更通俗地讲，买基金的人都是炒股比不上基金经理的。

基金投资和股票投资其实是两个概念，通过指数基金进行行业择时更像股票的投资思路，而我们大部分人不具备这种能力。所以，买基金就要踏实坚定，或者选宽基指数定投，或者选优秀的基金经理长期持有。

而基金组合，某种程度上是基金投资的一种升华，不是为了赚取单只基金的超额收益，而是为了赚取多只基金的分散配置收益，更重要的是为了对冲不同基金的单一风险。

【问题3】 自己的投资组合收益率6%，别人的投资组合收益率10%、15%，是自己的投资组合不如别人吗？

解答：只要能达到预期目标的投资组合，就是好的投资组合。

6%收益率的投资组合多数是稳健型组合，资产主要投向债券型基金；10%收益率的投资组合，股票型基金和债券型基金大约是1∶1的比例；而15%以上收益率的投资组合，股票型基金的仓位会在80%左右。

不同类型基金组合的预期收益目标不同，导致其资产结构和潜在风险都有很大差异。对投资组合的业绩可以做比较，但要在同类型的组合之间比，对不同类型的组合做比较有失公允。

【问题4】 由于股票型基金净值上涨，一开始股债1∶1的基金组合变成了6∶4，这个时候是加仓股票型基金，还是加仓债券型基金？

解答：不忘初心，方得始终。建议将仓位重新调整成1∶1。

这里给大家介绍一个动态再平衡的思路，见图10-3和图10-4。市场是瞬息变化的，组合中不同资产的仓位肯定会跟着市场的变化而变化。股市波动比债市剧烈，因此往往都是股票型基金的仓位在发生变化。

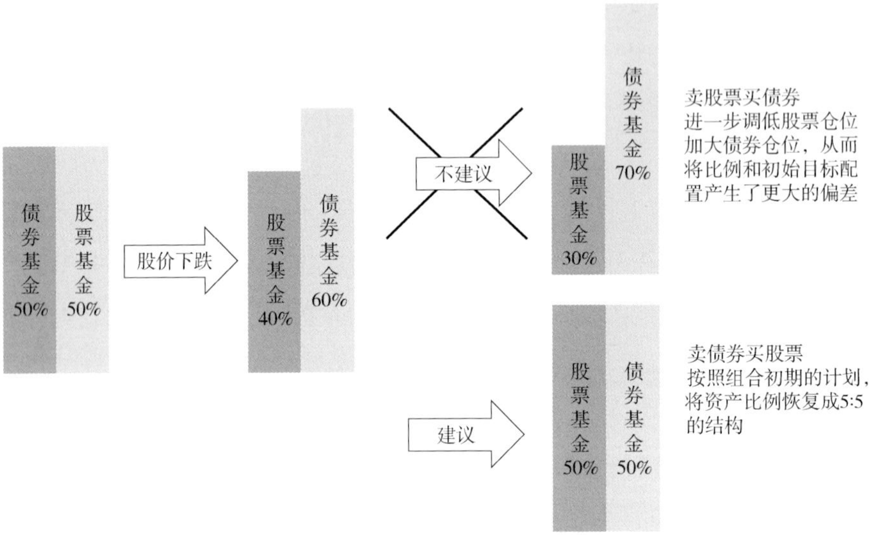

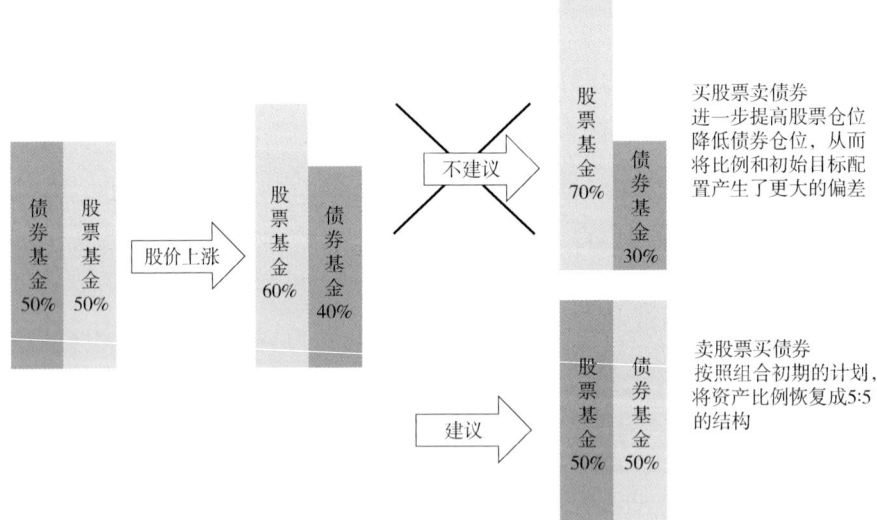

图10-3　动态再平衡（当股价下跌时）

图10-4　动态再平衡（当股价上涨时）

这个时候很多投资者又出现了追涨杀跌的老问题，本来是一个6%预期收益率的稳健型基金组合，在看到股票涨得好或者跌得多，就调高或调低股票仓位，这样会导致仓位比例与最初的比例偏离，从而导致预期收益偏离。

【问题 5】 组合收益迟迟达不到预期目标，想退出重来却不甘心，继续拿着又纠结，怎么办？

解答：首先要明确理财目标和资产比例是否匹配，其次要看这个组合的运行时间。

首先是看一下理财目标与资产比例是否匹配。比如我们希望达到 10% 的收益率，那么这个组合中股票型基金的比例肯定要比 6% 收益率组合中的股票型基金比例高。因为风险和收益永远是正相关的。如果我们在组合里放入了过多的债券型基金，却希望获得和股票型基金一样的收益，这个很难做到。

其次是看一下这个组合的运行时间。比如这个组合已经成立了 1 年以上，却连 6% 的收益率都没有达到过，且资产的比例也没有出问题，那可能就是市场的问题，比如 2021 年的股市和债市都不好，类似 2011 年。

如果这个组合的成立时间只有半年甚至更短，自成立以来一直是震荡上行，这个时候我们建议投资者多持有一段时间，毕竟基金净值的波动不能和股票相比。特别是在债券型基金占大头的情况下，组合收益跑得慢是完全正常的。

基金组合是目标、时间与产品的有机结合

我们反复强调，基金组合不是简单的 "1 + 1 = 2" 的概念，也不是把不同类型的基金装进一个框子里，而是根据投资者目标、基金种类、投资者风险偏好、市场环境等内外因素综合考虑并构建的一个组合，是目标、时间与产品的有机结合。

上一小节解答了投资者在管理自己的基金组合中经常遇到的一些问题，下面来分享一下专业机构是怎样管理自己的基金组合的。

第一，目标收益和资产比例要相匹配。在构建基金组合的时候就要考虑到这一点。比如，如果希望获得高收益，就要多配置一些股票型基金；如果近2年或近3年用不到这笔钱，就可以配置一些定期开放基金来增厚收益。总之，要达到一定的投资目标，就要配置相应地资产，这是基金组合成功的前提。

第二，基金组合和基金一样，贵在坚持，不要过于看重短期涨跌。购买基金不是为了短期获取暴利，而是为了长期投资，购买基金组合更是如此。特别是当你购买了一定数量的债券型基金以后，要达到预期收益，需要时间和耐心。组合中如果有股票型基金，恰好这段时间股票型基金表现不佳，你可以把一部分债券型基金转换成股票型基金，以定投的方式摊平成本，同时保持整体仓位的平衡。总之，在持有基金组合的时候，耐心很重要。

第三，学会动态调整，而不是盲目调整。我们上面提到反对追热点，反对频繁进出，但这并不意味着我们什么也不做。

比如我们选择了一个股债1∶1的平衡性基金组合，股票型基金和债券型基金的部分都有一定的调整空间。从股票型基金的角度来说，如果市场风格切换为偏价值，那么我们可以买一些沪深300或上证50的大盘指数基金以及金融地产指数基金；如果风格切换为偏成长，则可以买一些创业板指数基金。

消费领域相对来说牛股辈出，可以长期持有；新能源和智能车未来几年景气度都较高，也可以关注。

在债券型基金方面，如果一段时间爆出了信用债违约潮，那么就应该降低信用债券型基金的比例。如果国家决定加息，那么可以将纯债券型基金替换成混合债券型基金或可转债券型基金。

这里要强调两点：第一点，调整更多地集中在战术层面而不是战略层面。比如定好了股债1∶1的比例，我们应调整资产类别下的品种，而不是调整资产类别的比例。第二点，这种调整不要过于频繁。不管是股票市场风格的切换,还是债券市场的加息降息,都是循序渐进的,调仓步伐不能迈得太大。

第四,一定要设置止盈点,并且坚决执行。止盈很重要。会买是徒弟,会卖是师傅,这句话说起来简单,但做起来很难,因为追涨杀跌是人的本性。跌了我们盲目止损,涨了我们总想观望。这里给大家两个建议:一是设定止盈硬指标,比如6%、10%、15%等。一旦达成目标立刻毫不犹豫地卖出,开始新一轮的投资。这是一个最简单的方法。二是根据市场行情分批止盈。比如达到了10%的目标,而你认为后市还会继续涨,那么可以先把50%的仓位卖出变现,落袋为安,接下来的可以再等一等。但是一定要注意,一旦涨幅回撤到先前制定的10%的位置,必须全部清仓,以保住收益。

第五,大类资产内部,配置既可以多元,也可以集中。这里说的大类资产就是股票型基金和债券型基金。在债券型基金内部,我们可以配置一些定开债,在提高收益的同时降低再投资风险;可以配置一些纯债来保证本金安全;可以配置一些可转债或二级债来提高收益。

在股票型基金内部,主动管理基金和指数基金最好都配置一些。可以配置全市场基金,可以配置一些策略基金如红利基金,也可以配置一些行业基金如医药主题基金、证券主题基金等。

多元配置的好处是分散风险,当然收益可能会略低于集中投资。

综上所述,专业机构管理基金组合和我们管理自己的基金组合有异曲同工之处,都应做到"五要五不要",见表10-4。

表10-4 管理基金组合"五要五不要"

"五要":请坚持	"五不要":请避免
动态调整大类资产比例以保持既定目标	随便调整组合中大类资产的比例
待趋势明确后循序渐进调整仓位	盲目追热点,急速调仓
在同类型同目标的资产中做比较	用6%的收益率和15%的收益率做比较
动态保持资产比例,不偏离既定目标	对组合中的资产"嫌贫爱富"、追高砍低
以年或半年为周期看待投资组合表现	对短期的组合表现过度焦虑

基金组合的构建一定要和我们的理财目标相匹配，因为市场一直在震荡，我们的各类资产比例肯定会随着市场变化而出现变化，所以构建组合之后最重要的就是管理组合。

这里要做到：在构建组合的时候就要和我们的理财目标相匹配；在管理组合的时候要锚定我们的理财目标，关注是否在朝着实现理财目标的轨道上前进，而不是和市场比、和别人比，因为理财是向内寻，不是和人比，我们要做的就是始终让资产比例符合我们最初的预定，不增配浮盈的资产，不减持浮亏的资产，否则会让我们的资产比例和理财目标背离；在理财目标实现以后，我们要及时止盈，投入新的理财目标。

当然，也可以寻求专业的理财顾问帮助我们完成这些工作。

第三节　理财最好的开始是现在，最好的方法是坚持

钱不应当是生命的目的，它只是生活的工具。

——（法）乔治·比才

理财就是理生活，但生活不只有理财。

这是本书的最后一节。看完本书，如果你认同无目标不理财的理念，可以接受理财中的波动及由此产生的风险和收益，理财的收益要从本金、时间和收益率三个维度来看待，那么我们就已经是"三观一致"的同路人了。

国外的一项调查表明，几乎所有人在没有得到专业人员的指导和咨询时，一生中损失的个人财产从20%到100%不等。因此，作为一个现代人，如果不具备一定的理财知识，财产损失是不可避免的。

俗话说，钱是挣出来的，不是省出来的，但是现在专业的观念是：钱是挣出来的，更是理出来的。投资之神沃伦·巴菲特说过，"一生能够积累多少财富，并不取决于你能够赚多少钱，而取决于你如何投资理财，钱找人胜过人找钱，要让钱为你工作，而不是你为钱工作。"

钱生钱胜过人赚钱，要做金钱的主人而不是让金钱做我们的主人。无论你是在求学的成长期、初入社会的青年期、成家立业期、子女成长的中年期，还是退休老年期，都需要建立健康的理财观念和掌握正确的投资理财方法。

理财像出名，尽可能趁早

张爱玲说过："出名要趁早。"我们想说，理财也要趁早。

都说"你不理财，财不理你"，根本原因就是货币有时间成本。如果把钱放在那里让它"躺平"，和纸没有什么区别，钱"躺平"一天其价值就贬值一天。而货币的机会成本和通货膨胀是导致这种情况的两大原因。

导致货币贬值的第一大元凶是机会成本，就是理财的选择。持有货币的机会成本是指所持有货币获得的收益的同时所放弃的收益。

机会成本原指企业为从事某项经营活动而放弃另一项经营活动的机会，或利用一定资源获得某种收入时所放弃的另一种收入。

比如，5年前你有100万元，你可以在一线城市北京、上海或深圳付一个房子的首付，也可以买一个年化收益率为5%、为期5年的保本理财产品，或者用来购买股票或基金。

那么5年过去以后，如果当年你买了房子，现在应该已经翻了一倍，可以理解为收益达到了100%；如果你买了5%的保本理财，那么5年过去你的收益应该达到了25%；如果你当年买了股票或者基金，那么不确定性就要大很多，有可能收益率比100%还要高，也有可能收益率比25%还要低，甚至还要面对亏损。

相对于买房子来说，买保本理财产品、炒股、买基金就是机会成本。

我们知道，从国家对房地产"房住不炒"的定位来说，房地产已经不是一个投资理财的好选择，保本理财产品也会越来越少，那么股票和权益类基金就成了大家理财的一个好选择，国家也是鼓励大家做中长期投资的。

货币的机会成本充分印证了一句话，那就是在理财中，选择比努力重要。大家开始理财时投入的资金都差不多，但是几年过去之所以结果会出现很大的差别，和大家最初的选择有关，也有大家的管理有关。

造成货币贬值的第二个原因是通货膨胀。通货膨胀是普遍存在的，其产生的原因与国家的发展密切相关。国民经济要发展，往往伴随着通货膨胀。

通货膨胀出现的直接原因是一国流通的货币量大于本国有效经济总量。

一国流通的货币量大于本国有效经济总量的直接原因是，一国基础货币发行的增长率高于本国有效经济总量的增长率。一国基础货币发行增长率高于本国有效经济总量增长率的原因，包括货币政策与非货币政策两方面。

现代社会，几乎所有国家的货币都是纸币，纸币和古代社会贵金属货币最大的区别的就是，理论上纸币是可以无限制印刷的，这也是为什么在现代社会绝大多数国家都多多少少存在通货膨胀。

如图10-5所示，根据九鞅投资的数据，2010—2020年，我国年度通货膨胀率中位数大概在5.36%，2011年和2016年通货膨胀率超过了8%，而那两年也是房价大涨的两年。

图10-5　2010—2020年通货膨胀率和百城住宅平均价格

资料来源：Wind、九鞅投资。

为什么说权益类基金是大家理财的一个好选择？因为从跑赢通货膨胀的角度来说，权益类基金是可以做到的。通过计算得知，2010—2020年的累计通货膨胀率为83.7%，

如图10-6所示，我们将2010—2020年普通股票型基金指数、偏股混合型基金指数、偏债混合型基金指数、平衡混合型基金指数、中长期纯债券型基金指数的涨跌幅和通货膨胀率做对比，发现除了中长期纯债券型基金指数的收益率没有跑赢通货膨胀，其余指数都跑赢了通货膨胀率。而股票型基金指数和偏股混合型基金指数的收益率更是达到了通货膨胀率1倍以上。

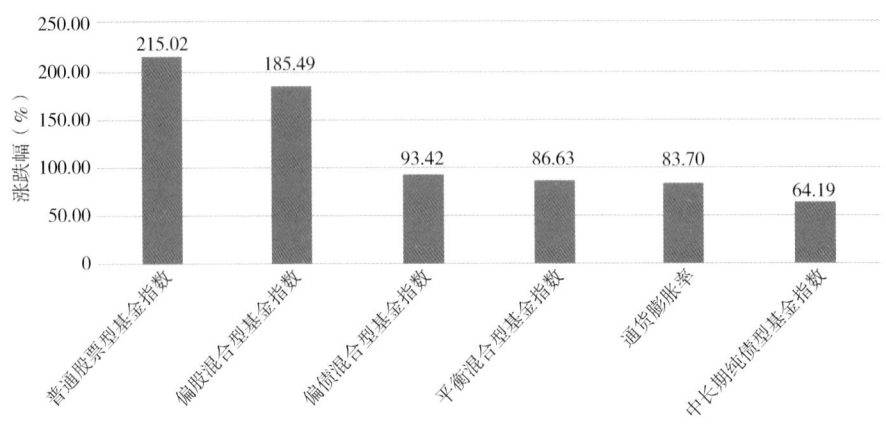

图 10-6　典型的权益类基金指数涨跌幅与通货膨胀率对比

（2010 年 1 月 1 日—2020 年 12 月 31 日）

资料来源：Wind、九鞅投资。

如图 10-7 所示，Wind 数据统计显示，全市场 1 年期银行人民币理财预期年收益率也经历了一个从高到低的变化过程，目前基本上维持在 4% 左右。但是相对于通货膨胀率，这样的收益率并没有太大的竞争性，当然作为我们大类资产配置的工具还是可以考虑的。

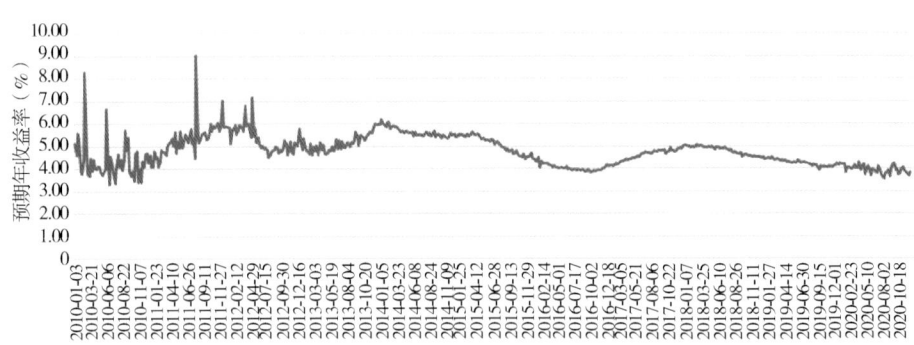

图 10-7　全市场 1 年期银行人民币理财产品预期年收益率变化

（2010 年 1 月 3 日—2020 年 10 月 18 日）

资料来源：Wind。

理财如流水,要滔滔不绝

理财除了要趁早开始,还离不开持之以恒的坚持。理财如流水,要滔滔不绝。

理财是向内寻,而不是和外部竞争。以往我们做投资,择时是一个难以绕过的话题。有多少人,看着自己的股票账户或基金账户的收益曲线,有过抄底摸顶的幻想?

我们总把自己幻想成"投资之神",但现实中我们的操作更如图10-8所示。

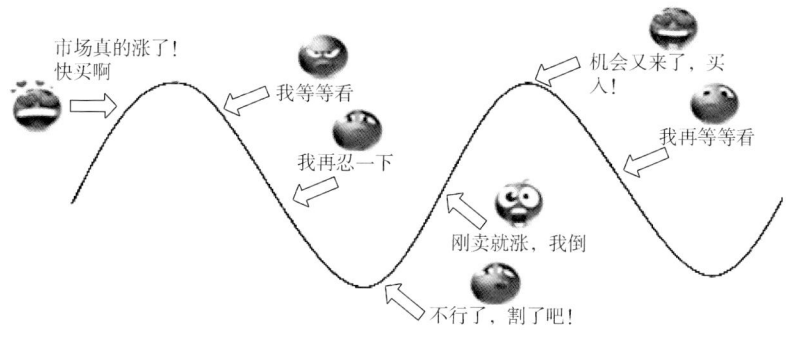

图 10-8　现实中大多数散户的操作

择时为什么难?是我们的技巧或者能力不够吗?好多投资者都是这样认为的,于是开始上各种培训班,学习各种技术流派,希望能够找到"交易的圣杯",但是这样的技巧几乎不存在。

从资产配置的大类来看,择时要求投资者在牛市中持有股票,在熊市中转换到其他资产;而对应到某个资产类别内部,择时要求投资者在价格波段的底部买入并在顶部卖出。华尔街上流传的那句"要在市场中准确地踩点入市,比在空中接住一把飞刀更难",某种程度上所言非虚。

我们看大海里的浪花,总是一浪接着一浪,有高潮,有低谷,虽有惊涛骇浪,但更多的还是荡漾的微波。

我们的行情也是如此,特别是A股市场,5年一遇甚至10年一遇的行情毕竟只出现过几次，多数情况下还是结构性震荡。

理财看似简单，持续做好却很难

理财就是理生活，我们理财不是为了让本已忙碌的生活充满焦躁，而是希望通过理财实现我们的生活目标，让我们有朝一日可以不再忙碌。

在看到这本书之前，想必不少投资者认为理财就是投资，投资就是炒股票、炒基金，既然是炒就要择时择股，就要研究行情，就要研究个股（基）。账户涨了，我们担心，担心有一天赚来的钱都赔回去；账户跌了，我们更担心，担心未来会赔得更多。于是，我们变得焦虑。

如果你认同理财第一定律，就会发现本金是决定我们理财账户收益的基础，而时间是决定我们理财收益的上限。与本金和时间相比，我们通常最看重的收益率可以被更高的本金和更长的时间抹平。理财和投资不一样，投资我们会遇到牛市、熊市，但是理财不会，只要你长期坚持，时间就会慷慨地给予你回报。

你如果认同理财第二定律，相信通过长期持有可以熨平产品的波动，那么，为了获得匹配你理财目标的预期收益，你就会自觉地拉长持有资产组合的时间，来尽可能地获得该组合的历史平均收益。

理财从本质上说，是由客户持有波动性资产并承担此类波动性资产带来的风险，进而享受波动性所产生的收益的过程。理财收益的来源，是通过确定合理的理财目标，并且根据这一理财目标匹配对应的资产，通过对不同资产进行一定比例的配置来赚取资产升值的钱。

只要社会在进步、经济在发展，从长期看，股市就是上涨的，债券的价格也是上涨的。这也是为什么做股票投资时，很多人会拿当下的大盘和股价同历史行情相比；但是做资产配置时，大家看的更多的是不同资产之间的价格对比。

理财是一件专业性很强的事，寻求理财顾问的帮助是为了更好地坚持

当你看到这里，就意味着本书接近尾声了。本书开篇就谈到了理财焦虑，这里不妨再回到这个问题。

理财本身应该而且能够成为一件让人快乐的事，我们都希望通过理财让物质充裕、让生活幸福，进而实现我们大大小小的各种梦想，但这一切都需要建立的前提是，我们的理财有目标，并且能实现这一目标。

但是，很多时候，在理财中我们把精力从关注理财目标切换到了关注账户收益上，面对每天都在波动起伏的收益曲线患得患失、如履薄冰，很不值得。

理财，是一件严肃的事，这关系着我们的资产和未来；理财，是一件专业的事，要掌握很多数学、经济学、会计学、金融学甚至心理学的知识。但理财，绝不应该是一件让人焦虑的事，不应该占用我们太多的时间、金钱和精力。

我们没有必要每天去看行情或者预测行情，因为我们左右不了行情；我们没有必要把全部的资产用于理财，因为理财是我们生活的工具，而不是我们生活的全部；我们更没有必要每天都把精力用在思考理财和处理理财事务上，因为理财就是了解需求、制定目标、匹配产品并执行的一个过程。

要做到这些，我们可以靠自己加强学习，也可以寻求专业的理财顾问服务，付出一些金钱来解放我们的时间和精力。

我们常说"让专业的人做专业的事"，这一点在理财中就很有现实意义。比如炒股票，很多股民炒了这么多年都不得要领。看了那么多书，上了那么多课，也交了那么多学费，为什么多数情况下还是不如股票型基金业绩好，根本原因就在于炒股票或者说股票投资是一件很专业的事，不是一个人就可以完全搞定的。

我们前面对基金经理专门做了介绍，不同的基金经理有各自擅长的领域，也有各自的投资风格，这个市场上不存在适合所有市场风格或者精通所有行业的基金经理，所以基金经理的业绩出现波动是再正常不过的现象。但是基金经理之所以能成为大家信赖的对象，就在于他们能把大概率的事情做到极致，把自己了解的领域研究透彻，把自己认知范围以内的钱尽可能挣到手。所以，从2019年开始，股票型基金和股票市场的回报出现了分化，炒股不如买基金也被越来越多的投资者认同。

本质上，股票型基金经理帮我们解决了股票的选择、交易和管理的诉求，但是谁来帮我们解决基金的选择、交易和管理呢？

理财顾问可以。以理财嘉投顾会员服务为例，在时间方面，专业的投顾服务团队会从"诊、配、管、陪"四个环节入手：了解投资者需求，帮助投资者制定目标并匹配产品，之后全程做好资产管理和投资者陪伴。

理财嘉App推出的投顾会员服务可以根据投资者对每笔钱的期望、理财时长以及投资者的风险承受能力为投资者定制理财计划，在计划中优选基金、科学配置，助力广大投资者达成理财目标。投顾就像一位全天候的财富管家，帮大家有序管理每个计划、定期汇报计划进展、适时动态调仓，让理财变得更简单。

如果你不知道如何理财，理财嘉可以帮助你优选行业赛道，为你构建匹配你理财目标的基金资产组合，并动态管理调仓。

如果你有追涨杀跌、快进快出的交易行为，理财嘉可以根据你的理财目标提供指导建议，以计划的方式引导你坚持正确的投资行为，严守投资纪律。

如果你没有时间打理资产，理财嘉可以在你资产配置与理财目标发生偏离时帮助你调仓，将偏离部分的资产进行调整。当理财目标达成时，第一时间通知你。

理财嘉力求带给投资者最好的服务，希望与每一位有目标、有理想的投资者携手相伴理财路，共同实现理财梦。

理财嘉投顾服务为你的梦想领航

作为国内领先的财富管理机构，嘉实财富秉承嘉实理财"远见者稳进"的理念，依托强大的集团背景，以全球化为视野，拼接傲视金融市场的投研能力，为投资者提供量身定制的财富管理服务。

嘉实财富是在业内率先提倡"买方代理"模式的财富管理机构。2020年，理财嘉 App 联合嘉实财富推出了国内首家采取会员制收费模式的理财服务——理财嘉顾问服务。这样的服务模式，在美国等成熟的金融市场中已经有了成功的实践。会员制的收费服务模式，对客户来说服务体验更佳。

第一，投资者理财成本性价比更高。

理财顾问服务账户在管理过程中免除了会员的组合内基金的认购费、申购费、赎回费以及基金转换费用等，能够帮助会员降低投资成本，变相增厚基金收益。更重要的是，投资者理财的金额越多，相对来说越划算。因为理财嘉顾问服务的一大鲜明特色，就是在资产配置过程中所选的产品都是嘉实基金自己的产品。可能会有会员投资者感到疑惑：这样是否涉及利益输送或近亲繁殖，从而损害投资者的利益？当然不是，这样做反而有两个优点：

首先，嘉实基金作为国内优秀的基金公司，有着非常丰富的产品线，在各个产品线上都有着优秀的基金产品，这样就保证了理财嘉顾问在进行资产配置时能够全面、细致、精准地进行选择和布局。

其次，理财嘉顾问的管理人可以和嘉实基金的投资团队就产品运作进行更加深入的探讨。嘉实基金的公募基金产品面向所有投资者开放，价格是公平的，运作是合规的，但是对于基金的理解和对基金经理的管理思路以及风格的把握，不同的投资者之间肯定会有差异。而这一点，理财嘉顾问团队无疑具有优势。

第二，理财嘉顾问服务可以让投资者在享受服务期间实现资产配置和理财目标的匹配，会根据市场行情变化或资产价格的变化进行动态再平衡调整，为广大投资者的理财梦想领航。

基于投资者的理财目标和风险偏好，理财嘉顾问会通过定性和定量相结合的资产配置决策确定计划中的大类资产配置（图10-9）。比如经济处于复苏期，风险偏好较高时，就超配股票型基金。

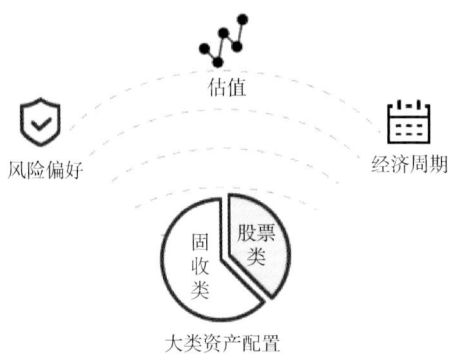

图10-9 理财嘉顾问大类资产配置

如图10-10所示，在股债券型基金金配置方面，理财嘉顾问会基于产业视角捕捉长期结构性机会，在计划中配置具有较优风险收益特征行业的股票型基金。同时基于216个宏观指标进行债券型基金的久期配置。

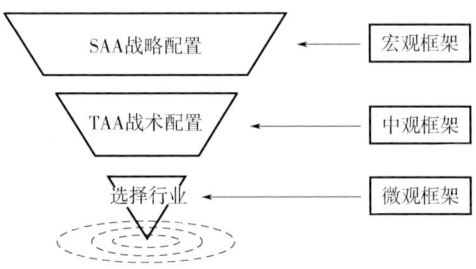

图10-10 理财嘉顾问股债券型基金金配置

如图10-11所示，理财嘉顾问会对基金经理进行运营能力与投资能力的尽职调查，同时基于风险收益分析、业绩归因、风格分析等指标选择优秀的基金产品构建和投资者理财目标相匹配的理财计划。

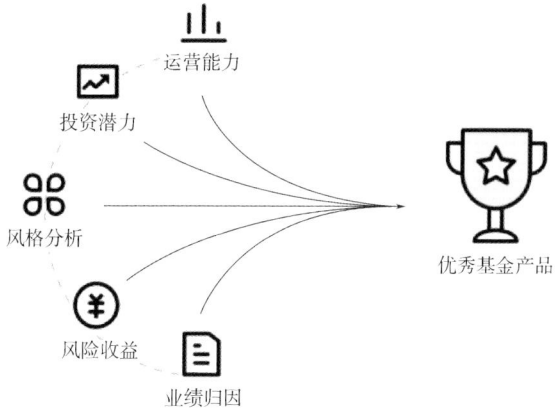

图 10-11 理财嘉顾问选优秀基金产品的指标参考

如图 10-12 所示,理财嘉顾问还会持续紧跟市场行情,对计划中的资产配置和行业配置进行定期检查。如果计划的资产配置与目标发生了偏离,投顾会发起调仓,将偏离部分的资产进行调整。

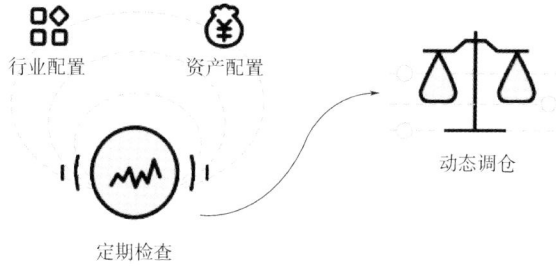

图 10-12 理财嘉顾问动态调仓